# 民事诉讼当事人辩论权保障

RESEARCH ON THE PROTECTION OF
PARTIES' RIGHT
TO ARGUMENT IN CIVIL LITIGATION

曲昇霞 著

社会科学文献出版社
SOCIAL SCIENCES ACADEMIC PRESS (CHINA)

# 前　言

　　诉讼法从实体法中分离出来以后，程序的意义不断被关注。"19 世纪自然法的衰落和实证主义对价值问题的排斥所造成的空白由程序法来加以填补，现代社会中程序成为法律的中心，成为西方各种法学理论寻求共识的最大公约数。"① 尤其是第二次世界大战结束后至今，各法治国家都对法律程序普遍关注，尽管民事诉讼程序不能涵盖程序的全部，但其代表性和重要性不言而喻。"法律与赤裸裸的暴力之间的主要区别之一，就在于法律在本质上是根据话语力量而形成的说理机制。"② 民事诉讼正是借助话语的力量和平有序地解决纠纷，以话语对抗和程序"争斗"的方式取代暴力性质的私力救济。对纠纷解决程序中的当事人而言，包含陈述主张参与辩论的"辩论权"也就变得非常重要。

　　而我国传统法律之中形式主义的要素十分稀薄，重实体轻程序的制度传统既有着相应的社会经济结构的支撑，也有着深厚的历史文化根基，对程序价值与当事人权利认识的差异决定了不同的诉讼制度选择。20 世纪末，随着我国向市场经济和法治国家的转型，新的社情民意和司法现状促使人们对民事纠纷的性质、传统审判方式进行观念和制度的深层反思，从坚持以依法独立审判、认真执行公开审判制度③、强调开庭审理和当事人举证责

---

① 季卫东：《程序比较论》，《比较法研究》1993 年第 1 期。

② 〔古希腊〕亚里士多德：《修辞术·亚历山大修辞学·论诗》，颜一、崔延强译，中国人民大学出版社，2003，第 6 页。

③ "实践证明，实行公开审理，不仅切实保障了诉讼参与人的诉讼权利，而且带动了回避、辩护（辩论）、上诉等一系列审判制度的实行，提高了庭审质量。"摘自最高人民法院原院长任建新 1989 年 3 月 29 日在第七届全国人民代表大会第二次会议上所做的《最高人民法院工作报告》。

任等为核心的法院改革开始，到 1991 年《民事诉讼法》出台前后以公开审判为重心的审判方式改革，强调"要依法保障当事人的各项诉讼权利，特别是要切实保障公民的起诉权、辩论权和上诉权"①。改革审判方式的具体要求是：必须保障当事人更好地行使民事诉讼法规定的各项诉讼权利，真正把当事人作为诉讼主体。② "改变庭审方式，强化庭审职能，变询问式审判方式为辩论式审判方式；将审判人员审问、当事人回答的（问答）方式，改为当事人陈述的方式，由当事人陈述自己的主张、事实和理由；将审判人员对当事人提供的证据进行质证的方式，改为由当事人互相质证的方式，由当事人出示自己提供的证据，有证拿在庭上；将审判人员与一方当事人'争论'、'辩论'的方式，改为由当事人互相辩论的方式，使当事人有理讲在法庭上；改变庭审走过场，流于形式的弊病等。"③ 审判方式改革将当事人推至程序的中心，诉讼主体地位得到了强化，而辩论权逐渐成为当事人参与程序塑造、影响裁判形成最核心的权利。从 1991 年《民事诉讼法》第 12 条的规定，"人民法院审理民事案件时，当事人有权进行辩论"，到 2007 年《民事诉讼法》修订时，增设剥夺当事人辩论权为再审申请的事由，2012 年、2017 年与 2021 年《民事诉讼法》修正均延续了这一规定，最高人民法院《关于适用〈中华人民共和国民事诉讼法〉的解释》（以下简称《民诉法解释》）中对违法剥夺当事人辩论权的具体情形作了列举。④ 辩论权保障在立法中越来越被关注。

---

① 景汉朝、卢子娟：《审判方式改革实论》，人民法院出版社，1997，第 121 页。
② 将当事人行使诉讼权利和法院行使审判权区别开来，诉讼活动不能由审判人员包办代替。审判方式改革要抓好开庭审理环节，强化当事人的举证责任，全面发挥庭审的功能，在法庭上当庭听取当事人的陈述，抓住举证、质证、认证三个关键环节。摘自最高人民法院原副院长唐德华 1994 年 10 月 21 日在第三次全国经济审判工作会议上的工作报告：《全面加强经济审判工作，为经济建设和社会主义市场经济体制的建立提供司法保障》。
③ 最高人民法院原副院长马原 1994 年 7 月 6 日在全国民事审判工作座谈会上的讲话：《改进审判方式，正确执行民事诉讼法》。
④ 《民诉法解释》第 389 条："原审开庭过程中有下列情形之一的，应当认定为民事诉讼法第二百条第九项规定的剥夺当事人辩论权利：（一）不允许当事人发表辩论意见的；（二）应当开庭审理而未开庭审理的；（三）违反法律规定送达起诉状副本或者上诉状副本，致使当事人无法行使辩论权利的；（四）违法剥夺当事人辩论权利的其他情形。"

　　"程序的核心是正当过程，而程序的正当过程（procedural due process）的最低标准是：公民的权利义务因为决定而受到影响时，在决定之前他必须有行使陈述权和知情权的公正的机会。"① 在程序中，"法官从来就不是司法过程的唯一角色，这过程不是独白，它是对话和交流，是建议与回答的提出和采纳，是起诉与答辩、攻击与回应、主张与反驳的互动。因而，在反映现代民主国家宪法原则的现代司法过程中，其根本原则、推动力量及效力保障，都是司法辩论原则"②。程序价值理论研究的引入以及哲学价值观对法律科学的影响，引发了诉讼法学界对程序意义的关注，研究最先围绕大陆法系辩论主义的比较展开，学者们对我国立法中非约束性辩论原则存在的主要问题进行了检讨，最具有代表性的见解包括民事诉讼辩论原则约束性不足、当事人辩论权保障虚化、体现辩论权行使的开庭审理只是一幕"话剧"表演、庭审程序空洞化使庭审丧失了应有的制度品性等。以大陆法系辩论主义来重构民事诉讼法辩论原则，合理界定当事人与法院在审判中的作用与分工，型塑更具说服力的诉讼结构成为主流观点。随着人的主体性观念的发展，对当事人程序主体权的关注也不断深入，有学者开始在听审请求权的框架中研究辩论权，并对辩论权行使的实效进行检讨，提出建立以辩论权为基础辅以法院职权进行的庭审构造。随着剥夺当事人辩论权成为再审事由，学者们继而从再审事由的适当性以及应适用于哪些具体情形进一步展开研究。但对辩论权理论共识的不足，导致统一判断标准的缺乏，解释论与实践运用上的分歧也愈加明显。

　　实践中辩论权保障的虚化、立法上规范的不足以及法解释论上的分歧，一定程度上反映出辩论权理论研究的缺憾，以辩论主义修正我国特有的辩论权原则，固然解决了当事人对事实与证据负责这一当事人权与审判权的合理界分问题，却并不能完整地涵盖《民事诉讼法》第 12 条"辩论权"的全部意义。让人民群众在每一个司法案件中都感受到公平正义，对司法提

---

① 季卫东：《法律程序的意义——对中国法制建设的另一种思考》，中国法制出版社，2004，第 38 页。
② 〔意〕皮罗·克拉玛德雷：《程序与民主》，翟小波、刘刚译，高等教育出版社，2005，第 54~55 页。

出了更高的时代要求。而法律体系的完善尤其是《民法典》的施行与民事诉讼立法及实践的快速发展，推进了人们权利意识的成长，在当事人越来越关注辩论权的今天①，到底什么是辩论权？如何保障当事人的辩论权？当事人应如何行使辩论权等问题的探索可能在我国当下有着重要价值。

---

① 笔者以"辩论权"为关键词对最高人民法院裁判文书网的民事裁判书进行检索，从 2008 年始截至 2021 年底，以辩论权为由提起上诉与申请再审的案件达 17986 件。其中 2008 年有 2 件，2008～2012 年 12 月共 48 件，2019 年、2020 年、2021 年已分别达到了 3481 件、3731 件、2637 件。最后访问日期：2022 年 5 月 20 日。

# 目 录
contents

# 导　论

## 一　研究背景

1982 年《中华人民共和国民事诉讼法（试行）》（以下简称 1982 年《民事诉讼法（试行）》）第 10 条规定："民事诉讼当事人有权对争议的问题进行辩论。"1991 年颁行的《中华人民共和国民事诉讼法》（以下简称 1991 年《民事诉讼法》）第 12 条明确规定："人民法院审理民事案件时，当事人有权进行辩论。"但多年来，辩论权更多地被理解为一般的诉讼权利，甚至只是当事人在法庭上"争辩吵架"的权利，辩论权长期被形式化和表象化，与职权主义、超职权主义诉讼模式"友好共处"。① 虚化的辩论权更多的功能在于帮助法院查明案情，法官根据争辩中了解的争议发生原因，"对症下药"地作出合理的纠纷解决方案，特别是调解方案。这种惯常逻辑完全是从法院审判权的角度考量辩论权，由法官在需要时启动辩论，国家本位主义使诉讼中的职权主义成为制度构成的根基。尽管这种形式性的辩论活动也发挥了一定的作用，但其存在的价值取决于程序阶段在形式上是否完整，事实发现上法院是否需要，并不考虑当事人在程序中的主体地位，更无法制约审判权，因而最终表现为一种"恩赐性权利"的特质，与之相呼应的

① 如 1982 年《民事诉讼法（试行）》在第 10 条规定辩论权，同时在第 87 条规定，"审判人员必须认真审阅诉讼材料，进行调查研究，收集证据"。1991 年《民事诉讼法》第 64 条则规定："当事人对自己提出的主张，有责任提供证据。当事人及其诉讼代理人因客观原因不能自行收集的证据，或者人民法院认为审理案件需要的证据，人民法院应当调查收集。人民法院应当按照法定程序，全面地、客观地审查核实证据。"法律已从职权探知主义向辩论主义转化，但对当事人辩论权的立法规定除了语言更严谨外，并没有本质的变化。

司法实践也必然是当事人在诉讼中主体地位的阙如。有学者在考察分析我国的辩论原则与大陆法系辩论主义时将法庭辩论形象地比喻成"剧场化表演"①，深刻地揭示了辩论权保障的缺失，而法庭辩论空洞化与裁判突袭在一些较低级别的法院更是演变为一种集体无意识。

对辩论程序的反思与对辩论权的深切关注来自学者对辩论主义以及当事人程序主体性的思考，而依法治国的推进以及人权司法保障观念的发展推动了立法的发展。2007 年《民事诉讼法》修订，第 179 条第 10 项首次将"违反法律规定，剥夺当事人辩论权利"作为再审事由；2012 年《民事诉讼法》再修时，则在第 159 条、169 条、170 条第 4 项等条文中完善了对辩论权的具体保障。2014 年《中共中央关于全面推进依法治国若干重大问题的决定》在加强司法人权保障中要求"强化诉讼过程中当事人和其他诉讼参与人的知情权、陈述权、辩护辩论权、申请权、申诉权的制度保障"，进一步明确了对辩论权的保障。在《民事诉讼法》的最新修订以及随后的司法解释中延续和丰富了对当事人辩论权的保障内容。

## 二　研究综述

从当事人程序基本权的发展来看，对民事诉讼当事人的辩论权进行全面、系统、深入的研究，是实现裁判请求权②保障的必然要求，亦是公正审判请求权的关键。近代以来，保障公民获得公正审判的权利被大多数国家的宪法确认为一国国民的基本权利，不仅如此，裁判请求权已经被全球性的国际公约和区域性的国际公约所确认，成为人权国际标准的一项重要内容。裁判请求权中包含听审请求权，辩论权作为听审请求权的核心权利亦是各国民事诉讼立法及研究的重点。

域外辩论权保障的研究脉络主要表现为以下几类。（1）将辩论权界定

---

① 张卫平：《法庭调查与辩论：分与合之探究》，《法学》2001 年第 4 期。
② 裁判请求权是指任何人在其权利受到侵害或与他人发生争执时享有请求独立的司法机关予以公正审判的权利。参见刘敏《论裁判请求权——民事诉讼的宪法理念》，《中国法学》2002 年第 6 期。

为自然权利或基本原则，并作为当事人权利的核心。听取当事人陈述在英国被认为是"自然正义"不可或缺的要素。法国学者莫图尔斯①、让·文森、塞尔日·金沙尔②，意大利学者莫诺·卡佩莱蒂③等认为，尊重辩论权为核心的防御权原则是一种古老的传统，法国最高法院对这些基本原则一贯予以保护。（2）从诉讼辩论的意义和改善辩论形骸化论及当事人辩论权的保障。日本学者谷口安平认为诉讼在制度上以两方当事人的对抗性辩论作为基本结构，双方以对等力量展开积极的攻击防御才构成程序的实质性内容。法官应当行使"释明权"来帮助较弱的一方当事者提出主张和证据，并强调改善法庭辩论程序的形式化倾向，实现"充实而活泼的辩论"④。（3）日本学者山木户克己主张将辩论权作为当事人的应有权利，从区别于辩论主义的维度研究辩论权。认为法律保障受裁判者在案件裁判前可得辩解的地位即辩论权，辩论权表征着当事人的诉讼主体性，通过研究辩论权能够检讨以往对辩论主义与职权主义认识的不足。⑤ 日本学者井上治典进一步指出辩论权的提倡显示出注重从当事人一面理解诉讼程序的姿态，保障当事人辩论权旨在对等地对待当事人、保障当事人间合理的论争。⑥ （4）日本学者新堂幸司从判决效力正当化根据的视角进一步深化辩论权的研究。他认为辩论权是程序保障的核心，居于当事人地位者当然被赋予这一权利，同时当事人期待着充分利用这个地位和机会，而如何现实地利用，民事诉讼法委以当事人意志，以此为基础所作出的裁判结果，当事人应当自负其

① Henri Motulsky, "le Droit Naturel dans la Pratique Jurisprudentielle : le Respect des Droits de la Défense en Procédure Civile", *Études et Notes de Procédure Civile*, 2009 éd, DALLOZ 2009, p. 175.

② 〔法〕让·文森、塞尔日·金沙尔：《法国民事诉讼法要义》上册，罗结珍译，中国法制出版社，2001，第608～615页。

③ 〔意〕莫诺·卡佩莱蒂：《比较法视野中的司法程序》，徐昕、王奕译，清华大学出版社，2005，第302页。

④ 〔日〕谷口安平：《程序的正义与诉讼》，王亚新、刘荣军译，中国政法大学出版社，2002，第16页。

⑤ 山木戶克己：《诉讼における当事者権》，载《民事诉讼理论の基础的研究》，有斐閣，1961，第61頁。

⑥ 井上治典：《手続保障の第三波》，载新堂幸司編著《特别講義民事诉讼法》，有斐閣，1988，第81頁。

责，对当事人的程序保障和认可自己责任即为承受既判力的正当化依据。[①]
（5）在宪法基本权的框架下论述辩论权。德国学者卡尔·海因茨·施瓦布、
埃朗根、马克斯·福尔考默、埃克哈德·舒曼[②]等认为根据宪法上听审请求
权的要求，法院应听取当事人陈述，并不得将裁判建立在当事人并没有对
其发表意见的事实和证据基础上，保障辩论权应禁止突袭裁判，并就权利
救济和失权分别规制。日本学者山本克己[③]、田村真弓[④]指出，构成裁判程
序适正保障的核心是辩论权，是宪法上被保障的权利。我国台湾地区学者
邱联恭、姜世明、许士宦、沈冠伶等也多认为当事人的辩论权保障是听审
请求权最重要的内容，并从辩论权的保障客体、行使方式、标的及救济方
式等加以系统化的探讨。（6）斯蒂文·N. 苏本等[⑤]论述了在程序性正当程
序或听审请求权保障的基本框架下将辩论权保障具体化并运用于实践的情
形，认为向当事人提供适当的通知和被听审机会的宪法义务，是正当程序
对法院行使管辖权予以限制的一个补充方面。另外，《欧洲人权公约》第6
条第1款、美国法学会（ALI）和国际统一私法协会（UNIDROIT）通过的
《跨国民事诉讼程序原则》第1.2条[⑥]明确了对当事人陈述辩论权的保障，
其中程序规定中包含了辩论权行使的具体方式。欧洲人权法院的判例显示
无论是《欧洲人权公约》第6条本身还是该条款的精神都强调避免当事人
放弃其自由意志，即使是放弃权利，也应该建立在明确的权利保障基础之
上，并且得到与其权利的重要性相匹配的最低保障。既强调对合理期间通知
的重视，又对辩论权行使予以必要限制，强调国家应对案件审理迟延负责。

综上所述，域外对辩论权的保障不仅有立法上的权利规定及以辩论为

---

[①] 〔日〕新堂幸司：《新民事诉讼法》，林剑锋译，法律出版社，2008，第89～90页。

[②] 参见〔德〕米夏埃尔·施蒂尔纳编《德国民事诉讼法学文萃》，赵秀举译，中国政法大学
出版社，2005。

[③] 山本克己：《弁論主義論のだぬの予備的考察》，载《民事訴訟雜志》39号，1993，第170～
177頁。

[④] 田村真弓《民事訴訟における弁論權 について》，《大阪學院大學法學研究》2008年第9期。

[⑤] 〔美〕斯蒂文·N. 苏本等：《民事诉讼法：原理、实务与运作环境》，傅郁林等译，中国政
法大学出版社，2004，第22～63、164～227、295～316页。

[⑥] 《跨国民事诉讼程序原则》第1.2条："各方当事人有权适当地陈述案件，当事人诉讼地位
对等。"

核心的程序展开，也有着相当丰富的研究成果，主要观点可以归纳为以下三种。其一，辩论权保障具有宪法价值，是听审请求权的核心。通过辩论，当事人能够实质性地参与程序的塑造，裁判必须建立在当事人主张和辩论的事实、证据与法律观点之上。辩论权保障的系统化、实效化，使当事人的程序主体地位得到彰显。其二，为使辩论权得到充分实现，应关注当事人辩论能力，保障当事人受通知权、知悉权和到场权，通过法官的释明义务、心证公开、法律观点指出等制度的发展，实现辩论权的充分行使。其三，审判权与辩论权之间的关系影响诉讼结构与辩论程序的模式建构和程序变革，围绕争点活化辩论，公正、高效、妥当地一次性解决纠纷的目标将更易达成。

从国内立法看，2007 年《民事诉讼法》修订，在再审事由中笼统地规定"违反法律规定，剥夺辩论权利的"可以申请再审，2012 年《民事诉讼法》修订仍然沿用了该条款，但是对违反哪些法律规定、哪些具体情形属于剥夺辩论权语焉不详。2008 年最高人民法院《关于适用〈中华人民共和国民事诉讼法〉审判监督程序若干问题的解释》（以下简称《审监解释》）第 15 条①最先对剥夺辩论权进行了解释，而后 2015 年最高人民法院《关于适用〈中华人民共和国民事诉讼法〉的解释》（以下简称《民诉法解释》）第 391 条做了深化②，2022 年《民诉法解释》则继续沿用这一解释。规范的可操作性由此增强，但如果不考虑弹性条款，该条解释更多规定的是辩论权剥夺中的"机会剥夺"，并没有关注对辩论权的实质保障，明显限缩了该事由的适用。此外，当事人违背诚实信用原则滥用辩论权在司法实践

---

① 2008 年最高人民法院《审监解释》第 15 条规定："原审开庭过程中审判人员不允许当事人行使辩论权利，或者以不送达起诉状副本或上诉状副本等其他方式，致使当事人无法行使辩论权利的，人民法院应当认定为民事诉讼法第一百七十九条第一款第（十）项规定的'剥夺当事人辩论权利'。但依法缺席审理，依法径行判决、裁定的除外。"该条在 2020 年新修订的《审监解释》中已经删除。

② 2015 年最高人民法院《民诉法解释》第 391 条："原审开庭过程中有下列情形之一的，应当认定为民事诉讼法第二百条第九项规定的剥夺当事人辩论权利：（一）不允许当事人发表辩论意见的；（二）应当开庭审理而未开庭审理的；（三）违反法律规定送达起诉状副本或者上诉状副本，致使当事人无法行使辩论权利的；（四）违法剥夺当事人辩论权利的其他情形。"2020 年最高人民法院《民诉法解释》第 391 条延续了这一规定。

中仍屡见不鲜，法院如何保障辩论权行使的实效化同样需要进行系统的研究。

从现有的研究文献看，国内学界对民事诉讼当事人辩论权的研究脉络主要表现为以下几类。（1）从非约束性辩论原则影响下的辩论权及辩论程序的空洞化批判最先展开对辩论权保障的研究。张卫平[①]、刘荣军[②]、王福华[③]、霍海红[④]等教授研究指出，我国并未确立大陆法系约束性辩论原则，当事人辩论权保障严重不足，最集中体现辩论权行使的开庭审理只是一幕"话剧"表演，庭审程序空洞化使庭审丧失了应有的制度品性。（2）张卫平[⑤]、章武生[⑥]、段文波[⑦]教授对辩论程序"分合"之理性与辩论权功能的实现进行检讨，探讨开庭审理程序与方式存在的弊端与辩论程序的实效化。唐力教授主张建立体现当事人程序主体地位、以当事人辩论权为基础辅以法院职权进行的庭审构造。[⑧]（3）王亚新、张卫平教授最早对剥夺当事人辩论权作为再审事由的适当性以及具体适用情形进行研究。《民事诉讼法》修订增设剥夺辩论权为再审事由，刘学在[⑨]、孙祥壮[⑩]、占善刚等[⑪]学者认为这一再审事由的内涵和外延并不清晰，司法实践中将面临认定上的模糊性和困难性。更多学者致力于对剥夺当事人辩论权如何界定与适用作出解释

---

① 参见张卫平《我国民事诉讼辩论原则重述》，《法学研究》1996 年第 6 期；《转换的逻辑：民事诉讼体制转型分析》，法律出版社，2004，第 262 页。

② 参见刘荣军《程序保障的理论视角》，法律出版社，1999，第 97～98 页。

③ 参见王福华：《民事诉讼基本结构：诉权与审判权的对峙与调和》，中国检察出版社，2002，第 6～7、296 页。

④ 参见霍海红《论中国式辩论原则之消解》，《民事程序法研究》2010 年第 5 辑。

⑤ 参见张卫平《法庭调查与辩论：分与合之探究》，《法学》2001 年第 4 期；《体制转型与我国民事诉讼理论的发展》，《清华大学学报》（哲学社会科学版）2001 年第 6 期；《诉讼构架与程式——民事诉讼的法理分析》，清华大学出版社，2000，第 100～102 页。

⑥ 参见章武生《我国民事案件开庭审理程序与方式之检讨与重塑》，《中国法学》2015 年第 2 期。

⑦ 参见段文波《程序保障第三波的理论解析与制度安排》，《法制与社会发展》2015 年第 2 期。

⑧ 参见唐力《对话与沟通：民事诉讼构造之法理分析》，《法学研究》2005 年第 1 期；《辩论主义的嬗变与协同主义的兴起》，《现代法学》2005 年第 6 期；《司法公正实现之程序机制——以当事人诉讼权保障为侧重》，《现代法学》2015 年第 4 期。

⑨ 参见刘学在《违法剥夺当事人辩论权利之再审事由的认定》，《公民与法》（法学版）2010 年第 7 期。

⑩ 参见孙祥壮《关于剥夺当事人辩论权的认定》，《人民法院报》2009 年 12 月 15 日，第 5 版。

⑪ 参见占善刚、薛娟娟《"违法剥夺当事人辩论权"不应作为再审事由》，《时代法学》2019 年第 1 期。

分析，主要观点认为辩论权的对象包括实体和程序上的各种问题，其贯穿于诉讼的全过程。但应将剥夺辩论权限定为对强制性规定的违反及根本性剥夺辩论权的情形。（4）对辩论权的本质、对象、内容及其保障等方面展开权利本体性的研究。最具代表性的是刘敏教授《民事诉讼中当事人辩论权之保障——兼析〈民事诉讼法〉第 179 条第 1 款第 10 项再审事由》一文及专著《原理与制度：民事诉讼法修订研究》对辩论权从性质、意义、客体方面进行了分析。① 在辩论权的救济方面，王福华教授作了全面深刻的分析，提出最便捷有效的方式依旧是遵循一元化的诉讼内程序救济，并区分了不同的情形。② 蓝冰博士在其论文《德国民事法定听审请求权研究》③、任凡博士在其专著《听审请求权研究》④ 及相关论文中，对陈述权的相关论述涉及了对当事人辩论权内容与保障的认识。另外，与辩论权相关的基本原理方面，江伟教授、张卫平教授、李浩教授等对程序权利保障、当事人陈述、当事人自我责任等有着深入的研究，彰显现代民事诉讼制度把当事人作为程序主体、尊重当事人程序主体地位的理念。

辩论权保障在立法与实践中越来越被关注，而对辩论权的研究尚存在诸多基本性问题亟待解决，比如辩论权的意义、辩论权的本质、如何保障辩论权的行使，以及辩论权被侵害甚至剥夺后如何救济等。在依法治国强调程序正义理念的今天，强化当事人的程序主体地位、保障辩论权，充实和活化辩论程序是必由之路。因而笔者希望能着眼于辩论权本体，在听审请求权这一宪法性权利框架内进行全面探讨，对司法实践中辩论权行使、

① 刘敏教授认为辩论权是听审请求权这一宪法性权利的重要内容，保障当事人辩论权旨在尊重人格尊严，保障当事人的程序主体地位，防止诉讼突袭，确保诉讼正当性，并提升当事人对裁判的信赖度。法院应当以保障听审请求权为指导理念，充分保障当事人的辩论权。并主张从程序事项知悉权、当事人答辩权、出庭辩论权、法官心证知悉及辩论意见受法院尊重等方面保障辩论权，因为法院的原因导致当事人未就裁判的基础事实、证据材料和法律问题进行辩论，法院不得进行裁判。并在此基础上总结了司法实务中剥夺辩论权的九种具体情形及其后果。参见刘敏《原理与制度：民事诉讼法修订研究》，法律出版社，2009，第 20 ~ 21 页；刘敏《民事诉讼中当事人辩论权之保障——兼析〈民事诉讼法〉第 179 条第 1 款第 10 项再审事由》，《法学》2008 年第 4 期。

② 参见王福华《辩论权利救济论》，《法学》2020 年第 10 期。

③ 参见蓝冰《德国民事法定听审请求权研究》，博士学位论文，西南政法大学，2008。

④ 参见任凡《听审请求权研究》，法律出版社，2011，第 39 ~ 41 页。

保障及救济存在的问题加以梳理，从理念原理到立法实践对辩论权作一深入研究。

# 三　研究方法

## （一）规范分析方法

即运用概念法学的体系推演的方法，以法的基本价值为基础对辩论权立法、法律修改及法律的本意进行分析，从逻辑和功能的角度，反思现有辩论权的理论和适用，消除对辩论权的形式化认识，构建符合我国实际的辩论权实现制度与救济制度。

## （二）历史分析方法

以人的主体性发展为线索，从历史的角度梳理域内外辩论权发展的变迁过程，把握辩论权的发展规律，揭示当下辩论权的基本内涵和价值意义。

## （三）比较研究方法

既要进行规范比较，就民事诉讼当事人辩论权本体、辩论权的程序实现等问题，将域外各国、地区的相关法律规定、经验与理论观点进行比较，以助益于深刻认识辩论权的内涵、性质及其内容；又要进行功能比较，以辩论权保障为中心，对各国的具体解决方式进行比较。

## （四）实证分析方法

通过选择具有代表性的法院裁判案例，对我国民事诉讼当事人辩论权的现状进行调研、分析与归纳，力图有针对性地对我国民事诉讼当事人的辩论权立法、实现与保障的现状进行客观总结，为类型化分析和制度建构提供现实支撑。

本书对研究方法的运用也将注意"方法控制"带来的影响，重视方法论的语境与指向，以多元的研究方法尝试阐释辩论权的更多内涵与面向。

## 四　理论目标与可能的创新

基于尊重人格尊严的宪法精神，现代民事诉讼制度应当尊重当事人的程序主体地位，因此程序制度的设计与运作都应确保当事人的程序主体性。当事人有效行使辩论权正是其作为程序主体，实质性参与程序并影响裁判形成的最核心的诉讼权利。而保障当事人能够实质性地参与涉及自身利益案件的审理，是让人民群众在每一个司法案件中感受到公平正义的逻辑前提。本书尝试作以下理论创新探索。

### （一）回应公正审判权保障要求，明晰了当事人辩论权保障的重要意义

辩论权是当事人主体性原则的表现，不同于辩论主义。辩论权原则自1982年《民事诉讼法（试行）》时起一直是我国民事诉讼的基本原则之一，具有权利外观，但并不能约束法官裁判，辩论极易流于形式，因此相当长的时间内都存在辩论乃至审判程序的"空洞化"。党的十八届四中全会审议通过了《中共中央关于全面推进依法治国若干重大问题的决定》，明确要求加强人权司法保障，强化诉讼过程中当事人和其他诉讼参与人的辩护辩论权的制度保障。《国家人权行动计划》（2016－2020年）要求将这些内容以制度和权利的形式落实到"获得公正审判的权利"中。《国家人权行动计划》（2021－2025年）进一步规定保障当事人获得公正审判的权利，努力让人民群众在每一个司法案件中感受到公平正义。

长久以来，我国辩论权立法虽位处基本原则一章，但实际保障不力，有"高位低配"被虚化的问题存在。其原因与辩论权最初作为民主权利入法及我国的超职权主义诉讼传统密切相关。在当事人主体性不断凸显的当下，保障当事人的程序参与权才能赋予裁判正当性。在司法人权保障不断发展的当代，辩论权是诉讼系属后当事人最基本的诉讼权利，包含提出诉讼资料、陈述辩论意见并受法院审酌的权利，是听审请求权保障的核心内容。从纠纷解决的层面看，真正的裁判权威并非单纯仰赖外在的强制，更来自主体的内在认同与接受，主体各方能够自由地、充分地、有效地对话，

在沟通与理解的基础上，就纠纷中的实体事实与法律适用达成"重叠共识"①是形成更具合理性裁判的最佳决策路径。因此，对辩论权进行系统研究，有助于改变我国缺乏听审请求权规定，以及非约束性辩论原则仅注重形式上的辩论权保障而忽视对辩论权全面系统保障的现状，从而使当事人公正审判权保障得到落实。

## （二）以人的主体性发展为主线，构筑了民事诉讼当事人辩论权保障的法理基础

对辩论权的提倡显示了注重从当事人的立场理解诉讼程序应然状态的基本立场。辩论权表现为在诉讼中当事人双方就争议事项有提出诉讼资料、进行争辩陈述意见并受法院审酌的权利。辩论权约束具有积极与消极双重法律效果。积极效果体现在裁判必须建立在尊重并审酌当事人辩论意见的基础上；消极效果则是对非经当事人辩论的诉讼资料和法律观点，法院不得将其作为裁判的基础。辩论权是当事人主体性原理的表现，辩论主义则是当事人主导原则在审判对象形成方面的体现，仅体现了辩论权的消极面。当事人程序主体性保障原理、当事人平等自主原理、裁判正当性原理以及法律商谈原理为当事人辩论权保障提供了法理根基。

## （三）从立法与实践二维出发，全面梳理我国辩论权立法的发展并归纳出侵害当事人辩论权的主要类型

通过对立法发展脉络的梳理，寻找实践偏差背后法律文本的缺席与失当。通过对司法实然状态的客观分析，尤其是以最高人民法院审理的侵害当事人辩论权的实案判例为分析样本，对侵害辩论权作出类型区分，初步明确侵害知悉权与受通知权、未保障辩论能力、诉讼代理不合法、应开庭未开庭、未在庭审中保障辩论机会、侵害证据申请和质证权、突袭性裁判、

---

① 价值多样性或多重性已经被广泛承认为当代世界的普遍现象。针对这种情况，美国哲学家约翰·罗尔斯（John Bordley Rawls）在 20 世纪 80 年代末提出"重叠共识"（overlapping consensus）的观念，并在 20 世纪 90 年代初进行了详细讨论。关于"重叠共识"的理解参见童世骏《关于"重叠共识"的"重叠共识"》，《中国社会科学》2008 年第 6 期。

判决书未审酌当事人辩论意见、法院诉讼指挥不当等具体类型。

## （四）以权利实现与侵害救济"二元结合"，重构我国当事人辩论权保障制度

我国《宪法》明确规定尊重和保障人权，公正审判请求权是其中的重要组成，对民事诉讼中的辩论权可以作合宪性解释，使其成为实现公正审判请求权保障的重要方式。在具体的保障路径上，一方面在民事诉讼法中实现辩论权利的体系化，进而完善集中审理，重整与活化辩论程序，采用要素式审判等优化当事人辩论权的行使。另一方面，在辩论权被侵害或被剥夺时，针对不同的情形及程序阶段分别构建包括程序异议权、上诉权、申请再审权在内的多层阶的辩论权救济机制。

# 第一章　民事诉讼当事人辩论权
# 保障概述

## 一　辩论权保障的概念界定

对辩论权保障的认识，首先涉及对"辩论"的理解，在域外立法与实践中"辩论"一语主要体现在"口头辩论"或"辩论"程序中。口头辩论一词，源于德国法中的"débat oral, mündliche verhandlung"一词，日本将其直译为"口頭弁論"。我国民事诉讼法在引入德国法时转承日译，因此通常也译为"口头辩论"或略有变通的"言词辩论"或"言辞辩论"[①]。对大陆法系国家口头辩论的理解有不同的角度，一方面，口头辩论指一种审理程序构造[②]；另一方面，口头辩论又表现为一定的行为，在大陆法系存在范围不同的定义，"广义上的口头辩论，指诉讼主体在期日内所进行的一切诉讼行为，包括当事人言词辩论、申请、陈述、提供证据等诉讼行为，也包括法院进行的诉讼指挥、证据调查以及裁判宣告行为。狭义上的口头辩论是指当事人进行的诉讼行为以及法院所进行的证据调查，不包括法院的宣判

---

[①] 按照德文字面解释，"oral"或"Mündliche"带有"口头"或"亲口表达自己意思"的含义；"débat"或"Verhandlung"是指"辩论"或"讨价还价"。而以德国民事诉讼法为蓝本的日本民事诉讼法在引进"Mündliche Verhandlung"概念时译为"口頭弁論"。参见李喜莲《口头辩论审理样式分析》，《法律科学》2009年第3期。

[②] 即当事人采对立方式，为配合受诉法院的审理，在指定期日里，以口头形式提出本案申请、诉讼攻击防御方法以及为其他陈述，而受诉法院结合当事人的上述诉讼行为，实施诉讼指挥、证据调查及宣告判决等诉讼行为的审理程序。参见〔日〕林屋礼二、小野寺规夫《民事诉讼法辞典》，信山社，2000，第92页。

行为。最狭义的口头辩论，仅指当事人的诉讼行为，即当事人在受诉法院进行的提交诉讼资料的行为，即当事人以诉、请求（或者为排斥请求）为基础提出攻击、防御方法的行为"①。我国民事诉讼语境中辩论的一般认识是，"双方当事人就案件的事实、证据和法律适用等问题以及诉讼程序上的问题，各自陈述自己的主张、意见和看法并互相进行辩驳的权利"②。从当事人的程序主体性出发，结合域外大陆法系国家的一般认识，本书所论及的"辩论"体现为作为诉讼主体的当事人陈述自己的主张、提供证据和看法并互相进行辩驳的行为，其本质是当事人在受诉法院进行的提交诉讼资料的行为，即当事人以诉、请求（或者为排斥请求）为基础提出攻击、防御方法的行为。

"辩论"与辩论权并不必然联系，也就是说能够"辩论"并不意味着当事人具有辩论权。当诉讼成为一种纠纷解决方式，解决纠纷也就演化成一种程序上的"争斗"与话语的对抗，"辩论"作为诉讼中当事人攻击防御的武器，越来越成为判决作出的前提，其本身也是人类进行防御的一种"自然权利"和本能要求。而国家对可诉主体、纠纷类型、证明方式与程序运行的可控性，又使不同时期不同制度形态中争议各方在程序内的"辩论"呈现不同的表现形式与法律效果。因此，当事人能够辩论并不一定具有辩论权，可能仅仅是司法者寻找"真相"的一种求证方式，当事人只是获得了被恩赐的"辩论机会"。只有在平等基础上承认当事人主体性的程序中才可能具有权利属性的辩论权。以此为标准，最具有现代意义的辩论权保障萌芽于古希腊雅典和罗马共和国时期的程序正义理念与民事司法实践。笔者尝试以人的程序主体性发展为线索，对保障辩论权的观念进行历史梳理，探寻"辩论权"生成、发展及其影响因素，进而研讨辩论权的意义所在。

---

① 〔日〕《法律用语辞典》，自由国民社，2001，第 576～577 页。另参见郭卫《民事诉讼法释义》，廖永安、李喜莲、杨慧玲勘校，中国政法大学出版社，2005，第 138 页，转引自李喜莲《口头辩论审理样式分析》，《法律科学》2009 年第 3 期。

② 刘学在：《违法剥夺当事人辩论权利之再审事由的认定》，《公民与法》（法学版）2010 年第 7 期。

### （一） 辩论权保障的语词溯源

**1. 古希腊雅典的城邦诉讼中当事人的"辩论权"保障**①

古希腊最初的国家形式是城邦（polis），由一群自愿认可和遵循城邦法律的公民组成，他们创立了具有民主性质、被希腊人看作是通向幸福生活的政治形态。"主权在民"和"人人平等"的政体原则孕育和滋养了希腊的民主与理性精神。史诗和神话一定程度上展示了这种理性，在《荷马史诗》中，虽然人卑微而弱小，但在众神面前仍具有着极强的独立意识，充满了自由与勇敢的精神。希腊神话有"神人同形同性"的特点，也就是说神不是高高在上、冷漠无情的，而是能自由地混在凡人中间的有着人情味的生灵。这些取材于神话的戏剧言明了一种理性的直觉：主宰人事的是法则而不是神或机会。现实中的城邦审判体现了这种平等和对法律的遵从，"无论是民事案件还是刑事案件，均由公民大会或者审判法庭（Heliaea）通过审判来处理"。而"审判的理性基础就是控辩陈述。如果不给予双方当事人陈述的机会，审判就无从进行，或者说进行的就不是审判。雅典人非常重视这一点，因此在他们的庭审规则中就明确了双方陈述的次数以及时间长短……雅典的戏剧对此给予了明确的记载和反映"②。亚里士多德在《雅典政制》中，对审判法庭如何组成、法庭辩论如何进行、投票表决如何开展等法律规定也进行了描述③，足见立法赋予当事人辩论权、保障当事人听审的机会已成为共识。民主、自由、宽容和法治精神孕育下的雅典民主使当事人成为程序的主体，辩论具有了权利的属性。程序中的平等对抗与修辞学的发展使说服艺术成为在法庭中寻求真相（truth）的重要方式。诉讼中重视保障当事人陈述主张、进行辩论的机会，通过公开的听审，在当事人辩论的基础上

---

① 本部分所涉辩论权并不具有现代辩论权的意义，故加双引号以区别。笔者以当事人在程序上双方平等对抗并获得了一定的独立和自由，能够提出主张、提供证据、进行辩论，并以其辩论结果影响裁判者等现代辩论权的基本要素为线索进行梳理。

② 如在《奥瑞斯忒斯》（Orestes）中，当奥瑞斯忒斯受审时说，"要让辩陈面对辩陈"，这样陪审团可以公平地作出决定。参见邓继好《程序正义理论在西方的历史演进》，法律出版社，2012，第11～12页。

③ 参见邓继好《程序正义理论在西方的历史演进》，法律出版社，2012，第13页；〔古希腊〕亚里士多德《雅典政制》，日知、力野译，商务印书馆，1959，第65～68页。

作出判决，这些权利外观与制度实现方式已有了现代辩论权的雏形。影响这一时期辩论观念的是古希腊智者的自然法思想。正如人们所熟知的，自然法体现着自然正义的要求，其中就包含公平听取双方意见的基本要求。

**2. 古罗马不同时期诉讼中保障当事人"辩论权"的发展与变迁**

古罗马王政后期，人们对王权和专制深恶痛绝。公元前 510 年，贵族共和国成立，实行分权和民主的原则，承认人民的权利至高无上。但贵族权力（power）的不断膨胀必然产生了对民众权利（right）的抑制。而罗马特殊的自然环境、社会结构和经济形态，尤其是复杂的对外关系，使贵族与平民之间虽矛盾重重，却利益勾连。对外贸易的发展使平民掌握着一定的财富，而平民同时也是对外战争中军事力量的主体，因而在与贵族权力的博弈中，平民能够不断赢得权利。公元前 5 世纪的《十二铜表法》正是斗争的重要成果，辩论权的一些要素已经包含其中，如第一表第 7 条规定："……出庭双方应依次申辩"；第二表第 2 条规定："如有重病……（妨碍）法官、仲裁者或原被告之一方，则应延至其他日期"；第九表第 6 条规定："任何人非经审判，不得处死刑"[1]。在希腊化时期，尤其是罗马征服希腊后，希腊文化对罗马的影响是深刻的，而马库斯·西塞罗（Marcus Tullius Cicero，前 106 年~前 43 年）在继受斯多葛学派自然法思想基础上，传播并进一步阐释的自然法更加深刻地影响了罗马以及后世。[2]

罗马诉讼制度经历了从严格的形式主义到更多注重案件事实，从法律审和事实审分阶段进行到由法官统一审理的法定诉讼、程式诉讼与非常诉讼三大发展时期[3]，"辩论权"在不同时期也不断发生着变迁。在法定诉讼中，当事人的辩论以严格遵守法定的言词和动作为特征[4]，在事实审理中，

---

① 《十二铜表法》，法律出版社，2000，第 5、7、48 页。
② 萨拜因曾言："西塞罗的真正重要性在于他介绍了斯多葛学派的自然法学说，这一学说从他的时代直至 19 世纪就传遍了整个西欧。这一学说由他传给罗马法学家，同样也传给了教会的教父。"〔美〕乔治·霍兰·萨拜因：《政治学说史》（上），盛葵阳、崔妙因译，商务印书馆，1986，第 204 页。
③ 参见周枏《罗马法原论》，商务印书馆，1994，第 856~857 页。
④ 表现为：当事人一同到法官前，由原告依法定方式陈述意见并作规定的动作，如果被告不加抗辩，法官即认为原告主张的权利正当，允许其自行执行；如果被告依法抗辩，法官当即令双方选定承审员并加以委任。

当事人各提出有利于己的证人，并进行辩论，且有权请辩护人协助，承审员对于案件的审理①，以证讼②时的情况为准。③ 为保障辩论的进行，罗马法对原被告的到场保障及未到场的后果有明确规定。④

可以看出，法定诉讼时期的诉讼程序由当事人主导，即由当事人自己提出主张、提供证据和参与辩论，并以其辩论的结果影响法官的心证。共和国初年商品经济萌芽，民主政体及官吏的选举制、分权制、任期制等原则确立，保证了诉讼当事人一定程度的主体性。但僵化的形式审和有限的"actio"（诉权）类型无法适应罗马商品经济的发展与贵族阶层越来越膨胀的权力要求，从共和政体的末期，程式诉讼便开始取代法定诉讼，到非常诉讼时期，国家权力在诉讼中的格局已经发生了巨大的变化。共和国时期，除皇帝新任命的高级官吏兼理司法外，法官一般由选举产生，彼此独立，不分上下级隶属关系。而在程式诉讼时期，"内务大法官和外务大法官的职权逐渐被皇帝新设置的高级官吏所侵夺，后者审理案件都采取行政手段而不用普通司法程序，大法官在意大利各城市的代理法官也改由地方官兼理"⑤，军政长官、京都保安司令、宵警官、粮政官等有权审理其职权范围内的民刑事案件，总督和地方官则兼理地方司法事务。到非常诉讼时期，法官全由皇帝任命，且均由行政官吏兼任，自上而下分为数级，不服下级法官的判决可以向上级法官上诉，最高法官是皇帝。而在个案的审理上，

---

① 事实审中当事人须于任命承审员的第三日到庭听候公开审理。如果一方没有派人提出正当理由而缺席，则待至正午，过时承审员即宣告缺席者败诉。如双方均按时到庭，则由承审员调查争议事实的有无及其法律形式是否完备。对于证言的认定和取舍，不受任何法令判例的拘束，仅视法律行为是否具备法律规定的形式要件而确认其有无效力，不管当事人真意如何。

② 证讼是指在法律审理完毕后，当事人请求参加旁听者作证的要式行为，其目的为证明在事实审理时案件已经过法律审理以及双方争执所在和所选定的承审员，其效力在于确定诉讼的成立，发生更新债权的作用（物权则否）。周枏：《罗马法原论》，商务印书馆，1994，第878页。

③ 参见周枏《罗马法原论》，商务印书馆，1994，第867页。

④ 如《十二铜表法》规定，原告一般可于公共场所，用法定语言通知被告在诉讼日到法官前进行诉讼，被告应即遵从原告的要求。如果被告拒绝，原告得请第三人作证，牵之同往。若被告企图逃避，原告有权施以强力，扭之前去。但若被告因年老或有病不能行走的，原告应备车马，供其乘骑。因此，法律审不发生缺席审理。被告欲免原告传唤，应找一有相当财力的保人（vindex）担保其随传随到。

⑤ 周枏：《罗马法原论》，商务印书馆，1994，第881页。

"多整个解决，不再发交承审员审理"①。司法权与行政权在法定诉讼时期的初步分离并没有得到延续和发展，相反，王权开始更多地侵染司法权，可以合理地推断，行政权的主动性、效率性以及国家本位性一定程度上影响了这一时期的司法，审判中的职权主义得到了强化。在程式诉讼中，"大法官不仅主动作成程式书状，改变全凭'言词'和'证讼'的传统，而且在诉讼中的权限不断扩大，由过去的'证人'地位，变为主动指挥诉讼进程的领导，诉讼的灵活性和便宜性提高"②。到非常诉讼时期，法官的职权更为强大，不仅不再区分法律审和事实审，对整个审判全权为之，而且不拘泥于形式更多地调查事实。保罗（Paulus）的《告示评注》第 1 卷的片断以及戴克里先（Diocletianus 250～312 年）和马克西米安（Maximianus）皇帝（约 250 年～310 年）致尤达（Iudae）的敕答中都谈道："凡需调查案件事实时，就要有裁判官。"③ 到非常诉讼时期，诉讼进行中完全以法官为主，审判虽然可以公开，但一般都秘密进行，不若旧程序从审理到宣判完全公开。④ 罗马帝制的深入，裁判官垄断了传唤、调查、裁判和执行等权力，职权主义进一步发展并限制了当事人自治的空间，辩论权的行使受到抑制。

　　尽管国家权力的发展使司法程序具有"不同的面孔"，但笔者认为，具有当事人权利属性的"辩论权"已经内置于罗马民事诉讼之中，只是存在保障程度的差异。这一点在罗马法学家的释法中可以清晰地解读出来，如乌尔比安指出："每个人都应当宣告他想提出的诉讼请求，因为这看来是极公正的：打算提起诉讼的人宣告诉讼请求，以便让被告知道他是应当退让还是应当坚持争讼；如果被告在了解诉讼请求后认为应当坚持争讼，则使其能够做好辩论准备。"⑤ "不得强迫任何人违背意志地进行答辩。"⑥ 尤里

---

① 周枏：《罗马法原论》，商务印书馆，1994，第 915～916 页。
② 周枏《罗马法原论》，商务印书馆，1994，第 916 页。
③ 〔意〕桑德罗·斯奇巴尼选编《司法管辖权·审判·诉讼》，黄风译，中国政法大学出版社，1992，第 19 页。
④ 参见周枏《罗马法原论》，商务印书馆，1994，第 919 页。
⑤ 〔古罗马〕乌尔比安：《论告示》第 4 编，转引自〔意〕桑德罗·斯奇巴尼选编《司法管辖权·审判·诉讼》，黄风译，中国政法大学出版社，1992，第 39 页。
⑥ 〔古罗马〕乌尔比安：《论告示》第 70 编，转引自〔意〕桑德罗·斯奇巴尼选编《司法管辖权·审判·诉讼》，黄风译，中国政法大学出版社，1992，第 44 页。

安则对辩论权的保障作出了解释："当人们问道：如果诉讼当事人中一方因发烧而离去，法官在其缺席情况下宣告了判决，这种判决是否被视为合法呢？他回答：严重疾病可使判决期推迟，即便诉讼当事人或审判员不愿意，妨碍做任何事情的疾病应被视为严重疾病……因而，如果某个诉讼人在案件审理过程中发烧，该案件则不被视为已决的。"① 罗马深受希腊文化的熏陶，民主与理性精神也同样影响了程序的塑造，尽管从共和国到帝国，经济发展、权力膨胀与对外扩张造就了权利与权力不同的博弈格局，诉讼程序中职权主义加强，主动指挥诉讼进程使诉讼的灵活性和便宜性提高，对事实调查的深度介入以及不公开审判的增加带来了对当事人辩论权行使的限制，但当事人提出事实、提供证据、参与庭审辩论的权利仍然得到了传承。

### 3. 中世纪欧洲民事诉讼中当事人的"辩论权"保障

随着罗马帝国的衰落与日耳曼王国的兴起，法律制度的发展出现了明显的变迁。日耳曼法中辩论权的行使有着与古希腊、罗马的权利观与理性主义相异的一面，更多体现出自然权利的属性。公元4世纪，匈奴人西征促使日耳曼人各部落延续二百余年向罗马帝国境内大迁徙，最终导致了476年西罗马帝国的灭亡和一系列日耳曼国家的建立。② 受现实统治的需要以及罗马法典治国的影响，日耳曼王国也进行了法典的编纂，史称"蛮族法典"，主要表现为习惯法的记载。但征服者采用属人主义，允许被征服的罗马人适用罗马法③，其中《西哥特法典》（Visigothic code）④ 体现了罗马成文法

---

① 〔古罗马〕尤里安：《学说汇纂》第5编，转引自〔意〕桑德罗·斯奇巴尼选编《司法管辖权·审判·诉讼》，黄风译，中国政法大学出版社，1992，第45页。

② 参见李秀清《日耳曼法研究》（修订版），社会科学文献出版社，2019，导言第2页。

③ 有学者研究表明，早期日耳曼法典接受的罗马法并不是《罗马法大全》，而是部分吸收《提奥多西法典》内容，部分吸收罗马法学家的著作。同时，它还部分吸收专门为罗马人编纂的罗马法典中的罗马法，即粗俗的罗马法（vulgar Roman law）。参见李秀清《日耳曼法研究》，商务印书馆，2005，第481、484页。

④ 西哥特王国是日耳曼人在罗马帝国境内建立的第一个王国。其法律具有鲜明特色，在日耳曼法历史上有着重要地位。无论是早期的《尤列克法典》，还是后来的《西哥特法典》，与其他日耳曼部落的立法相当程度地尊重古代习俗不同的是，西哥特法律中所保留的日耳曼人原始习俗甚微，明显体现出受罗马法影响的特征。同时，西哥特王国还专门颁布了适用于罗马人的法典，这就是著名的《阿拉里克法律简编》。

典与日耳曼习惯法逐渐且有区别的融合。其以查士丁尼之前适用的罗马法为依据，较为严格地奉行对审原则，诉讼以口头方式进行，并规定了诉讼代理制度。之后勃艮第王国颁布了《勃艮第法典》与《勃艮第罗马法》。[①]但早期日耳曼法典继受的罗马法只是部分、单个的内容，缺乏概念的真正统一和有机演进的性能。

日耳曼王国最初的诉讼具有更强的仲裁性，只有在被告同意时，原告才能诉诸法院，如原告起诉后被告没有通过出庭而同意接受审判的，法院一般无权进行审理。[②]诉讼中当事人的主导性更强，但也充满着浓厚的形式主义[③]，当诉答程序结束后，再由法官决定适用何种证据，由何方举证，进而由承审员或其他参与审理者作出判决。法官在诉讼中主要扮演消极仲裁人的角色，当事人自己在传唤、取证等程序中有着明显的、积极的作为，且成功提出证据的人将赢得诉讼。一般情况下由被告举证，但受罗马法的影响，西哥特王国规定由原告举证，并规定了证人、书证和口供等证据方式，但在其他日耳曼王国中，证人与书证并不重要，立法中也只有零星规定。诉讼中往往因缺少证据，大部分案件的解决不得不求助于上帝，利用发誓、神明裁判或者决斗作出判决。在充满信仰的时期，这是最有权威的，而且也是很有效的方式。[④]但这种模式并不符合不断膨胀的封建主的权力需求，因而日耳曼的纠纷解决制度从早期的控诉式、形式主义与神明裁判，在中后期不断向增强司法权力的方向发展。"此后的封建法只是以符号的方法将战争转变为法律诉讼，最终仍然遵循着强者逻辑，诉讼的结果取决于双方的耐力、实力和社会地位。"[⑤]

中世纪中期，以人身依附和特权专制为特征，君王与领主、贵族权力相互倾轧；世俗王权与教会分庭抗礼。教权与君权之争成为中世纪最大的

---

① 《勃艮第法典》具体适用于勃艮第人之间、勃艮第人与罗马人之间的纠纷，《勃艮第罗马法》则仅适用于罗马人之间的纠纷。

② 参见李秀清《日耳曼法研究》，商务印书馆，2005，第411页。

③ 诉讼以口头方式进行，应该说什么套语，配合什么固定动作，一般都有约定俗成的规矩。

④ 参见李秀清《日耳曼法研究》，商务印书馆，2005，第419～420页。

⑤ 巢志雄：《司法的谱系：福柯论司法形式与真理》，载徐昕主编《司法》第4辑，厦门大学出版社，2009，第182～184页。

政治，在这样的背景下，王室审判制度、教会审判制度、采邑审判制度与商事审判制度①等在欧洲大陆并存。为了与教皇争权，最终实现自己的帝国宏愿，君主和皇帝们亟须一套足以对抗教会法的世俗法律权威。"罗马法所具有的无与伦比的完备性，加之世俗的和罗马帝国的背景，使其理所当然地受到世俗君主和皇帝们的青睐。"② 罗马法的精神及规范通过立法或法学家的解释明确地融入了实在法之中。

在民事诉讼领域，罗马教会民事诉讼法③最具影响力，并在很大程度上改变了辩论权的形式。教会势力的增强以及基督教事务在王国内部的渗透，促成了教会司法权的扩张。尤其是教皇革命的胜利，使得教会对世俗界的管辖权由从属于世俗皇权上升到与世俗皇权平等甚至凌驾其上的状态。教会有关"精神事务"的管辖权扩展到极为宽泛的程度，并且还向愿意选择教会司法的人提供司法救济。④ 随着第四次拉特兰宗教会议（1215 年）的召开，教士被禁止参与世俗法院的宣誓、神判和决斗等"考验"审，罗马教会民事诉讼程序便成为欧洲各国王室法院的修法蓝本。

"罗马教会民事诉讼程序并非对罗马诉讼程序的史学重组，而是一个充

---

① 采邑审判制度分为封建式诉讼制度和庄园式诉讼制度，前者解决采邑中领主与其封臣等封建贵族之间的民事纠纷，后者调整领主与农民、农业生产之间的关系，是"富人与穷人、统治者与被统治者"之间的关系。封建式诉讼中，领主或其管家主持诉讼，但由封臣或佃户作出裁判；庄园式诉讼则是庄园领主的特权，庄园管家以领主代理人的身份主持法庭，其他庄园官员作为起诉人，对侵犯领主特权的人进行指控。商事法院包括市场法院和集市法院、商人行会法院和城市法院，法官由市场或集市的商人们从其中选出的人员担任，行会法院亦是非专业法院，一般只由行会首脑或其代表组成，但在审理商事案件中，他常常选择二至三名行会的商人成员担任陪审员。各类商事法院的程序均具有迅速和非正式的特点。参见江伟主编《民事诉讼法学原理》，中国人民大学出版社，1999，第 57 ~ 59 页。鉴于采邑审判制度、商事审判制度均属于非专业的社会共同体法院，与一般意义上的普通法院不同，笔者不以其为分析对象。

② 李中原：《罗马法在中世纪的成长》，《环球法律评论》2006 年第 1 期。

③ 教会诉讼法在古罗马时代就受到了罗马法的影响；在西罗马帝国灭亡后，教会被看作是罗马法的传承者，即"教会是依罗马法而生存"，当它在 12 世纪进一步完善时，又正值罗马法复兴时期，它这时的发展起点就是查士丁尼的《国法大全》，教皇和教会法学家正是以《国法大全》为基础，加入了一些新的实质性要素，从而使教会诉讼法成熟和完善起来。参见何勤华《法国法律发达史》，法律出版社，2001，第 427 页。

④ 参见〔美〕哈罗德·J. 伯尔曼《法律与革命——西方法律传统的形成》，贺卫方等译，中国大百科全书出版社，2008，第 216 ~ 218 页。

满活力和富有创造力的体系"①，是针对当时的现实需求进行的制度变革。
为实现程序简化，保证诉讼主张和证据材料的确定、精确和有序，罗马教
会民事诉讼改变了日耳曼法和罗马法中都遵循的口头原则，逐步确立起书
面原则；为保证书面原则的实施，追求法官的独立与公正，同时也为实现
诉讼经济和一定程度的诉讼结果控制，间接原则和秘密审理成为新的程序
选择。罗马－教会法诉讼程序体系在 12～13 世纪迅速成熟和完善，教会法
相较世俗法更加精细、理性，当事人也更加信任教会法诉讼程序。大量的
案件流向了教会法院。② 以经验规则指引法官判断的法定证据制度的建构，
当然也反映出对"确定性"的某种"盲目"。书面主义和间接审理的广泛应
用，以及传承而来的对审原则与当事人提出主义的结合，在事实主张与举
证阶段形成了明显的阶段分隔，每一项主张、异议或反主张都要让对方当
事人知悉，诉讼中必然出现诸多往复交流的过程，而僵化的书面询问与秘
密询问证人的诉讼方式，不可避免地带来了程序的分段与迟缓。③ 更重要的
是，许多案件的事实因书面辩论，法官难以把握当事人的真实意思，而对
辩论意旨产生偏差，形成错误的心证，反而不利于案件事实的解明。形式
理性下的技巧之争与诉讼迟延的存在，使"辩论权"的真正实现变得困难，
并在实效性上大打折扣。可以说，罗马教会民事诉讼程序并不乏"民主"
的成分——当事人，或者更确切地说当事人的律师，可以毫无限制地主导
着诉讼地进行；也不是完全的"非理性"——存在严格、细致的法定证据
制度。但这样的诉讼程序无法保障当事人的辩论权利，也无法带来公正，
其核心在于以封建等级制为核心的典型特权与旧制度下不平等的社会结构
决定了诉讼制度的设计，而司法裁判的世袭特征及金钱捐官使司法成为法
官的一种财产权利，因此实践中也不可能存在法官对当事人权利的保障义

---

① 何勤华：《法国法律发达史》，法律出版社，2001，第 427 页。
② M. P. Clancy, "A further note on juram en tum ca lum niate", *Juridical Review*, 1986（2）. 转引
　自田璐《罗马－教会法民事诉讼程序的特征及其历史地位》，《湖南文理学院学报》（社会
　科学版）2009 年第 6 期。
③ 书面辩论引发了诸多问题。比如，书面审理要求当事人必须提出各种书状，极易造成金钱
　和时间的浪费。书面审理中，按照原告提出诉状，被告提出答辩状，原告和被告都有可能
　继续提出辩驳状，如此往复，书状提交永无休止，诉讼迟延愈演愈烈。

务。"一旦诉讼法学家明白了，任何法律技术本身皆不是目的，没有任何法律技术在意识形态上是中立的，那么，对民事诉讼的意识形态基础、哲学背景以及社会政治影响进行研讨就是必不可少的。"①

**4. 资产阶级革命后近现代民事诉讼中"辩论权"保障的新质变**

欧洲资产阶级大革命时代，人们乐观地认为，由无懈可击的自然法原则所产生的理性的新法和新体制势必消弭旧法和旧体制。② 对人权理念的倡导，以及以民法私有权利为中心的法律制度，使当事人在程序中的主体地位获得了进一步认可，这一阶段诉讼制度中的辩论权初步具有了现代权利的内涵。构建在人性观念基础上的自然法思想重塑了关于人、社会、经济和国家的关系基础和思维方式，主张一切人生而平等，人们对于财产、自由以及生命享有自然权利，政府的正当职责是承认和保护这些权利以及确保人们相互间的平等权利。③ "言词主义"成为诉讼程序改革鲜明的旗帜。除了对言词要素进行重新评价之外，"直接主义、自由心证与集中主义"成为改革的理想。正是在这一阶段，尼克劳斯·泰帝岛司·古纳（Nikolaus Thaddäus Gönner）指出："作为一般原则，一切均依赖于当事人提出或当事人的辩论，因此，可以称作辩论主义（Verhandlungsmaxime）。"④ 古纳通过比较普通德意志诉讼法和普鲁士诉讼法，区分了辩论主义与职权探知主义的不同原理，同时指出："全部裁判程序的最高准则是，任何人没有被审讯则不得被判有责，因此，裁判程序一般要经过两当事人的辩论，在普通德意志诉讼法上处处认可守护该最高原则的努力。"⑤ 古纳的论述不仅区分了法院与当事人在诉讼中的不同作用，也体现出对当事人辩论权的倚重和保

---

① 〔意〕莫诺·卡佩莱蒂等：《当事人基本程序保障权与未来的民事诉讼》，徐昕译，法律出版社，2000，第113~114、138页。

② 参见〔美〕约翰·亨利·梅利曼《大陆法系》，顾培东、禄正平译，法律出版社，2004，第16页。

③ 参见〔美〕约翰·亨利·梅利曼《大陆法系》，顾培东、禄正平译，法律出版社，2004，第15页。

④ Ekkehard Becker-Eberhard：《辩论主义的基础和界限》，〔日〕高田昌译，载《比较法学》第35卷第1号，转引自熊跃敏《辩论主义：溯源与变迁——民事诉讼中当事人与法院作用分担的再思考》，《现代法学》2007年第2期。

⑤ 山木戸克己：《弁論主義の法構造》，载《民事訴訟法論集》，有斐閣，1990，第176頁。

护：民事诉讼应保障当事人提出裁判资料参与裁判的形成过程，与当事人相关联的事实及证据方法必须由当事人在辩论中提出，法律保障受裁判者在案件裁判前进行辩论的权利，尤为重要的是任何人没有被听审不得被判有责。

我们看到，在这一阶段，辩论主义是德、日民事诉讼的基本审理结构。辩论主义对审原则、公开原则、直接言词主义等规定又体现出对当事人提出事实、提供证据及辩论权利的保障。第二次世界大战后，民事诉讼裁判请求权理念开始成为现代司法的最高理念[①]，辩论权更成为彰显程序主体地位的核心内容，在各国的立法与实践中得到了进一步的发展，并以不同的形式被倡导和保障，显示了从当事人一面理解诉讼程序的姿态。

### （二）民事诉讼当事人辩论权保障的概念厘定

如何界定辩论权是研究的起点。从域外的立法与研究来看，辩论权虽然不是各国民事诉讼中共同使用的词汇，但各国理论研究与立法中都有体现当事人程序主体地位、影响法院裁判形成的基本的程序权利，这对我们准确理解辩论权保障有着重要启迪。

德国法中当事人陈述权包含辩论权的内容，具有类似的价值功能，陈述权保障意味着当事人在涉及其权利的裁判作出之前有权主张、说明、表示事实与法律意见，以便可以对程序及其结果施加影响；法院作为判决基础的任何事项，必须建立在保障当事人陈述权基础上，否则该裁判不具有正当性。[②] 日本山木户克己教授在比较诉讼程序与非讼程序当事人权利时较早地提出了辩论权概念："所谓辩论权，是指在裁判前，接受裁判者就案件能够争辩的地位，即提出裁判资料的机会得到保障……裁判所仅能以当事人提出的资料作为裁判基础加以采用，即禁止法院职权调查。"[③] 井上治典教授指出："对辩论权的提倡显示出注重从当事人一面理解诉讼程序应然状

---

① 参见刘敏《裁判请求权研究——民事诉讼的宪法理念》，中国人民大学出版社，2003，第 2 页。

② 参见任凡《德国民事听审请求权及其借鉴》，《西部法学评论》2011 年第 4 期；蓝冰《德国民事法定听审请求权研究》，博士学位论文，西南政法大学，2008。

③ 〔日〕山木户克己：《诉讼における当事者権》，载《民事诉讼理论の基础的研究》，有斐阁，1961，第 61 页。

态的基本立场，被认为对确立诉讼当事人主体地位具有重要的意义。"① 山本克己教授则提出了以宪法为辩论权保障依据的学说，并指出构成程序适正保障的核心是辩论权，辩论权包含当事人有提出事实及提出证据的权能以及当事人无表达机会的诉讼资料不得作为裁判基础的双重内涵。② 新堂幸司教授在其体系书中亦指出："当事人辩论权即要求对诉讼进行口头辩论，平等地获取就案件的法律问题及事实问题陈述（并听取）各自主张或见解之机会、要求法院必须以经辩论的资料为依据来作出判决之权利……当事人辩论权以及对裁判的不服申请权，显得尤为重要。"③ 在法国民事诉讼的指导原则中辩论权尊重原则与对审原则条款明确了任何人均享有"其诉讼经过对席听审"的权利，这一要求意味着，每一方当事人均有权了解向法官提交的旨在影响其裁判决定的一切证据和说明并有权对其进行辩论（最高司法法院第一民事庭，2004 年 7 月 13 日）。④ 我国台湾地区学者对辩论权也有较为深入的认识，邱联恭教授指出，辩论权可理解为"当事人在程序上就争执事项可以提出资料（事实、证据），陈述意见的权能"⑤。裁判之所以成其为裁判，乃是因为当事人在法庭上经过辩论，而由法院站在中立的立场加以裁判。当事人在辩论中所没有提出之事实、证据资料，法院不得加以斟酌；当事人所提出之资料，法院于判决时则必须加以斟酌，此即辩论权的消极效果和积极效果。姜世明教授从积极层面与消极层面对辩论权进行解读："积极层面指在法院之前所得主张、声请、说明、表示意见之权利。亦即，法院需保障程序参与者能就其权利伸张与防御具有重要性之事项得以陈述。消极层面指法院所得据以为裁判之基础，需确定当事人均已获合法听审权之保障，否则即不能作为裁判基础。"⑥ 许士宦教授则将辩论权保

① 井上治典：《手続保障の第三波》，载新堂幸司编著《特别講義民事訴訟法》，有斐閣，1988，第81頁。
② 参见山本克己《弁論主義論のだぬの予備的考察》，载《民事訴訟雑誌》39 号，1993，第170～177 頁。
③ 〔日〕新堂幸司：《新民事诉讼法》，林剑锋译，法律出版社，2008，第89～90页。
④ 参见罗结珍译《法国新民事诉讼法典——附判例解释》，法律出版社，2008，第47页。
⑤ 台湾地区民事诉讼法研究会编《民事诉讼法之研讨（二）》，1990，第440～441页。
⑥ 姜世明：《民事程序法之发展与宪法原则》，元照出版有限公司，2003，第72页。

障具体化为充实事实及法律上陈述权、证明权及信息权。① 英美法系国家以"对抗制"为传统，辩论权保障是其中应有之义，表现为"法官应当作为旁观者并等待诉讼案件提交给其审判；并且在审判过程中，法官应当受到当事人所主张的事实和法律问题的约束"②。

我国对民事诉讼当事人辩论权的认识经历了一个由形式化到实质化逐渐发展的过程。1982 年《民事诉讼法（试行）》在基本原则一章中明确规定"民事诉讼当事人有权对争议的问题进行辩论"，初步将辩论权界定为对诉讼中所争议内容的争辩权，至于哪些属于争议的问题立法未作明确，辩论权的权利效果也未涉及。1991 年《民事诉讼法》修改了立法表达方式："人民法院审理民事案件时，当事人有权进行辩论。"尽管去除了立法中的语词重复，但辩论权究竟是一种什么权利依然不够清晰，实践中普遍认为辩论权是一种普通的诉讼权利，或者只是当事人在法庭上"争辩吵架"③ 的权利。而此间学者对辩论权的定义也多停留于形式意义的权利描述上，对辩论权的性质与权利效果鲜有涉及。如"在人民法院的主持下，当事人有权就案件事实和争议的问题，各自陈述自己的主张和根据，互相进行反驳和答辩"④，这也是多年来民事诉讼法教科书中最常见的解释方法。但其仅抽象地反映出当事人有能够实施辩论行为的权利，对辩论权的效果，尤其是"辩论权的相对义务只停留在被虚化的保障行为这一层面"⑤。

程序主体权理论与立法的发展，尤其是民事诉讼法与宪法关系研究的深入，使对辩论权的认识不断得到深化。刘荣军教授提出了"程序主张权"的概念，与辩论权极为相似，均彰显了当事人的程序主体性，但所涉及的范围更广，"指当事人在程序开始以后，享有充分的机会和权利就涉及实体

---

① 许士宦：《新民事诉讼法》，北京大学出版社，2013，第 34 ~ 42 页。

② 汤维建：《美国民事司法制度与民事诉讼程序》，中国法制出版社，2001，第 227 页。

③ 金城布衣：《所谓法庭辩论就是吵架，但不要打架！》，《人大研究》2006 年第 2 期。

④ 刘家兴主编《民事诉讼法学教程》，北京大学出版社，1994，第 65 页。常怡教授的定义与此相似："辩论权是当事人的一项重要的诉讼权利，即当事人也包括第三人对诉讼请求有陈述事实和理由的权利，有对对方当事人的陈述和诉讼请求进行反驳和答辩的权利。"参见常怡主编《民事诉讼法学》，法律出版社，1994，第 38 页。

⑤ 张卫平：《体制转型与我国民事诉讼理论的发展》，《清华大学学报》（哲学社会科学版）2001 年第 6 期。

法问题和程序法问题的事实和法律事项阐述自己意见的权利。在诉讼程序中，当事人提出主张、抗辩、举证、证明、陈述诉讼行为的实施，就是程序主张权的表现。"① 刘敏教授最早对辩论权作出了较为全面的阐述："辩论权指一方当事人有权就对方当事人提出的事实主张、证据材料及法律主张进行反驳、答辩，发表自己的意见和见解。其实质是在法院对当事人的权利、义务、责任进行判定的诉讼过程中，当事人双方有就足以影响裁判结果的案件事实、证据材料和法律问题进行辩论，并要求法院听取其辩论意见的权利。"② 其明确了辩论权的标的包括事实主张、证据材料及法律主张，而权利的效果则要求将裁判建立在当事人辩论的基础上，辩论权属于听审请求权的重要内容，法院负有听取辩论的义务。唐力教授亦将辩论权（陈述权）界定为当事人作为程序主体所必需的程序权利，通过辩论权的行使主张事实、反驳对方事实主张、提出法律见解，是当事人充分参与程序并影响裁判结果所不可或缺之程序利益。③ "马克思主义理论研究和建设工程重点教材"《民事诉讼法学》将辩论原则定义为"在民事诉讼中，双方当事人就有争议的事实和法律适用问题，在法院的主持下陈述各自的主张和意见，互相进行辩驳，从而影响法院作出裁判"④，明确提出了辩论权的对象及其对裁判形成的意义，体现了对辩论权的认识从形式走向了实质，但仍然过于抽象，对何谓"影响"，怎样"影响"法院裁判并没有明确说明。

结合辩论权的历史发展，以及域内外立法及学说的变迁，我们认为，

① 程序主张权的内容包括：（1）法院审判案件的对象以及进行判断的事实及证据由当事人主张并限定，当事人有权提出主张，有权就自己的主张提出证据并加以证明；（2）法院必须保障当事人行使主张权的机会，忽视当事人意思陈述作出的判决被视为缺乏正当性；（3）法院裁判必须就当事人主张的具体事实依据特定的法律进行；即使在法规缺乏的情况下，法官也不能作"孤独的裁判旅行"，而应在重视当事人对事实状态和法律状态发表自己意见的基础上，综合法律精神及社会正义理念作出判断；（4）禁止突然袭击（含当事人之间和法院与当事人之间）。刘荣军：《程序保障的理论视角》，法律出版社，1999，第 97～98 页。

② 刘敏：《民事诉讼中当事人辩论权之保障——兼析〈民事诉讼法〉第 179 条第 1 款第 10 项再审事由》，《法学》2008 年第 4 期。

③ 参见唐力《司法公正实现之程序机制——以当事人诉讼权保障为侧重》，《现代法学》2015年第 4 期。

④ 《民事诉讼法学（马克思主义理论研究和建设工程重点教材）》，高等教育出版社，2018，第 57 页。

辩论权保障意味着诉讼当事人就作为裁判基础的争议事项有提出诉讼资料、进行争辩陈述意见并受法院审酌的权利。裁判应建立在尊重并审酌当事人辩论意见的基础上，对非经当事人辩论的事实主张、证据材料和法律观点，法院不得将其作为裁判的基础。

## 二　辩论权的性质

对辩论权语词的历史回溯，有助于以动态的视角在制度发展中把握辩论权的性质变迁。在古希腊雅典创立的民主政体中，民主基本上由平等来确定，在民主中，话语成了主宰，所有公民，无论是谁，无论他的地位怎样，他们的出身和家族资历如何，在法律面前一律平等，他们有同样的权利在法官席前参与审判，在商议集体命运的公民大会上发言。[①] 当事人在公民大会审判中进行辩论，裁判者听审便成为基本的程序结构。我国从西周时期（前 1046 年～前 771 年）也开始有了民事诉讼与刑事诉讼的初步划分，在民事诉讼中要求双方当事人（除贵族外）两造具备坐地对质，法官审理中以五声听狱讼，求民情。[②] 但与古希腊雅典的"辩论"不同，当事人并非基于权利而展开辩论，而是根据官吏查案的需要而被"录取口供和对质"。两相对比，古希腊雅典的"辩论"更多体现了程序的意义和当事人作为程序主体的权利要求，西周时期的"辩论"则反映了国家主义司法观之下绝对程序工具主义的制度特征。古希腊雅典的诉讼制度强调当事人的平等对抗，并以对席公开辩论作为公正解决纠纷的前提。而我国西周时期王权强大并与神权结合，不仅为统治找到了正当化依据，而且有效地加强了中央集权，纠纷解决的目的更侧重于维护国家的统治秩序，因而查案成为朝廷官吏的职责，"对质、辩论"因查案之需而设，仅服务于官吏对案情的判断，当事人则作为被审问的客体而存在，当事人并不存在"辩论"的权

---

① 参见〔法〕弗朗索瓦·夏特莱《理性史》，冀克平、钱翰译，北京大学出版社，2000，第 12～13 页。

② 参见冯卓慧《从传世的和新出土的陕西金文及先秦文献看西周的民事诉讼制度》，《法律科学》2009 年第 4 期。

利观念，官吏要求双方"对质"，只是给予了当事人进行"辩论的机会"。上述两种辩论之所以在形态上存在明显差异，关键在于当事人在诉讼中所处地位的不同，以及由此导致的当事人对自身的意识和权利观念的认识差异。"人的主体性的确立是一个历史发展的过程，即从理念存在到实然享有，从道德主体到法权主体，从主体性不充分到主体性充分，由适用的领域有限到广阔。"① 雅典城邦的民事诉讼让我们认识到，辩论权最初作为一种自然权利，与具有民主与自由性质的法律制度相伴而生。雅典的平等观念使当事人在程序中同样有着主体性意识，辩论权作为主体的防御权而当然存在。在古希腊雅典和罗马共和国时期的诉讼制度中，原被告双方当事人以诉讼主体的身份参加诉讼，法庭的审理和裁判需要建立在当事人辩论的基础上，这一诉讼结构的昌明使诉讼不仅是纠纷解决的重要方式，也成为权利成长的摇篮，"法律的生长"成为可能。随着罗马帝制以及随后中世纪封建制的形成、发展和深入，国家权力不断强化，出现了当事人客体化和程序形式化的问题，尤其是罗马教会民事诉讼采行的书面审理与秘密审判一定程度上影响了辩论权的行使，当事人难以通过辩论真正实现对自身权利的保障，而滥用辩论程序的行为反而造成了严重的诉讼迟延，与制度目的背道而驰。司法上的沉疴成为资产阶级革命的重要原因。而权利并非游离于主体而独立存在的实体范畴，权利首先具有人的主观意志性，即"意志只有作为能思维的理智才是真实的、自由的意志……通过思维把自己作为本质来把握从而使自己摆脱偶然而不真的东西这种自我意识，构成了法、道德和一切伦理的原则"②。17、18 世纪启蒙思想家提出人人享有自由、平等等天赋权利，他们正是洞察了人的主体性，将人看作是具有自由意志的理性动物，才意识到这些权利并有目的地选择了它们，进而肯定地主张这些自然权利是"不言自明"的，自然权利成为市民社会的宪章，诉讼中的辩论权也因此被赋予了新的权利属性。辩论主义以及程序保障观念的出现并不仅仅是学术研究中的"创新"，更是主体意识觉醒和社会发展的写照。从辩论权的发展来看，作为程序工具主义之下"事实查明工具"的

---

① 左卫民：《在权利话语与权力技术之间：中国司法的新思考》，法律出版社，2002，第 4 页。
② 〔德〕黑格尔：《法哲学原理》，范扬、张企泰译，商务印书馆，1982，第 11 页。

"辩论"，与建基于主体性之上被视作"自然权利"的"辩论权"，有着巨大的差异，而随着人权观念的发展，现代民事诉讼制度的设计和运作将尊重当事人的程序基本权作为宪法或基本法的要求，而彰显当事人主体性的辩论权已非普通的诉讼权利，更非法院或法官"恩赐"的权利，对辩论权的性质可从以下方面加以认识。

## （一）辩论权是争讼当事人平等享有的意见表达请求权

现代民事诉讼程序本质上就是当事人通过交换他们的不同意见来自主地形成审判对象及诉讼结果的过程。[1] 随着话语对抗置换了非理性的纠纷解决方式，作为程序主体，从事实主张与证据提出、事实证成与程序推进乃至裁判的形成，当事人的程序参与均不可或缺。而本质上由话语形塑的程序，意见表达必然成为最主要也是最重要的参与方式，辩论权即表现为当事人的一种意见表达请求权，意味着权利人拥有一种可能性或资格：当事人有权就案件事实、证据和适用法律表达自己的意见；当辩论权受到侵害或存有争执时，其有权请求法院依法为某种审判行为，以保障其辩论权的行使，直至对侵害辩论权的行为获得司法救济。因此，辩论权首先表现为一种公法上的请求权，其义务人指向国家及其专门的审判机构。法院不能将当事人视为程序客体，而应使其具有独立决定权利行使的能力，并保障其免予受到来自法院的突袭。"法官所为之程序形成，必须系民事诉讼当事人就程序当然可以期待之水平者，亦即法官不得为矛盾之行为，不得从自己或可归责于自己之瑕疵或延滞导出程序上之不利益，以及在具体状况下对于程序关系人赋予照顾之义务；法官之程序形成，乃应防止导致当事人法律上救济手段丧失，并应致力调整诉讼当事人间力量关系之均衡。"[2] 其次，辩论权还需要从当事人的维度加以考察，法院应保障双方当事人平等享有意见表达请求权。是否行使以及如何行使辩论权由当事人决定，即当事人拥有处分的权能，当法院提供了行使辩论权的机会后，当事人既可以

---

[1]　参见〔日〕谷口安平《程序的正义与诉讼》，王亚新、刘荣军译，中国政法大学出版社，1996，第24页。

[2]　姜世明：《民事程序之发展与宪法原则》，元照出版有限公司，2003，第28页。

选择以适当的方式行使也可以放弃辩论。同时，法院有义务防止一方当事人辩论权的行使给对方当事人造成突袭。最后，对权利的行使必须遵循不得滥用原则，即当事人不得因放弃行使或任意行使辩论权而致诉讼迟延或有碍公平，即"除使当事人有充分提出事实、证据或法律见解之机会外，亦须注意使听审之程序、方式具有效率，能与'适时审判请求权'与'权利有效保护请求权'取得平衡"①。如果法院容忍当事人毫无节制地提出新攻击或防御方法，程序将难以终结，造成诉讼效益目的的落空。

## （二）辩论权属于受益权

受益权针对的是国家的积极义务，即国家要以积极的作为，对公民基本权利的实现承担给付义务，所给付的内容可以是保障权利实现的法律程序和服务，也可以是对公民在物质上、经济上的资助。② 从本质上说，当事人享有辩论权，需要法院积极履行给付义务加以保障，因为，"与立法者不同的是，法官不能脱离当事人与具体案件进行裁决。更确切地说，法院的裁决须回应当事人的诉求及对方当事人的抗辩；各方当事人必须拥有一个公平的接受听审的机会；每一方当事人必须有权在法庭陈词（have his day in court）"③。作为受益权，要求法院必须保障当事人知悉对方当事人的诉讼主张、证据与法律观点以及诉讼进程，并给予其充分的辩论机会，关注当事人辩论能力的平衡，并在听取审酌各方辩论意见的基础上作出裁判，而不得裁判突袭。诸多国家或地区的立法体现出辩论权作为受益权的本质：在法国，"诉讼的一项自然原则是每一个诉讼当事人都可以争论对方当事人的诉讼请求、论据与证据。法官仅能对在其面前经过辩论的诉讼材料进行审理和裁判"④。

---

① 邱联恭：《司法之现代化与程序法》，三民书局，1992，第 127 页。
② 参见李建良《基本权利理论体系之构成及其思考层次》，载《宪法理论与实践》（一），学林文化实业有限公司，1999，第 63—67 页。
③ 〔意〕莫诺·卡佩莱蒂：《比较法视野中的司法程序》，徐昕、王奕译，清华大学出版社，2005，第 302 页。
④ 参见〔法〕让·文森、塞尔日·金沙尔《法国民事诉讼法要义》上册，罗结珍译，中国法制出版社，2001，第 608～615 页。

我国《宪法》虽未对听审请求权及作为其核心内容的辩论权作出明文规定，但从 2009 年《国家人权行动计划（2009－2010）》到 2020 年党的十九届五中全会审议通过的《中共中央关于制定国民经济和社会发展第十四个五年规划和二〇三五年远景目标的建议》都强调尊重和保障人权，并促进人权事业的全面发展。当事人应当成为具有法主体性的人而不是作为受支配的客体来对待。一方面，当事人在诉讼中有辩论的权利，其通过行使辩论权，积极地参与到诉讼程序中，针对事实、证据与适用法律，以主张、质疑、辩驳等方式，与对方当事人进行有意义的对话。对侵犯辩论权的不同行为则有权获得及时、有效、相称的救济。另一方面，法院应为当事人行使辩论权提供平等的条件和机会，在充分听取当事人对所提事实、证据与法律意见的辩论后形成裁判，避免对当事人造成突袭。我国民事诉讼中的辩论原则应当反映这种辩论权的实质，因为这"既是诉讼程序民主化的表征，也是审判公正性与合理性的内在要求"[①]。

## （三）辩论权具有宪法价值

辩论权在近代资产阶级革命胜利后有了新的质变，是人权保障的重要内容。"人权就其实质而言，指的是使每一个生物意义上的人成其为自由的、人格独立的和尊严受保障的人所必需的条件。"[②] 人权根源于人之为人的本性，不是任何一个国家和政府所赐予的，是人所应有和固有的，且不可剥夺和让与。"人权具有双重性，在基本的体系上，人权是人类相互间的权利要求，在辅助体系上，人权也是对应当保护这种权利要求的机构即国家提出的要求。"[③] 人权从价值范畴经宪法定型化越来越明确地成为人的基本权利，既包括实体性基本权，亦包括程序性基本权。人们对人权的认识首先源起于实体性基本权，进而发展到程序性基本权，程序性基本权又从刑事诉讼程序向民事诉讼程序发展。对程序性基本权，法国诉讼理论称之

---

① 李浩：《民事诉讼法学》，法律出版社，2010，第 36 页。
② 李琦：《论法律上的防卫权——人权角度的观察》，《中国社会科学》2002 年第 1 期。
③ 〔德〕奥特弗利德·赫费：《政治的正义性——法和国家的批判哲学之基础》，庞学铨、李张林译，上海译文出版社，1998，第 404 页。

为"诉讼权利"①，在日本，宪法明确称之为"接受裁判权"②，我国台湾地区则称之为"诉讼权"③。作为人权中的一类重要的权利，我国诉讼法学者从其救济性的本质和国家义务性出发，将其定义为"裁判请求权"④ 或"诉权"⑤，宪法学者称之为"获得权利救济的权利"、"法律上的防卫权"⑥ 等。笔者认为，救济权与法律上的防卫权注重从权利的内在实质进行分析，裁判请求权、诉权等则更注重从权利实现的维度作出阐释。⑦ 裁判请求权包括诉诸法院的权利和公正审判请求权，外延较诉权更为广泛。而欲真正实现司法的救济功能，诉诸司法只是其首要，获得公正审判才是其关键。公正审判请求权的关键在于保障当事人的听审权，辩论权则是听审权的核心，具有法律上防卫权的属性，"法律上的防卫是通过诉诸事实和先定规则进行的，这意味着当事人必须以说理的方式来主张自己的利益"⑧。

从以上分析可以看出，辩论权是诉讼中当事人作为程序主体能够行使的最基本的防卫权，辩论权的价值在于保障公民在诉讼程序中的自决与自主，免于为外在力量尤其是国家权力奴役和束缚，在面对司法权时公民拥有独立、自由和尊严，真正以程序主体的身份、主动和积极的姿态参与并影响公共权力的运行。因而辩论权具有了宪法价值，并实质性地影响着诉讼结构的发展。

"《德国基本法》第103条第1款法定听审请求权的规定意味着法院有

---

① 〔法〕让·文森、塞尔日·金沙尔：《法国民事诉讼法要义》（上），罗结珍译，中国法制出版社，2001，第100页。

② 《日本宪法》第32条："任何人在法院中接受裁判的权利，均不受剥夺。"

③ 台湾地区"宪法"第16条规定："人民有请愿、诉愿及诉讼之权。"

④ 裁判请求权是指任何人在其权利受到侵害或与他人发生争执时享有的请求独立的不偏不倚的司法机关公正审判的权利。参见刘敏《裁判请求权研究——民事诉讼的宪法理念》，中国人民大学出版社，2003，第18~19页。

⑤ 莫纪宏：《论宪法原则》，《中国法学》2001年第4期。

⑥ 李琦：《论法律上的防卫权——人权角度的观察》，《中国社会科学》2002年第1期。

⑦ 公正审判请求权包含结果公正请求权和程序公正请求权，从根本上说都源于民众在法律上的防卫权，结果公正请求权表征通过法律进行防卫或权利救济的本质，即国家垄断暴力并以司法裁判的方式向争议主体提供合理充分的救济，实现个人通过法律对违法或不当行为的防卫；而程序公正请求权中最核心的是听审请求权保障，其保障的目的在于当公民面对诉讼程序中司法权的不当行使时应当有作出防卫的机会。

⑧ 李琦：《论法律上的防卫权——人权角度的观察》，《中国社会科学》2002年第1期。

义务使得当事人能够在诉讼中以充分的和恰如其分的方式陈述他们所持有的看法。"①《欧洲人权公约》第 6 条第 1 项所规定的人人都享有的公正审理权意味着，原则上，一方当事人有权了解另一方当事人的意见及其提出的证据，并且有辩论这些意见和证据的权利。② 无论是宪法性文件还是国际与区际公约，都凸显对当事人辩论权的尊重。这一发展直接影响到民事诉讼中，对当事人辩论权的保障成为"当事人权（也称当事人程序上基本人权）中最重要的内容"③。裁判不仅仅是"判定"，更是当事人充分地程序参与与沟通商谈之后的利益保护与纠纷解决"方案"。对辩论权的尊重与保障正在重新定义现代的民事诉讼结构。日本学者棚濑孝雄曾将此界定为"参加模式"，并为未来的民事诉讼结构指出了发展路向，他指出："由于把诉讼当事人的程序主体性提到一个明确的高度，从而能够充分体现在原有的模式中很难找到自己位置的民主主义理念。要求法官对当事者的辩论作出回答和呼应，不是把当事者的程序主体性作用限定在为了帮助法官作出正确判断而提供足够的资料这一狭窄的范围内，而是容许当事者以用双方的辩论内容来拘束法官判断的同时，把法官这个第三者的存在和决定权纳入自己努力解决自己的问题这样一种主体相互作用的过程。承认当事者具有这种更高层次的主体性，才有可能从根本上支持现代型司法所需要的灵活性，获得根据具体情况调整程序来追求更合乎实际的解决时必要的正当性。"④

## 三　辩论权保障的要素构成

辩论权作为民事诉讼当事人参与诉讼最为核心的权利，笔者试从辩论权的主体、内容及客体三个要素对其本体进行解构，以尝试使辩论权保障

---

① 〔德〕汉斯－约阿希姆·穆泽拉克：《德国民事诉讼法基础教程》，周翠译，中国政法大学出版社，2005，第 61 页。

② 参见〔法〕让·文森、塞尔日·金沙尔《法国民事诉讼法要义》上册，罗结珍译，中国法制出版社，2001，第 561 页。

③ 台湾地区民事诉讼法研究会编《民事诉讼法之研讨（二）》，1990，第 440～441 页。

④ 〔日〕棚濑孝雄：《纠纷的解决与审判制度》，王亚新译，中国政法大学出版社，1994，第 258～259 页。

的内涵与外延得以明确。

## （一） 辩论权的主体

辩论权作为受益权，其义务主体是国家，在辩论权的性质中已做分析，在此不再多述。辩论权的主体应限定为对审诉讼结构中的当事人，即诉讼程序中的当事人，特殊情形下也包含非讼程序诉讼化审理时的当事人。既包括狭义当事人，即原告与被告，也包括共同诉讼、代表人诉讼以及第三人诉讼等复杂诉讼形态中的特殊当事人。鉴于后者本质上是诉的合并，因而在其参与的具体的诉讼中，与狭义上的原、被告有着相同地位，同样享有辩论权。相较而言，无独立请求权第三人，因其身份与地位的特殊性而需要单独考察。无独立请求权第三人指因正在进行的诉讼的裁判结果与其具有法律上的利害关系而参加诉讼的人，从我国立法来看，初步界分了辅助型第三人和被告型第三人在诉讼中的权利与义务。辅助型第三人参加一方进行诉讼，其地位是从参加人，旨在辅助被参加的主当事人进行诉讼，因此其主张、提供证据与参与辩论应与其参诉的目的相吻合，即与被辅助方当事人的辩论利益一致。对被告型第三人，基于其与本案被告存在一定的法律关系，并最终可能被法院判决对原告承担责任，此种第三人的设置旨在通过诉讼一次性解决相关联的纠纷，以达到充分利用诉讼程序的目的，但毕竟是两个不同的诉的合并，因此必须保障该种第三人的辩论权才能使裁判结果获得正当性。由此可以对我国立法中法院依职权通知第三人参诉，并判决其承担败诉后果进行制度重构。具体而言，通过给予本诉当事人和参加诉讼的第三人充分的辩论机会，即听取并审酌各方的主张、举证与辩驳，以治愈程序权保障不足带来的对裁判的不满。

对辩论权主体的认识还需要注意辩论权享有主体与行使主体的分离。辩论权属于当事人权利的核心，但辩论权的行使并非必须由当事人本人亲自进行。一方面，当事人并不必然具有诉讼能力；另一方面，具有诉讼能力的当事人也不必然具有辩论的实际能力。因而，为保障无行为能力当事人的利益，立法规定了法定诉讼代理制度以补益无行为能力当事人，使其能够实质上参与诉讼，规定委托诉讼代理制度以增益普通诉讼当事人的诉讼能力。而为谋求辩论实效化，并使诉讼程序顺利且迅速地进行，诸多国家对当事人的辩论能力作出了专门的规定。所谓辩论能力，是指在法庭中现实地实施诉讼行为尤其是进行辩论的资格。① 诉讼能力和辩论能力的规定使辩论权的享有主体和实施主体发生了分离，但权利救济与纠纷解决的实效性获得了提升。不仅仅是当事人，诉讼代理人或辅助人也存在辩论能力的问题，而无辩论能力在诸多国家立法中成为陈述不被法院接受的理由。辩论能力的有无成为当事人能否在法庭上行使辩论权的直接决定因素。"《日本民事诉讼法》第 155 条第 1 款规定，被法院认定为无辩论能力之人不得进行陈述。在当事人、代理人或辅佐人对于案件事实的解明不能进行充分的辩论，或者对于法院的释明不能进行响应时，也应当禁止其进行陈述。"② 对辩论能力的强化有保障诉讼顺畅进行的公益目的，使无辩论能力者受到更充分的保护，实效化当事人的辩论权。

## （二）辩论权的内容

根据《辞海》等权威工具书的解释，"辩论"指彼此用一定的理由来说明自己对事物或问题的见解，揭露对方的矛盾，以便最后得到正确的认识或共同的意见。这一界定说明通常意义上"辩论"的基本要素应当包含观点的主张、对对方观点的争辩和辩论的效果三方面内容。如法国民事诉讼中便将"辩论"理解为"当事人就案件争议事项向法院陈述自己在事实上及法律上的主张，并反驳对方主张的活动"③。笔者认为，辩论权的内容应当包括相互关联的三个方面。

### 1. 诉讼资料与法律观点提出权

所谓诉讼资料，是指作为审判资料的事实主张及其证据，有时也与攻击防御方法在同一含义上使用。诉讼资料与法律观点提出权是指，就足以影响裁判结果的事实主张、证据材料及法律观点，当事人有予以主张或提

---

① 参见〔日〕新堂幸司《新民事诉讼法》，林剑锋译，法律出版社，2008，第 113 页。
② 〔日〕高桥宏志：《民事诉讼法——制度与理论的深层分析》，林剑锋译，法律出版社，2003，第 172～173 页。
③ 谭兵等：《外国民事诉讼制度研究》，法律出版社，2003，第 236 页。

出的权利。具体而言，表现为双方当事人有权主张案件事实、明确诉讼请求或抗辩请求、向法院提出证据材料、说明证明目的及证明力、提出证据调查申请以及对案件所涉及的法律问题表达见解等。诉讼程序的推进源自当事人的主张与抗辩，正是基于当事人所提出的诉讼资料，诉讼审判的对象得以确定。法官在对当事人诉答进行归纳的基础上，确定案件争议的焦点，进而根据当事人提供的证据展开法庭调查与辩论程序，在尊重当事人辩论意见的基础上对事实进行认定，可见，诉讼资料与法律观点提出权是当事人作为诉讼主体最基础的权利。当事人提出的事实主张与证据材料直接影响到当事人能够提出的诉讼请求，并决定着法院审理的内容与限度。从这一点来说，保障当事人辩论权即意味着法院应当遵循当事人提出主义。

**2. 争辩权**

对对方当事人提出的主张、证据及法律观点进行争辩表达意见的权利，即争辩权。主要表现为诉求层面的抗辩、案件事实上的反驳、证据提供上的质证以及对法律观点的反对。

诉讼资料提出权与争辩权在具体案件中相互交织，表现为当事人的攻击防御行为。如山木户克己教授认为："诉讼采必要口头辩论原则，当事人可以在口头辩论终结以前提出攻击防御方法。即，当事人可以通过辩论就应被法适用的事实进行陈述，提供事实认定的资料及证据并申请对证据进行调查。"[1] 法国学者对当事人权利的分析中亦曾指出："人人都享有的进行诉讼的权利要通过特别的诉讼行为来实现，这种特别诉讼行为就是'请求'与'防御（辩护）'。"[2] 德、日学者还从行为与方法（手段）相统一的立场上把握攻击防御，体现出争辩权的意义及其实现方式。[3] 如中村英郎教授指出："诉讼资料由原告或被告在口头辩论时提出，作为各自的攻击或防御的

---

[1] 山木户克己：《訴訟における当事者権》，载《民事訴訟理論の基礎的研究》，有斐閣，1961，第59頁。

[2] 在诉讼程序的层面上，当事人有一种"进行诉讼的权利"，表现为一种法定权利，这种法定权利就是向法官提出某种诉讼主张，由法官听取陈述，获得法官就有关这种诉讼主张的实体问题作出裁判的权利。〔法〕让·文森、塞尔日·金沙尔：《法国民事诉讼法要义》上册，罗结珍译，中国法制出版社，2001，第97~100页。

[3] 参见章恒筑《试论民事诉讼攻击防御理论综述——基于大陆法系法学范式的视角》，《南京社会科学》2005年第7期。

方法。所谓'攻击方法'指原告或反诉原告为维护自己的请求而提供的事项。'防御方法'指被告或反诉被告为驳斥起诉或反诉而提供的一切事项。"① 德、日等大陆法系国家立法大都对攻击防御方法作了具体规定，如《德国民事诉讼法典》第 282 条第 1 项②要求当事人各方在为进行诉讼所必要的与适当的时候提出攻击防御方法，包括各种主张、否认、异议、抗辩、证据方法和证据抗辩。日本、法国以及我国台湾地区都明确要求记载攻击防御方法。③

　　前两项辩论权利在实践中除了本诉与反诉诉讼请求的提出外，实际上往往相互牵扯、彼此交织，从功能意义上很难区分，对其保障也具有一致性。一方面，对提出权与争辩权的保障表现为一种机会的赋予，即可以辩论的条件和可能，法院有为当事人提供机会的义务，而不能要求当事人必须利用该机会。与此同时，基于适时审判的要求，"当事人因故意或过失以致丧失陈述机会，若符合失权要件，其权利即属消失。若当事人缺乏适当机会掌握其陈述者，法院应视情形为必要介入，使当事人陈述权之适度行使能获实现"④。以德国为例，民事诉讼中规定了言词辩论先期首次期日和书面的准备程序供法官选择适用，当事人应按规定的期日和程序提出主张和证据资料，否则到了主期日，将不能再行提出作为审理对象。另一方面，法院对当事人争辩权的行使负有协力义务。辩论权形式意义上的保障并未实现权利设定的最终目的，因为辩论权彰显的是当事人作为程序主体参与程序塑造与裁判形成的价值所在，属于受益权的范畴，如果当事人辩论能力不足，存在实质上不平等的情形，或者当事人对事实、证据及法律存在

①　〔日〕中村英郎：《新民事诉讼法讲义》，陈刚等译，法律出版社，2001，第 184 页。

②　《德国民事诉讼法典》第 282 条第 1 项规定："当事人各方都应该在言辞辩论中，按照诉讼的程度和程序的要求，在为进行诉讼所必要的与适当的时候，提出他的攻击防御方法，特别是各种主张、否认、异议、抗辩、证据方法和证据抗辩。"

③　《日本民事诉讼法》第 161 条第 2 款规定："准备书状应记载下列事项：（一）攻击或防御的方法；（二）对于对方当事人的请求及攻击或防御方法的陈述。"《法国新民事诉讼法典》第一卷第四编的标题是起诉（包括本诉、附带之诉等两章）、第五编的标题是防御方法（包括实体上的防御、程序上的抗辩、诉讼不受理等三章）。我国台湾地区"民事诉讼法"第 265 条规定："当事人因准备言词辩论之必要，应以书状记载其所用之攻击或防御方法，及对于他造之声明并攻击或防御方法之陈述，提出于法院，并以缮本或影本直接通知他造。"

④　姜世明：《民事程序之发展与宪法原则》，元照出版有限公司，2003，第 28 页。

认识偏误或遗漏，法院则应限制当事人陈述而令其确定诉讼代理人，或者法院以释明、心证公开或法律见解公开等方式，使当事人辩论权的行使实效化。

### 3. 审酌请求权

审酌请求权是保证辩论行为效果的关键，意味着法院必须在尊重并审酌当事人发表的辩论意见基础上作出针对当事人诉辩主张的裁判。非经当事人辩论的事实主张、证据材料和法律观点，法院不得将其作为裁判的基础，其核心在于法院不得裁判突袭。

当事人之所以进行辩论，其目的并非为说服对方当事人，而是在国家设置的论争场域，通过提出事实主张与证据论证的方式赢得法官的信任，进而使其诉讼请求得到判决的支持，权利得到确认或救济。因此，辩论是否有实效不是看诉讼中对方当事人是否被驳倒，而是看法院是否听取了双方提出的所有诉讼主张与诉讼资料，是否形成了正确的心证。所以谷口安平教授指出："当事人参加尽管在诉讼过程中得到了保证，但其结果如果不清不楚，仍不能说参加的程序保障非常充分。审判的结果如果是通过判决表现出来的，就必须以判决理由的形式对当事人进行了的主张和举证作出回答。"[1] 而对当事人辩论意见是否进行了审酌，主要通过诉讼记录与判决理由进行判断，因而在大陆法系国家都有较为完整的诉讼记录制度规定。

## （三）辩论权的客体

辩论权的客体是指当事人主张、陈述或争辩所针对的具体事项。亦有学者将其界定为"事实主张与证据资料，亦即攻击防御方法"[2]。当事人进行诉讼旨在依实体法上的请求权而获得纠纷的解决，诉讼因法律上的请求而启动，为请求构筑基础而提出事实主张，为主张构筑基础而实施举证。当事人陈述的事实需与诉讼请求相关。基于此，作为当事人最核心的诉讼权利，辩论权的对象必须是足以影响裁判形成的事项，即案件事实、证据

---

① 〔日〕谷口安平：《程序的正义与诉讼》，王亚新、刘荣军译，中国政法大学出版社，2002，第 16 页。

② 王福华：《辩论权利救济论》，《法学》2020 年第 10 期。

材料和法律问题。具体而言包括以下内容。

**1. 案件事实**

案件事实是成立诉讼请求所需具备的实体法事实。借鉴大陆法系的一般认识，案件事实包括主要事实、间接事实与辅助事实。[①] 作为辩论权的对象，有两点值得注意：其一，上述不同层面的事实在辩论权的行使方式和程度上有所不同，民事诉讼采当事人提出主义，主要事实需要当事人自主决定是否提出主张或抗辩，如当事人没有主张，法院不能依职权决定采用。但间接事实和辅助事实在其中一方当事人的口头辩论中出现，甚至在法院进行证据调查时发现，从发现真实的目的出发，只要保障当事人各方能够对此进行充分辩论，均可以作为事实认定的依据。其二，辩论权的对象不限于证明对象，既包括需要当事人提供证据加以证明的事实，也包括免证事实，对于众所周知的事实、推定事实、预决事实、公证事实等，法律均赋予当事人提出异议进行辩论的权利。

**2. 证据材料**

证据材料的范围既包括当事人为证明诉讼请求和抗辩请求自行提供的证据材料，也包括法院为作出实体认定而依当事人申请或依职权主动调查收集到的证据材料。当事人双方有权针对上述证据材料的证据能力与证明力大小进行充分的辩论。

**3. 法律见解**

当事人对法律问题的辩论意见并不能完全约束法官的法律适用，但法律要件事实的确定显然与法律的择取密切相关，为保障当事人的程序主体权并防止诉讼突袭，给予当事人对案件所涉法律问题以辩论机会更为适宜。这里的法律问题既包括对裁判起重要作用的实体法律问题，也包括对判决产生重要影响的程序法律问题。[②] 需要明确的是，在法官将法律见解公开并赋予当事人辩论机会后，当事人选择的法律适用并不能约束法官，

---

[①] 主要事实，即对权利或法律关系的发生、妨碍、变更和消灭的法律效果有直接作用的要件事实。间接事实，即能借此推断说明主要事实存在与否的事实。辅助事实，即能够确定证据能力或者证据可采性的事实。

[②] 参见刘敏《民事诉讼中当事人辩论权之保障——兼析〈民事诉讼法〉第 179 条第 1 款第 10 项再审事由》，《法学》2008 年第 4 期。

法官仍应在当事人充分表达意见的基础上独立作出判断，但如果法官的法律择取直接改变了当事人的诉讼主张及请求权基础事实，则应当尊重当事人的真实意思，否则构成对当事人的裁判突袭，仍可属于剥夺辩论权的情形。

## （四）辩论权保障的法律效果

辩论权保障所产生的约束功能即法律效果，包括积极与消极两个层面。辩论权的积极效果是指当事人有就争执事项提出诉讼资料与法律观点的权利，法院必须在尊重并审酌当事人发表的辩论意见基础上作出针对当事人诉辩主张的裁判。消极效果是指非经当事人辩论的事实主张、证据材料和法律观点，法院不得将其作为裁判的基础，其核心在于法院不得为裁判突袭。日本山木户克己教授曾提出辩论权包含当事人有提出事实及申请证据的权能，以及当事人无表达机会的诉讼资料不得作为裁判基础的观点。我国台湾地区邱联恭教授亦指出，当事人在辩论中所没有提出之事实、证据资料，法院不得加以斟酌，而当事人所提出之资料，法院判决时必须加以斟酌，此即辩论权的消极效果和积极效果。当事人进行辩论，旨在通过提出事实主张与证据论证的方式赢得法官的信任，进而使其诉请的权利得到确认或救济。因此，辩论是否有实效不在于驳倒对方当事人，而是法院是否听取了双方提出的所有诉讼主张与诉讼资料，是否形成了正确的心证。

还需注意的是，域外的研究表明，对辩论权效果的探讨，不仅应考虑当事人与法院之间当事人受益权的一面，也应该在当事人之间予以考虑，即当事人相互之间协力义务的一面。[1] 后者虽然发生于当事人之间，是当事人辩论权行使的派生性效果或者附随性效果，按传统的观念，属于法律上对当事人义务的规定，但在诉讼的场域中，又产生了法官监督双方当事人相互诚实行使权利、履行义务的法院义务内容。[2]

---

① 在日本学者对程序保障"第三波"的研究以及台湾地区学者对当事人程序权保障的研究文献中都可以看到这些观点。

② 参见田村真弓《民事訴訟における弁論権について》，《大阪學院大學法學研究》2008 年第 9 期。

## 四　民事诉讼当事人辩论权与相关概念辨析

### （一）辩论权与听审请求权

辩论权是听审请求权中最核心的权利要素。一般认为，"听审请求权是指法院在对一个人的权利、义务、责任进行判定的时候，该人有就案件的事实、证据材料及法律问题向法院充分发表自己的意见和主张并以此影响法院的审判程序及其结果的权利"①。由于各国和地区的司法传统和制度设计不同，对听审请求权内容的规定和理解也不完全一样，大致包括知悉权、陈述权、证明权、到场权、辩论权、意见受尊重权等要素。② 通过对权利的分析比较可以发现，听审请求权的具体内容并非处于同一层面，学者许士宦便将听审请求权界分为三个层面的内容："首先是受程序告知权；其次是表明见解的权利，例如辩论权和证明权；最后是受充分审酌的权利，法官对当事人的表明见解权应当加以尊重，斟酌判断其所为的声明和陈述。"③ 笔者认为，民事诉讼本质上是以话语对抗的方式确定事实解决纠纷的程序装置，当事人必须以辩论权的行使参与程序的推进与裁判的形成，通过证明权的行使明确事实，因此，听审请求权应是以辩论权和证明权为中心的权利群。而在大陆法系口头辩论主义审理样式下，证明权的效果最终仍然需要通过辩论权的行使在法庭或法官面前予以呈现，因此辩论权当然成为听审请求权中最核心的内容，明晰了这一点，我们便能够理解为什么德国学者普遍认为"合法听审权中最重要的内容乃陈述权（辩论权）之保障"④。而

---

① 刘敏：《论民事诉讼当事人听审请求权》，《法律科学》2008 年第 6 期。
② 刘敏教授认为听审请求权主要包括陈述权、证明权、到场权、辩论权、意见受尊重权等要素。（参见刘敏《论民事诉讼当事人听审请求权》，《法律科学》2008 年第 6 期。）任凡博士认为听审请求权大致包括受通知权、知悉权、到场权、陈述权、证明权、突袭性裁判禁止请求权、意见受尊重权。（参见任凡《听审请求权研究》，法律出版社，2011，第 34 页。）蓝冰博士认为听审请求权包括知悉权、陈述权、审酌请求权和突袭性裁判禁止请求权。（参见蓝冰《德国民事法定听审请求权研究》，博士学位论文，西南政法大学，2008。）
③ 台湾地区民事诉讼法研究基金会编《民事诉讼法之研讨（七）》，1998，第 374～375 页。
④ 姜世明：《民事程序之发展与宪法原则》，元照出版有限公司，2003，第 28 页。

知悉权、到场权则属于辩论权的基础保障性权利，意见受审酌权则旨在实现辩论权的效果，体现辩论权对审判权的制约功能，因此这些权利可以被广义辩论权所涵盖。

## （二）辩论权与陈述权

对辩论权与陈述权的区分不能离开对"辩论"与"陈述"语词的把握。陈述意味着陈说、叙述，被广泛运用在当事人关于诉讼请求、案件事实、诉讼标的及所涉法律问题的意见表达中。辩论一般指双方彼此用一定的理由来说明自己对事物或问题的见解，通过争辩揭露对方的矛盾，最后得到共同的认识和意见。陈述显然更为基础，范畴更广，从语义上也包含着"辩论意见"的陈述。

在民事诉讼语境中，两者也同样存在运用上的差异。就辩论而言，邱联恭教授认为辩论有广狭义之分，"盖以狭义之言词辩论系指两造当事人对席以言词向受诉法院为本案之声明，并提出成为其根据之攻击防御方法的行为（即：其相闻之法律上陈述、事实上陈述及证据声明等）；而广义言之，则指彼等之辩论及受诉法院之调查证据等行为"[①]。可见，辩论在狭义上主要针对言词辩论而言，包括当事人对法律、事实及证据方面的主张及意见陈述。而广义辩论则指裁判基础资料形成的所有阶段中当事人均可提出意见互相辩驳，并影响法院裁判的形成。在大陆法系国家，"辩论"主要在狭义上运用，即与"口头辩论"相联系，兼子一教授等认为："'口头辩论'一词，在实质意义上是指当事人在公开法庭上向法院陈述自己的请求和主张的诉讼行为；在形式意义上是指双方当事人以口头进行辩论的审理程序本身。"[②] 从权利角度而言，辩论权即当事人在诉讼中可以进行主张与辩解的地位与权利，法院必须保障辩论权利的行使，"口头辩论"显然是辩论权最直接、最重要的实现方式，法院应当保障当事人对所有对其利益产生影响的事项享有陈述的机会。亦有学者以"陈述权"涵盖相类似的内

---

① 邱联恭：《司法之现代化与程序法》，三民书局，1992，第129页。
② 〔日〕兼子一、竹下守夫：《民事诉讼法》（新版），白绿铉译，法律出版社，1995，第76页。

容①，这里的当事人陈述权涵盖了对对方意见的辩驳，以及对对方证据的质询。

从概念的解析中可以看出，辩论权与陈述权具有同质性，其核心均在于法院应当保障当事人的意见表达权。学者们在德国的听审请求权研究中主要运用了陈述权的概念，陈述权存在于诉讼程序与非讼程序中，强调当事人享有在裁判前表达意见的权利。日本学者的研究则多运用程序保障或辩论权的概念，体现存在两造的诉讼结构中法院应保障当事人充分行使辩论权，判决形成所需要的事实主张、证据与法律观点应当建立在当事人辩论的基础上。我国台湾地区的法律文本与理论研究对陈述权与辩论权均有涉及，除上文邱联恭教授称为辩论权外，亦有学者称为陈述权，"是指当事人能于法院前，主动地对于与诉讼标的相关之事实及法律问题得为陈述，亦即，就事实予以主张、争执、提出证据，就证据调查之结果陈述意见，或提出法律见解。更重要的是，法院对于将采为判决基础之事实、证据调查结果或法律见解，应使当事人于裁判前有表示意见之机会"②。可见，陈述权与辩论权有时被作为相近概念的语词使用，但在更多情况下陈述权的外延更为广泛，更偏重保障当事人向法院表达各种意见的权利，不以存在对立双方或双方有不同意见辩论为前提，也不仅仅针对与裁判相关的事实与法律问题，还可以是涉及程序公正的各种事实与法律事项。在诉讼与非讼程序中，针对涉及其权益的事项，当事人甚至关系人均有权在裁判前获得陈述权的保障，以便对程序及其结果施加影响。两种权利的区别在于，"辩论权"较"陈述权"更能体现对审结构中当事人之间的平等性与对抗性，从而表明裁判结果的形成并非来自单方当事人的陈述，而是在保障双方当事人平等进行攻击防御的基础上作出的。陈述权既包含辩论权，也包含对程序事项或职权事项审查时当事人的意见陈述；辩论权更强调双方之

---

① 将陈述权界定为民事诉讼程序中当事人享有主张、说明、表示事实与法律意见的权利；当事人应当在涉及其权利的裁判作出之前"发表意见"，以便可以对程序及其结果施加影响；法院作为判决基础的任何事项，必须建立在保障当事人陈述权基础上，否则该裁判不具有正当性。参见任凡《德国民事听审请求权及其借鉴》，《西部法学评论》2011 年第 4 期。

② 沈冠伶：《诉讼权保障与裁判外纷争处理》，北京大学出版社，2008，第 15 页。台湾学者邱联恭教授、许士宦教授等将之称为辩论权，姜世明教授与沈冠伶教授等将之称为陈述权。

间存在对抗，且当事人对辩论的对象具有更多的自主决定权。法院不仅要保障当事人能够行使辩论权，裁判的形成也必须建立在当事人辩论的基础上，两者对法院的约束力不同。台湾地区"民事诉讼法"中有对两种概念的区分运用，可以直观地反映两者内涵上的差异：针对法院职权事项，如于法院依职权调查证据、选任鉴定人前及证据保全之证据调查时，均得"陈述意见"（如台湾地区"民事诉讼法"第 288 条第 2 项、第 326 条第 2 项、第 373 条第 2 项）。但对作为裁判基础的诉讼资料，则使用"辩论"字眼，如第 199 条第 1 项规定："审判长应注意命令当事人就诉讼关系之事实及法律为适当完全之辩论。"

### （三）辩论权与辩论主义

辩论权凸显当事人的主体性，而辩论主义体现当事人在诉讼资料提出上的主导性。"大陆法系民事诉讼过程中，辩论主义是作为反映法官和当事人作用分担规律的原则，这一原则保障当事人对作为裁判基础的事实和证据的提出、案件争点的形成方面的主体性地位。"[①] 英美法系"对抗制"诉讼构造，也具有辩论主义的实质，表现为当事人为追求胜诉而积极展开攻击与防御。但辩论主义不足以完全概括事实解明中的当事人权利，"辩论主义是以当事人具有提出属于诉讼资料的事实和证据的权能为前提的。但是，辩论主义本身并不包含当事人享有提出诉讼资料的权利"[②]。因为即使在采职权探知主义而不采辩论主义的人事诉讼中，当事人也享有提出诉讼资料的权利。从我国民事诉讼超职权主义发展至今的历史进程中也可以看出这一点，关于辩论权的规定一直位列我国《民事诉讼法》"基本原则"章，司法实践中当事人有权提出事实、证据并进行争辩是不争的现实。因此，并非只有在辩论主义的诉讼结构中当事人才享有提出诉讼资料的权利。对辩论主义与辩论权的关系，日本山木户克己教授认为，辩论权是"接受裁判者在裁判前就案件能够进行辩解的地位及在裁判程序中的当事人主体地位

---

① 吉野正三郎：《民事訴訟中法官的作用》，日本成文堂，1990，第 208 页。
② 吉野正三郎：《民事訴訟における裁判官の役割》，日本成文堂，1990，第 208 页。

的发现"①，并从这一观念出发理解辩论主义，即正因为强调该当事人的主体地位，才必然要求裁判所不应以职权探知事实或者采用职权探知的诉讼资料，并认为，辩论权的效力分为消极效力和积极效力，辩论主义是认可辩论权消极效果的诉讼主义，诉讼当事人享有提出诉讼资料并进行争辩的权能则是辩论权的积极效果的内容。对于两者的关系，山本克己教授指出，辩论主义虽然以辩论权为前提，但是和辩论权基于不同思想的审理原则，他不同意将"当事人有提出事实及申请证据的权能"加入辩论主义的外延。对两者的差异，山本克己教授的标志性表达是"辩论权是当事人主体性原理的表现，而辩论主义则是当事人主导性原则的表现"②。从当事人主体性出发，山本教授准确地把握了辩论权的本质以及与辩论主义的差异所在。笔者试以"释明"为例作一说明，辩论主义主要反映辩论权的消极效果，法官进行释明则是以促进、触发辩论权积极层面来协助当事人，因为，从当事人的主体性出发，如当事人接受释明修正自己的主张、举证或者辩论，即应按新的意见进行审理。相反，如当事人不接受法官释明时，法官则应当尊重当事人的意愿，以此前的诉讼资料为判断的基础，这并非对辩论主义的限制乃至修正，而是促使辩论权充分行使。既然与辩论主义没有抵触，那么释明权行使的界限就值得重新考虑，因此有学者指出"为使当事人尽其辩论，谋求适正的裁判，应不迟疑地行使释明权"③。

---

① 山木戸克己：《弁論主義の法構造》，载《民事訴訟法論集》，有斐閣，1990，第4页。
② 山本克己：《弁論主義論のだぬの予備的考察》，载《民事訴訟雜志》39号，1993，第170~177页，转引自田村真弓《民事訴訟における弁論權について》，《大阪學院大學法學研究》2008年第9期，第84~86页。
③ 山木戸克己：《弁論主義の法構造》，载《民事訴訟法論集》，有斐閣，1990，第24页。

# 第二章　民事诉讼当事人辩论权
# 保障的法理依据

## 一　当事人程序主体性原理

主体性问题作为西方哲学的中心话语由来已久，主体性的思想萌芽可以源自古希腊，普罗泰戈拉关于"人是万物的尺度"和苏格拉底关于"认识你自己"的见解可以被视为人的主体性思考的发端。柏拉图的理念世界则表达了人类对自身主体性的企盼，但同时也造成了理念世界与自然物质世界的二分对立，主体性问题因为主客二分的思维方式而陷入了困境。而后，人的主体性被神学家推向了天国，对柏拉图理念世界的崇拜随之演变成了对人格化的上帝的敬仰。经历了宗教改革、启蒙运动和法国大革命浸染后的欧洲，哲学家们开始高扬起"人性"的大旗，强调人能够认识自然、改造自然，进而塑造了人性解放的主体性人格，以新的方式提出了人的主体性问题。

### （一）人的主体性理论的发展

勒内·笛卡尔作为近代唯理论的第一个代表，以怀疑的论证方式提出了"我思故我在"的著名结论，他意识到了作为思考者的"我"的存在，首次确立了理性和"自我"的独立地位，宣告了近代主体性原则的确立。约翰·洛克则从经验主义的角度论述人的主体性，将"自我"定义为"会以意识思考的东西，这种东西是可以进行感觉的，会感觉到快乐或痛苦、幸福或不幸，而其意识延伸的程度，便是其自我所关心的程度"。洛克认为人的心灵开始时就像一块"白板",而向它提供精神内容的是观念(即经验)。观念分为两种:感觉的观念和反思(reflection)的观念。洛克的精神哲学理论通常被视为现代主义中本体,洛克被视为自我理论的奠基者。伊曼努尔·康德则从思辨理性角度论证人的主体性,对自由意志、道德自律和人的尊严作了深刻的分析。康德指出,"在全部被造物之中,人所愿欲的和他能够支配的一切东西都只能被用作手段;唯有人,以及与他一起,每一个理性的创造物,才是目的本身"①,同时,"要把你自己人格中的人性和其他人格中的人性,在任何时候都同样看作目的,永远不能只看作手段来使用"。康德的道德哲学强调了人格的尊严与崇高,"我们必须要认为某些事情是有绝对的价值,对于有绝对价值的东西就是尊严……一个有价值的东西能被其他东西所代替;与此相反,超越了一切价值之上,没有等价物可替代,才是尊严"②。从理性出发,在人与自然的关系上,康德强调人在认识中的主体能动性,"人为自然立法";而在道德生活领域,道德主体是人的主体性的最高峰,"人为自身立法",才能真正获得自由。费希特发展了康德的哲学体系,以绝对自我取代了物自体概念,并给予了自我一种相当高的地位,赋予了自我创造性行动的可能。③ 而在黑格尔哲学中,表面看来,人只不过是绝对理性(上帝)自我实现的工具,但正如马克思在《神圣家族》中所指出的,黑格尔的"绝对精神"不过是"形而上学地改了装的""现实的人和现实的人类"④。黑格尔指出,被释放了的个人主义、批判的权利、行动自主性(行为自律)以及理性化的哲学本身是"主体性"的具体表征,正是主体性的建构确立了"自己"的中心位置,成为认识自然、征服自然的理性主体和包容一切的自由主体。⑤ 只有"在主体中自由才能得

---

① 〔德〕康德:《实践理性批判》,韩水法译,商务印书馆,1995,第95页。

② 〔德〕康德:《道德形而上学原理》,苗力田译,上海人民出版社,2005,第53页。

③ 绝对自我不是经验的自我,也不是先验的自我,而是所有自我意识中的先验要素。这种自我意识提供了所有认识的先验根据,是一切知识和经验实在性的根据和先验的源泉,它将理论理性和实践理性融为一体。

④ 《马克思恩格斯文集》(第1卷),人民出版社,2009,第341~342页。

⑤ 参见孔庆斌《哈贝马斯的交往行动理论及重建主体性的理论诉求》,载《学术交流》2004年第7期,第6~9页。

到实现，因为主体是自由实现的真实的材料"①。马克思主义的主体性原则更强调人的平等与尊严，"人的根本就是人本身……对宗教的批判最后归结为人是人的最高本质这样一个学说，从而也归结为这样的绝对命令：必须推翻使人成为被侮辱、被奴役、被遗弃和被蔑视的东西的一切关系"②。人的主体性表现为人类在改造自然界和社会活动中所展现出来的自主性、能动性和创造性。③ 可以说，人的主体性已经成为现代人最重要的观念之一，一切关于现代性问题合理性的评价标准都根植于人的自由立场和人的主体性视角的价值考量。

当然，对主体性的怀疑自 17 世纪便已出现，从洛克到休谟，再到逻辑实证论的罗素、维特根斯坦，都对自我持怀疑态度。此后被誉为"现代主体解体论的先行者"的尼采更是认为"精神"、理性思维、意识等都是无用的虚构。到 20 世纪，弗洛伊德则认为主体只可能是分裂的，福柯、布迪厄等人纷纷提出主体是由社会或意识形态等外因构造的，不由人做主。而"主客"二分的思维框架中，主体对客体的优先性与至上性的强调促成了个人主义、理性主义、人本主义理念的极度发展，进而导致占有性个体主义、以统治自然为目标的人类中心主义膨胀，成为经济失衡、贫富悬殊尤其是自然环境恶化等的重要原因，也由此引发了对人的主体性的深入反思甚至反动。

在批判解体主体性或者重建主体性的话语中，主体间性（Inter subjectivity）逐渐形成了新的话语系统。主体间性是 20 世纪西方哲学中凸现的一个范畴。胡塞尔引进了主体间性，使哲学思维范式从"主－客二分"转向了"主体间性"，但并不能克服其体系的自我论倾向。从海德格尔开始，主体间性具有了现代哲学本体论的意义。萨特认为，主体间性是指

---

① 〔德〕黑格尔：《法哲学原理》，范扬、张企泰译，商务印书馆，2010，第 111 页。
② 《马克思恩格斯选集》第 1 卷，人民出版社，2012，第 10 页。
③ 主体性表现为在人对自然的对象性改造关系中，主体根据自身需要来改造客观世界，体现为主体的自由意志；能动性表明主体是能动的主体，其所有行动不是盲目的，而是有目的、有计划地改造客体的物质活动，表现为主体的目的；创造性则意味着以人的方式改造物的存在方式，使物按照人的方式而存在，体现了人类的自我超越。参见《马克思恩格斯全集》（第 1 卷），人民出版社，1972，第 169 页。

"作为自为存在的人与另一作为自为存在的人相互联系与和平共存……主
体间性不仅是个人的，因此人在我思中不仅发现了自己，也发现了他人，
他人和我自己的自我一样真实，而且我自己的自我也是他人所认为的那个
自我，因而要了解自我就要与别人接触，通过他人来了解自己的自我，通
过我影响他人来了解我自己，因而把这种人与人相联系的关系称为主体间
性的世界"①。提出主体间性是对主体性的一种超越，体现出哲学"回归
生活世界"的时代精神，"超越主体性并非完全抛弃主体性，而是扬弃它
使之在主体交往互动中，去把握主体和主体意识，从而使这种把握更具有
本真性和实践的有效性。交互主体性，一刻也离不开主体和主体性"②。
海德格尔从存在主义的角度强调，与他人打交道，与他人共同在世，是人
的生存根基和生存论的逻辑起点，将胡塞尔从认识论的先验意识层面的主
体间性转向了主体现实的生存体验。马丁·布伯在对话主义层面上阐释人
之间的主体论思想。哈贝马斯则从交往行为理论层面深化主体间性范畴，
主体性问题更加接近了操作意义很强的社会学领域，以往哲学中独白的主
体性扩展为程序中的主体间性，或称为程序中的交互主体性。哈贝马斯强
调必须从语义学转到语用学，在语用中营造出主体间得到沟通和共识的语
境，构造出真实互动有效的客观世界，最终在实践中完成共识的计划。③
主体间性的本质在于在公共生活的世界中实现主体之间现实的交互联系，
其核心在于主体间的独立平等性，只有在彼此承认的基础上，才能相互尊
重与理解，并平等地进行交流和对话。同时必须具有可沟通理解性，具有
可沟通理解的平台，共同分享经验和信息，才能使得相互间的理解与沟通
成为可能。

## （二）诉讼当事人程序主体性的确立

就诉讼制度而言，前现代的诉讼中并不具备明显的程序主体性。近代
资本主义社会确立了资产阶级的形式法治，现代诉讼结构中对人的尊严的

---

① 金炳华：《哲学大辞典（修订版）》（下），上海辞书出版社，2001，第 2037 页。
② 王树人：《关于主体、主体性与主体间性的思考》，《江苏行政学院学报》2002 年第 2 期。
③ 参见王树人《关于主体、主体性与主体间性的思考》，《江苏行政学院学报》2002 年第 2 期。

尊重，使主体性不断彰显，当事人享有的各项权利开始明晰。近代各国宪法更是通过对基本权的规定直接推动了司法主体性的确立与发展，即"在司法制度的构建与运作中，尊重公民和当事人的意愿，保障其权利和自由，维护其尊严，让其发挥决定、支配和主导的作用"①。对于程序主体的当事人，即实体权利义务受到判决影响的人而言，对辩论权的保障是听审请求权中最核心的权利，是捍卫人的尊严、保障当事人程序主体地位的基本要求。

人的尊严是司法主体性确立的根基，在程序中彰显"人的尊严"一词，代表哲学上将人视为主体（目的）理论学说的进一步发展。在第二次世界大战后，《联合国宪章》《世界人权宣言》等重要国际法律文件均对保障"人的尊严"明文加以规定。"奥地利学者菲尔德罗斯曾提到，有关'人格尊严与价值'的条款，在联合国被一致地、无一弃权地通过。这表明了尽管各种文化之间存在不同差异，但人格尊严得到普遍承认。"② 人的尊严为人权和权利提供了理论证成，有效融合了法律的规范性要求与正当性标准。任何人都平等地享有作为同类人所应有的法律上的尊严。尤为重要的是，"法律不是对人的尊严的赋予或创造，而是对人与人之间应当平等地享有尊严的发现与确认……人因为拥有尊严才具有人格，人也因为与别人一样拥有同等的人格而必然应有平等的地位"③。人的尊严是对人人具有平等的主体身份的一种法律宣示，奠定了人格平等的伦理基础。而为了保证人的尊严的实现，程序保障的核心是赋予当事人意见陈述权，通过陈述权的行使，防止国家对个人自由的非法干预。法院对公民权利的保障构成了国家制度的根基，因此越来越多的国家或地区以宪法及宪法性文件将以辩论权为核心内容的听审请求权确定为公民的基本程序权利。

哲学上主体性的发展影响了对诉讼程序中当事人的认识，作为程序的主体，当事人同样享有应有的权利空间，并能够促进当事人权与审判权的

① 左卫民：《在权利话语与权力技术之间：中国司法的新思考》，法律出版社，2002，第12页。
② 〔奥〕阿·菲尔德罗斯：《自然法》，黎晓译，西南政法学院法制史教研室，1987，第76页，转引自胡玉鸿《"人的尊严"在现代法律中的地位》，载《公法研究》，2008，第303页。
③ 胡玉鸿：《人的尊严的法律属性辨析》，《中国社会科学》2016年第5期。

平等互动，尤其具有不被沦为法院审判活动客体的权利。程序主体性原则要求"任何人民均应受人格的尊重，对于关涉其利益、地位、责任或权利义务的审判，均应有参与程序以影响裁判形成之权利、地位；而且，在判决作成以前，应适时被赋予陈述意见或辩论的机会；并不许其权利遭受法院之审判活动所侵害。也即，在未经赋予该项机会的情况下所汇集的证据及事实，均不得成为法院作成裁判之基础"①。而主体性向主体间性的发展，则意味着在纠纷解决的公共领域内，辩论权的行使应当成为交往的媒介，各方当事人以及法院共同分享案件信息，使相互间的理解与沟通成为可能，并最终使纠纷得到妥当解决。

## 二　当事人平等自主原则

保障当事人的辩论权，不仅体现了尊重人格尊严和保障当事人程序主体地位的重大意义，也是与民事实体法相契合，贯彻当事人平等自主这一"质"的规定性的必然要求。

### （一）平等自主是民事主体的本质特性

民事交往以独立的意思表示为前提，而当事人有了平等的地位才能"意思自由"。民法尊重和保障当事人的平等与自主，以平等主体之间的财产关系和人身关系为调整对象。当事人作为实体法的权利主体，不仅可以在实体法领域中处分自己的权利，也可以在解决实体争议的民事诉讼领域自由处分自己的权利。尽管法院对纠纷进行审理主要体现诉讼法律关系的公法属性，但并没有改变私权争议的本质，当事人通过程序权利的处分来实现对实体权利的处分，是当事人自主性的应有之义，民事争议的特性决定了民事诉讼应当更多地体现民事主体的主导性，反映私法自治的原则。我国社会处于转型时期，存在民事诉讼中忽视纠纷主体的自主性和主导性、突出法院的主动性和积极性，以致当事人被客体化的情形。正基于此，张

---

① 邱联恭：《司法之现代化与程序法》，三民书局，1992，第112页。

卫平教授将民事诉讼的契约化比喻成"完善我国民事诉讼法的基本作业",并主张在民事诉讼法修正时,必须考虑如何将契约精神置入民事诉讼法规范和程序之中,以表达民事法律主体在民事纠纷解决过程中的自治性和主体性。当然,民事诉讼契约化是一个相对的概念,其更重要的意义在于使整个民事诉讼能够宽容当事人对自己权利的自由处分,尊重当事人的自由选择以及肯定选择结果,使当事人的自由意思不仅能够在实体法领域中体现,还能在整个民事诉讼中体现。① 而辩论权无疑是当事人自主解决纠纷最重要的权利。

民事诉讼程序除了尊重当事人在权利领域的自主性之外,贯彻当事人平等原则对于公正裁判的作出也同样重要。当事人平等原则亦称为武器对等原则,可以从两个维度进行考察,从当事人维度,意味着当事人各方均应被平等赋予机会,除基于起诉或被诉的立场不同所生差异以外,原则上均须居于平等的地位并能够从事相对应的诉讼行为。而从法院维度,则要求法官应当恪守中立,保障当事人各方均有平等提出攻击防御方法,谋求利己裁判的权利。正是源于当事人地位平等且权利自主,才能有效行使辩论权,使实体争议获得公正的解决。诸多国家和地区的民事诉讼立法均选择了以辩论权行使为核心的对席审理结构和辩论程序设计,恰恰可以说明这一点。《法国新民事诉讼法典》的规定可谓其中的典型,其在"诉讼指导原则"部分确立了"对席审理原则"②,明确了法院的职责与当事人的辩论权,同时体现出诉讼法律关系主体之间的互动。

## (二) 保障辩论权是贯彻当事人平等自主原则的程序必然

当事人作为程序主体,通过行使辩论权参与程序塑造并影响裁判的形

---

① 参见张卫平《论民事诉讼的契约化》,《中国法学》2004 年第 3 期。

② 《法国新民事诉讼法典》第 14 条规定:"任何当事人,未经听取陈述,或者未经传唤,不得受到判决。"第 15 条规定:"诸当事人应当在有效的时间内互相告知各自的诉讼请求所依据的事实上的理由、各自提出的证据材料以及援用的法律上的理由,以便各方当事人能组织防御。"第 16 条规定:"法官于任何情形下,均应命令遵守,且自行遵守两造审理原则。当事人所援用或提出的理由、说明与文件,只有经过诸当事人对席辩论,法官始得在其裁判决定中采之。法官依职权指出的法律上的理由,事先未提请诸当事人陈述意见的,不得为裁判决定之依据。"

成，在现代民事诉讼中，裁判者中立性决定了裁判者不应该是与当事人对立的、凌驾于当事人之上的主宰，当事人权利应当得到充分的保障，在权利救济程序中，国家应赋予诉讼参与人或利害关系人以合理对话的程序，这也是一个法治国家对公民个人应有的尊重。① 在彰显当事人平等自主的诉讼程序中，辩论权之间、辩论权和审判权之间不是"对立"关系，而是"对话"关系，保障辩论权的行使和实效化是纠纷解决的关键。尽管"程序保障第三波"（以下简称"第三波"）理论的影响暂时难以评估，但其研究结论不乏启示意义。民事诉讼是当事人之间进行论争或对话的过程，是个理性对论的场所，是为了达成共识而协同作业并对话交流的过程。② 从面向过去和结果的传统诉讼理论向面向当事人之间，以及当事人与法官之间关系的过程志向型位移，纠纷解决从"对抗"走向"对话"，"第三波"理论凸显辩论权在纠纷解决中的重要意义。尽管对"第三波"理论存在一些不同的声音，但我们也注意到，无论是英美法系国家的司法改革还是大陆法系辩论主义的嬗变，甚至"协同主义"的兴起，民事诉讼制度中"对话"的元素都在增多，而"对话"正是建基于平等自主基础上当事人辩论权保障的结果。

另外，在贯彻当事人平等自主，赋予当事人权利保障的同时，当事人也应为自己的行为选择承担后果。"依该原则被赋予机会之当事人，如竟然未予利用时，因此所蒙受之不利益，将不得不自负责任，是亦为适用该原则之当然结果。"③ 也就是说，当事人在获得应有的辩论权保障后，基于自己的选择所产生的后果应当自行承担责任，因怠于行使辩论权而承受不利益同样具有正当性，此即"自我责任原理"。可以说，贯彻当事人平等自主的原则，使当事人真正成为诉讼程序中权利行使与责任承担统一的"理性人"。

---

① 参见张卫平《民事诉讼：关键词展开》，中国人民大学出版社，2005，第8页。

② "第三波"理论认为，民事诉讼的目的并非通过法院的公权力判决解决纠纷，而是确保当事人之间的实质性平等，同时，基于当事人之间的行为责任分配规则，展开充分的对话与论争（即"对论"）。当事人在诉讼中展开充分的对话和论争之后，诉讼或以判决，或在法官的斡旋下调解，或在裁判外调解，这些始终都是充分论争的结果。参见段文波《程序保障第三波的理论解析与制度安排》，《法制与社会发展》（双月刊）2015年第2期。

③ 邱联恭：《口述民事诉讼法讲义》，作者自版，2012，第93页。

# 三 裁判正当性原理

社会不断发展变迁，在多元化的社会中，案件体现出复杂多样的特点，而伴随着人的主体性意识的增强，诉讼主体的需要也越来越多样，裁判的正当性被重新评价。民事裁判的正当性，"应该是能够要求当事人及其背后的社会全体承认和接受审判的资格和根据"①。

## （一）保障当事人辩论权有助于实现实体判决结果的正当化

长久以来，裁判正当性的判断标准就是裁判结果要符合实体法的要求。但诉讼的复杂化尤其是现代型诉讼的出现，难免让现有法律"捉襟见肘"，更重要的是，即便是"法有明文规定"，实现实体法的过程依然"颇费周折"。罗尔斯将诉讼程序定义为不完全的程序正义的场合，既然程序不一定每次都产生正当的结果，那么程序之外的评价标准便具有极重要的意义。这就意味着不仅在程序上要根据大家认可的标准来分取蛋糕，而且结果应被视为实现了正义。那么，如何弥补不完全正义的场合不能确保结果正当的问题？这便需要借助程序正义的正当化作用弥补，普遍的做法是采用法律拟制，即通过追加一种所谓的半纯粹的程序正义来使结果正当化。追加程序中的当事人参与便是实现这一目的的重要方式。其重要意义在于，让当事人有充分的机会在程序上陈述主张、提出证据进行证明，并与对方当事人进行辩论，体现裁判的形成建立在充分审酌当事人意见的基础上。"法律的判断权并非法官独占，应当为当事人提供对法官的法律判断权施加影响的机会，协同发现法之所在。"② 当事人在程序运行过程中及判决的形成过程中获得了充分的尊重，充分参与发表了辩论意见，必然有助于法院正确地认定事实，解释、适用甚至发展法律，这也就为新类型案件的裁判构筑了正当化基础。

---

① 〔日〕中村治郎：《围绕审判的客观性》，有斐阁，1970，第195页，转引自刘荣军《程序保障的理论视角》，法律出版社，1999，第343页。
② 〔日〕高桥宏志：《重点讲义民事诉讼法》，有斐阁，1997，第385页。

### （二）保障当事人辩论权是防止诉讼突袭的基本要求

防止突袭性裁判是辩论权保障最重要的功能。突袭性裁判的核心是当事人不能合理地预测法官的裁判内容和裁判过程，"突袭发生的基础源于根据现行法律规定，以及个案基础事实的状态，通常预测司法机关会给出特定的审判结果，而司法机关却作出不符合期待甚至相反的审判结果的情况"[1]。学者将裁判突袭分为发现真实的突袭、推理过程的突袭、促进诉讼的突袭以及适用法律的突袭。[2] 这些突袭情形的发生均与事实发现或法律适用上辩论权保障的不足有关，而通过法官阐明义务的履行，引导和充实当事人的意见陈述和证据提供权，即可使上述隐存于心证及判决形成过程中的谬误及不完全得到适时的治愈或补全。发生于当事人之间的提出攻击防御方法的突袭，也会令对方当事人无法在法院裁判之前进行充分辩论，失去维护其权益的能力。强化辩论权的行使，也意味着法院能够善尽促进诉讼的监督职责，使当事人能够适时提出攻击防御方法，尤其是通过言词辩论程序的开展，使当事人互知对方的事实证据并及时回应。

### （三）保障当事人辩论权为既判力提供依据

实体判决一经确定即具有既判力，因此当事人既不能就已判决确定的诉讼标的另行起诉，也不得在其他诉讼中提出与本案相矛盾的主张，法院也不得就已经确定的诉讼标的再作相异的裁判。确定判决的既判力在理论上

---

① 姜世明：《民事程序法之发展与宪法原则》，元照出版有限公司，2003，第 107 页。

② 发现真实的突袭包括因对事实认定预测不充分的突袭和因未能充分预测到认定事实的具体内容的突袭。也就是说，当事人在言词辩论终结之前不能预测到法院是以何项事实为裁判基础或者法院在未能充分预测到认定事实的具体内容的情况下作出判决，这种突袭性判决的出现在于当事人所认识、理解的判决基础事实跟法院所认识的"要认定的事实"不一致。推理过程的突袭，是指当事人在言词辩论终结之前，不能预测到法院就某一定事实存在与否的心证或判断过程，法院在当事人不能提出充分的资料和陈述必要的意见等情况下，作出判决。促进诉讼的突袭，是指由于当事人未能适时预测到法院的裁判内容或者判断过程，致使其未能提出资料或意见，为避免在程序上造成劳力、时间、费用的不必要的支出，法院作出判决。除此之外，法院在当事人未能预测到法官的法律见解以进行辩论或陈述意见的情况下作出判决，属于适用法律上的突袭。参见邱联恭《突袭性裁判》，载台湾地区民事诉讼法研究会编《民事诉讼法之研讨（一）》，1986，第 39~43 页。

存在多种学说，获得基本共识的是"制度效力与程序保障"二元说，其核心在于，一旦当事人在前诉中获得了程序保障，那么，基于程序保障将产生自我责任。也就是说，在诉讼过程中赋予当事人辩论权，使其能够进行充分的攻击和防御，法院的裁判又是建立在充分尊重当事人意见和主张的基础上，对于这样的判决，当事人理应受其拘束，对已决事项不得再行争执。

## （四）正当化的裁判更具有可接受性

裁判的可接受性一般指当事人及一般社会成员对裁判的认同、信任和接受的程度。当事人辩论权的行使有助于消除语言区隔，使裁判被接受成为可能。通过以语言为载体的司法活动，人类对冲突的解决实现了从暴力到话语的转换。德国学者考夫曼将语言分为日常语言和法律语言，司法领域是法律语言的世袭领地，但是普通人是生活在日常世界中的，是以一种日常语言交往并生活在日常语言所构建的社会中。由此，考夫曼指出，日常语言所建构的日常世界与法律语言所建构的法律世界之间存在某种区隔。裁判的接受过程本身是一个交互的过程，在这一交互过程中，法官作为权利义务的判定主体，应当穿梭于两种语言中，即国民的语言及法律的语言之间，这必然需要一个沟通的过程。沟通对于法官而言，不仅要确定行为人在想象什么，而且要将行为人及法官的理解层面（法官通过使用语言确定法律的意义）的相当性制造出来。① "所谓沟通，也就是生活事实与法律规范之间的区隔的破除。"② 当通过民事诉讼方式解决纠纷时，辩论权保障的意义在于通过保障当事人的话语权，使其能够参与到法官对事实认定与权利判定的沟通过程中来，从而对法院争议的解决包括裁判的过程产生实质的影响。这样的对话过程不仅弥补了案件信息的不对称且更易于解明案件的事实，也可以在一定程度上消解可能出现的裁判突袭。经过辩论后的事实更容易被视为真相（truth），建立在辩论权充分行使基础上的实体裁判也因更接近或等同于纠纷解决的共识，而得到当事人以及社会一般人的认可和服从。就诉讼观的发展来看，正如前文的历史梳理所展示出来的，在

---

① 参见〔德〕考夫曼《法律哲学》，刘幸义等译，法律出版社，2004，第196页。
② 陈兴良：《法律在别处》，《法制资讯》2012年第4期。

审判权强于诉权的国家主义诉讼观之下，居于"官位"的审判权凌驾于诉权之上，职权干预充斥整个诉讼结构，法官的裁判来自以自我为中心的"审问"和"裁决"，以"独白"的方式实现其威权。而自20世纪50年代以来，西方各种法学理论在推进各自观点的同时，不约而同地对法的"强制力"观念予以弱化甚至是消解。[①] "司法场域是一个围绕直接利害相关人的直接冲突转化为有法律规则的法律职业者通过代理行为进行论辩而组织起来的社会空间。它也同时是这种辩论发挥作用的空间。"[②] 在这一过程中主体作用凸显，法律阴影下的交涉合意成为裁判正当性和约束力的基础。

另外，心理学研究中的公正感也有助于诠释辩论权在裁判可接受性的形成中的意义。在具体案件中，让当事人感觉受到了公正待遇是个案裁判被接受的关键，而公正感因个体差异、历史阶段和地域不同而存在不同，那么如何让当事人感觉得到了公正的待遇？心理学提出了"发言权效应"（voice）理论与"尊重效应"（dignitary process effect）理论。前者与辩论权直接相关，即只要争执者有机会提出自己的证据，表述自己的意见，就会感觉到自己能够控制做决策的过程，进而提升公正感。"尊重效应"理论则强调人们应当在程序中获得尊敬，如果法院能够给予双方当事人平等的机会和程序保障，双方当事人能够在法定限度内自由地进行攻击和防御，他们的诉讼主张和请求能够受到平等的尊重和关注，程序主体就会感觉自主意志获得了尊重，得到了公正对待，这样个案结果被认同和被接受便成为可能。

## 四　法律商谈原理[③]

20世纪初，西方社会各种危机的降临使主体性哲学退隐，从认识论哲

---

① 参见刘星《法律"强制力"观念的弱化——当代西方法理学的本位论变革》，《外国法译评》1995年第3期。

② 〔法〕皮埃尔·布迪厄：《法律的力量——迈向司法场域的社会学》，强世功译，《北大法律评论》1999年第2期。

③ 本部分除注明出处的以外，均参见〔德〕哈贝马斯《在事实与规范之间——关于法律和民主法治国的商谈理论》，童世骏译，三联书店，2003；段厚省《诉审商谈主义——基于商谈理性的民事诉讼构造观》，北京大学出版社，2013；高鸿钧等《商谈法哲学与民主法治国——〈在事实与规范之间〉阅读》，清华大学出版社，2007。

学到语言哲学，从语义学到语用学，主体间性（Inter subjectivity）哲学成为显学，并转向对现实的观照。其中最具代表性的是哈贝马斯的观点，其从交往行为理论层面深化了主体间性的范畴，将人的行为区分为工具行为和交往行为，工具行为处理人与自然的关系，交往行为则主要处理人与人之间的关系，通过语言和对话达到人与人之间理解的一致。在交往行为理论的基础上，哈贝马斯进一步提出了商谈理论，并以商谈的正义，摆脱传统经验主义和理性主义方法论的论证桎梏，通过产生正义的程序的讨论创新性地探讨实现正义的路径。商谈的正义观体现为由地位平等的参与者充分表达各自的正义观，然后经由充分的论辩，达成对于正义的一致认识。[1] 哈贝马斯主张在道德、法律以及政治等三大领域都必须实行协商原则，以交往理性为基础全面重建民主社会的公共领域，使其成为一种民主参与、协商对话，从而获得共识的"言语领域"，并通过内在于语言及其使用中的两种理想化要求，得出事实性和有效性之间存在张力的结论，而这种张力必将进入生活世界，表现为无处不在的异议风险。现代社会事实性与有效性已经分离，实证化的法律则既需要通过事实性限制，稳定行为期待，降低异议风险，也要以民主立法程序来确保法律的有效性。而法律的事实性或者实证性是通过司法裁判来体现的，"对司法问题的关注，构成了哈贝马斯法律商谈论的重要部分，也可以说，对于司法判决的理论方案是其商谈论原理的实际检验"[2]。

## （一）哈贝马斯关于司法领域的"法律商谈"

在司法领域事实性和有效性之间的张力体现为法的确定性原则和对法的合法性运用。[3] 但是，哈贝马斯同时也发现，这两个条件面临进一步的追

---

[1] 参见段厚省《诉审商谈主义——基于商谈理性的民事诉讼构造观》，北京大学出版社，2013，第121页。

[2] 程德文：《现代司法的合理性——哈贝马斯商谈论之司法观》，《金陵法律评论》2006年秋季卷。

[3] 对"确定性"，哈贝马斯不仅联结到法律规范实施的充分性和可预见性这种一般需要，而且联结到司法裁判制作的"自洽性"（consistency）这种更为具体的需要。对"合法性"，哈贝马斯联结到司法判决要被规范地证明并因此值得尊重的需要，也就是说，当出现不同主张之间冲突的时候，把它们转换成法律主张，并且在法庭听证之后以一种实际（转下页注）

问。① 因此，"对判决的论证又必须摆脱法律形成情境中的种种偶然性，因为没有理由要求具有偶然性的过去情境对当下以及未来已经变化的情境构成约束"②。而对于条件的追问实际上是对司法合理性的思考，一方面，作为司法裁判基础的纠纷事实是当下的事实，而解决纠纷的法律并非专门针对当下事实而制定。另一方面，法律的抽象性决定了规范事实与本案纠纷事实并不是完全契合的，按照既有法律作出的裁判并不一定令当事人满意。在法律适用的确定性与完全符合本案事实的正义之间存在一定的抵牾，对于实证法的事实性与合法性问题，以及作为这种事实性与合法性在司法裁判中体现的裁判的自洽性与合理可接受性问题，哈贝马斯以德沃金的理论为基础，从法律商谈理论的角度提出了自己的解决方案。③ 他主张即使存在德沃金所谓的赫拉克勒斯式的法官，也不能仅从其自身的角度来裁判案件，而只能通过主体之间的论辩和对话，从主体间的"独白"向主体间的理性对话转变，使案件的裁判在一个理性对话的语境中同时获得确定性与合法性。④ 哈贝马斯希望交往过程最后实现一个基于理由的共识（consensus on the basis of reasons）。受罗尔斯的影响，哈贝马斯后来能够较多地接受共识背后的不同理由，把"共识"分成两种类型，一种是作为社会事件的共识

---

（接上页注③）约束力的方式加以裁决是不够的。因为这样的裁判，不一定能够消解事实性和有效性之间的张力。为了实现法律秩序的整合功能和法律的合法性要求，法庭判决必须同时满足判决的自洽性和合理的可接受性两个条件。因而，司法活动也应当是一种通过交往而寻求共识的过程。所谓判决的自洽性，是指判决对于法律规范的适用被认为是正确的；所谓合理可接受性，是指判决将法律规范适用于具体的正义事实的结果，符合当事人以及社会公众对正义的要求。

① 其一，法的确定性原则要求判决是在现行法律秩序之内自治地作出的，但现行法律是一张由过去的立法决定和司法决定或者习惯法的种种传统所构成的不透明网络的产物。法的种种制度史构成了每个当代的判决实践的背景。最初的法律产生情境的偶然性，也反映在法律的实证性当中。其二，法的合法性运用要求判决不仅与过去类似案例的处理相一致、与现行法律制度相符合，而且也应该在有关问题上得到合理论证，从而所有参与者都能够将它作为合理的东西而接受。参见程德文《现代司法的合理性——哈贝马斯商谈论之司法观》，《金陵法律评论》2006 年秋季卷。

② 段厚省：《诉审商谈主义——基于商谈理性的民事诉讼构造观》，北京大学出版社，2013，第 158 页。

③ 将关于司法判决的唯一正确的衡量，从实质性的或者说实体性的讨论转移到对于形成判决的商谈程序的讨论中。

④ 参见朱福勇《论对话式裁判对民事程序瑕疵之矫治》，《社会科学》2016 年第 7 期。

（consensus as a social fact），另一种是作为认知成就的共识（consensus as a cognitive achievement），在一定程度上使重叠共识（overlapping consensus）有了理论上的交融。重叠共识不再局限于现实背景层面，避免对客观趋势过于消极地顺从，而是通过认知层面的共识，更多承认"多样性"，更多包容，接纳基于不同理由的共识。当然，商谈理论下共识的形成对司法的更多意义在于共识达成过程的合理性，但后来学者的论辩也说明"唯协商"同样不可取。尊重共识的基础，关注社会存在的物质基础，在此基础上达成双赢的目的更不能忽略。

### （二）共识达成中辩论权的核心意义

在哈贝马斯法律商谈理论将正义观的讨论转移到对形成判决的商谈程序的讨论的同时，当事人也被纳入寻找法律的主体之中，当事人的程序主体性真正得到了彰显，民事裁判从法官独白式或者主要是法官独白式走向了双方当事人与法官通过交往行为实践来发现事实和寻找法律的新模式，并以形成关于裁判内容的共识为目标。[①] 哈贝马斯指出："不管怎么样，规范性判断的正确性是无法在真理的符合论的意义上来解释的，因为权利是一种社会构造，不能把它们实体化为事实。'正确性'意味着合理的、由好的理由所支持的可接受性。确定一个判断之有效性的，当然是它的有效性条件被满足这个事实。但是，要澄清这些条件是不是被满足，不可能通过直接诉诸经验证据和理想直觉中提供的事实，而只能以商谈的方式，确切地说通过以论辩的方式而实施的论证过程……因为对于可能的实质性理由的链条来说，是不存在'自然的'终端的：我们无法断然否定有可能会提出新的信息和更好的理由。"[②] 哈贝马斯解释中对事实的商谈的阐释从诉讼语境中解读，正说明司法裁判中能够发现的事实只可能是一种法律真实，是暂时的真实，而要在这样的事实基础上裁判，并实现裁判的合理可接受

---

① 参见段厚省《诉审商谈主义——基于商谈理性的民事诉讼构造观》，北京大学出版社，2013，第 164 页。

② 〔德〕哈贝马斯：《在事实与规范之间——关于法律和民主法治国的商谈理论》，童世骏译，三联书店，2003，第 278 页。

性，必须诉诸商谈的程序，即让当事人能够程序参与。而当事人参与程序最核心的权利正是辩论权，即通过主张事实、提出证据，进行质证辩论等具体且充实的辩论权行使行为，使当事人和法官有可能获得最为完整的事实基础信息，并在此基础上适用法律进行涵摄，通过商谈的过程使裁判的形成建立在"共识"之上，当事人更能理解，也更倾向于接受。尤其是在审理中遇到法律漏洞时，法官从事"法的续造"工作，更加需要辩论权的实施，"应以法庭辩论等之法律学的论证，以说服普遍的听众为目标……致力于建构以辩论之概念为主轴之实践的论证之一般理论"[①]。

## （三）法律商谈理论对辩论权有效行使的启示

"交往行为理论主要把语言作为沟通的媒介，把沟通当作协调行动的机制，因此以理解为取向的语言使用便成了协调行动的机制，具有社会整合的作用。"[②] 在现实生活中，一定范围内具备交往理性的人们，总是能够就某些具体的观念和行动达成共识，这就是交往行为的实践性所在。哈贝马斯和罗尔斯在其共识理论中都强调以西方民主为基础的法治社会背景，以及具有良知和正义感的公民要求，公民能够理解理论适用对于他们生活的意义，进而有条件地根据商谈理论达成共识。我们不能把商谈理论形成的共识简单地等同于日常生活中的共识，或诉讼中经过讨价还价在利益上达成一致。在具体的诉讼个案中，参与诉讼程序的人数总是有限的，保障参与主体平等行使辩论权，尊重其对自己权利的追求，再通过相应的程序机制促使其辩论权合理行使（主要体现在言语行为层面）符合有效性预设的条件，则程序参与者就个案的事实认定和法律适用问题达成共识还是具有现实可能性的。

一般交往行为要满足言语行为有效性预设的四个条件，方能使参与者能够获取进行决策所需的充分信息，在言语有效性基础上进行交往——即进行论辩或者商谈，进而达成理解和共识。其要求任何处于交往活动中的

---

① 杨仁寿：《法学方法论之进展——实践哲学的复兴》，三民书局，2013，第291页。
② 高鸿钧等：《商谈法哲学与民主法治国——〈在事实与规范之间〉阅读》，清华大学出版社，2007，第30页。

人在施行任何言语行为时，必须满足普遍有效性的要求，包括表达可领会、陈述真实、表达真诚且言说正当。法律由语言构成，因而制定和实施法律的活动本质上都具有言语行为的性质。商谈理论以交往行为为核心，司法领域的商谈也应满足交往行为所设定的言语有效性要件。诉讼行为显然与一般交往行为不同，为达成商谈的目的，必须促进交往行为，而抑制策略行为①，这对于辩论权的保障和诉讼制度的设计具有重要启示。比如，为实现言语有效性要件强调对当事人话语能力的保障，使表达具有可领会性；为保障陈述的真实性，需落实诚实信用原则的要求，对于当事人来说需负真实陈述的义务，而对于法院来说，最为核心的是禁止裁判突袭。而为实现表达的真诚性，必须避免"以判压调"等辩论程序中调解的异化，以及裁判不说明理由或说理不足的情形出现。完善释明义务、心证公开或法律观点阐明义务，则能够使辩论权得到更充分地行使，商谈共识基础上的裁判更易被认为是公正的、可接受的，也就实现了司法裁判的"确定性"和"合理的可接受性"目标。

---

① 哈贝马斯对策略行为的解释是，策略行为与"交往行为"相对。指参与者通过以自我为中心的利益计算来指导其行为。它是工具主义的和以自我为中心的，其特点是个体行事者们力求通过一切有效手段而达到各自目的，以产生对自己的最大利益。策略行为不是相互需要的，也并不基于相互理解的基础之上。在交往行为中，参与者对于形势有共识，并在此基础上协调各自的计划，使所有相关者都能接受之。

# 第三章　我国民事诉讼当事人辩论权保障的立法变迁与问题检视

　　尽管我国《宪法》并未对当事人听审请求权或辩论权作出具体规定，但1982年《民事诉讼法（试行）》中已明确规定了辩论权，1991年正式颁行的《民事诉讼法》在文本上进行了完善，20世纪末的审判方式改革则以实践推动的方式使当事人的辩论权保障获得了长足的发展。2007年《民事诉讼法》修正再审程序时，则首次将"剥夺当事人辩论权"列为再审事由，使辩论权的重要性进一步彰显，保障体系不断完善。2012年之后的《民事诉讼法》修正均延续了这一事由。对民事诉讼立法中辩论权保障发展变迁的梳理，有助于正确把握辩论权保障的产生背景、制度意义与发展未来，也无疑为辩论权保障存在的诸多问题提供了文本层面的注脚。

## 一　1982年《民事诉讼法（试行）》中关于辩论权的规定

　　我国民事诉讼法关于辩论权的规定始自1982年《民事诉讼法（试行）》（见表1）。1982年《民事诉讼法（试行）》第10条规定："民事诉讼当事人有权对争议的问题进行辩论"，也被称为辩论原则。对辩论权的具体规定，主要涉及对事实主张的权利、争辩权、辩论能力、查阅权、对诉讼资料的提出与证明权等方面。笔者试对涉及辩论权的条文以图表进行汇总。

表 1　1982 年《民事诉讼法（试行）》中关于辩论权的规定

| 辩论权保障的角度 | 1982 年《民事诉讼法（试行）》 | 对辩论权行使的限制 |
|---|---|---|
| 辩论权一般规定 | 第 10 条　民事诉讼当事人有权对争议的问题进行辩论。 | |
| 当事人的辩论权利与查阅权 | 第 45 条　当事人有权委托代理人，有权申请回避，提供证据，进行辩论，请求调解，提起上诉，申请执行。经人民法院许可，当事人可以查阅本案的庭审材料，请求自费复制本案的庭审材料和法律文书。但是，涉及国家机密或者个人隐私的材料除外。 | 查阅需经法院许可；涉及国家机密或者个人隐私的材料不能查阅。 |
| 辩论能力 | 第 9 条　各民族公民都有用本民族语言、文字进行民事诉讼的权利。在少数民族聚居或者多民族共同居住的地区，人民法院应当用当地民族通用的语言、文字进行审判和发布法律文书。人民法院应当对不通晓当地民族通用的语言、文字的诉讼参与人提供翻译。 | |
| 代理律师与其他诉讼代理人的查阅权 | 第 53 条　代理诉讼的律师，可以依照有关规定查阅本案有关材料，但是对涉及国家机密或者个人隐私的材料，必须对当事人和其他人保密。经人民法院许可，其他诉讼代理人可以查阅本案庭审材料，但是涉及国家机密或者个人隐私的材料除外。 | 涉及国家机密或者个人隐私的材料除外 |
| 离婚案件当事人的意见陈述权 | 第 54 条　离婚案件有诉讼代理人的，本人除不能表达意志的以外，仍应出庭；确因特殊情况无法出庭的，必须向人民法院提交书面意见。 | |
| 诉讼资料的提出与证明 | 第 56 条　当事人对自己提出的主张，有责任提供证据。人民法院应当按照法定程序，全面地、客观地收集和调查证据。 | 第 57 条第 1 款　人民法院有权向有关单位和个人调取证据，有关单位和个人不得拒绝。<br>第 87 条　审判人员必须认真审阅诉讼材料，进行调查研究，收集证据。<br>有关单位有义务协助人民法院进行调查。 |
| 被告答辩权 | 第 86 条　人民法院对追索赡养费、扶养费、抚育费、抚恤金和劳动报酬的案件，应当在受理后五日内将起诉状副本发送被告；被告在收到后十日内提出答辩状。其他案件的起诉状副本，应当在受理后五日内发送被告；被告在收到后十五日内提出答辩状。<br>被告不提出答辩状的，不影响人民法院审理。 | |

续表

| 辩论权保障的角度 | 1982 年《民事诉讼法（试行）》 | 对辩论权行使的限制 |
|---|---|---|
| 庭审辩论权 | 第 110 条　法庭辩论按下列顺序进行：（一）原告及其诉讼代理人发言；（二）被告及其诉讼代理人答辩；（三）双方互相辩论。法庭辩论终结，由审判长按原告、被告的先后顺序征询双方最后意见。 | |
| 新证据提出权、发问权、申请调查证据权 | 第 108 条　当事人在法庭上可以提出新的证据。当事人经法庭许可，可以向证人、鉴定人、勘验人发问。当事人可以要求重新进行鉴定、调查或者勘验，是否准许，由人民法院决定。 | 规定了有限的发问权，鉴定、勘验等证据调查权。证据随时提出主义在立法中获得了立足之地。 |
| 二审程序中当事人的辩论权 | 第 148 条　原审人民法院收到上诉状，应当在五日内将上诉状副本送达对方当事人。对方当事人收到上诉状副本，应当在十五日内提出答辩状。当事人不提出答辩状的，不影响人民法院审理。原审人民法院收到上诉状、答辩状，应当连同全部案卷和证据，尽快报送第二审人民法院。 | 第 149 条　第二审人民法院必须全面审查第一审人民法院认定的事实和适用的法律，不受上诉范围的限制。第 150 条　第二审人民法院对上诉案件，应当组成合议庭，开庭审判。经过阅卷和调查，询问当事人，在事实核对清楚后，合议庭认为不需要开庭审判的，也可以径行判决。（在二审程序中，当事人的辩论权受到法院全面约束） |

　　1982 年《民事诉讼法（试行）》对辩论权的规定更多带有一种权利宣示色彩，这可能与立法时的时代背景相关，正如有学者所分析的："1982 年《民事诉讼法（试行）》在政治上的意义也许要大于其在法律上的意义。1982 年前后是国家实行改革开放和把工作中心转移到经济建设的转折性阶段。在此时期，国家陆续颁布了一系列基本法律。这些法律的颁布似乎昭示了国家以法律来部分或逐渐取代政策或运动的决心，既有助于增强民众的信心，亦为日后的经济发展所必需。"[1] 此时的民事诉讼立法显然缺乏足

---

① 蔡彦敏、张珺：《审时度势：对现行〈民事诉讼法〉修订之思考》，《法学家》2002 年第 4 期。

够的理论准备与实践积淀，计划经济下相对简单的社会关系与以家庭纠纷为主的民事争议类型，也并没有对民事诉讼立法提出更高和更迫切的要求，而历史传承以及对苏联民事诉讼立法与理论的认同，使 1982 年《民事诉讼法（试行）》体现了"强职权主义"的浓厚色彩。尽管赋予了当事人在程序中有权对争议的问题进行辩论，通过获得翻译帮助权、阅览权、答辩权以及庭审辩论权来保障辩论权的实现，但对辩论的内容、辩论的效力以及辩论权被侵犯的救济均没有作出明确规定。立法开篇透露出的基本精神体现出全面查清案件不但是法院的权力，更是法院应当履行的职责。① 虽然法律规定了辩论权，法院最终作出判决的"材料"也应当经过开庭审理并由当事人辩论质证，但是这只是职权主义"裹挟"之下的辩论权。一方面，这些判决"材料"不仅仅是甚至主要不是通过当事人提出主张、提供证据、进行反驳等辩论形式获得的，而是法院在不受当事人辩论内容限制，自行调查其认为应当调查的案件事实，收集其认为应当收集的证据，依据其自身对事实与法律关系的判断主动适用法律，形成裁判。另一方面，当事人的辩论权是否能够得到保障，与当事人是否具有辩论能力关系不大，法院自行调查，自行确定事实主张的内容与证据方法，自行认定事实和适用法律，实质上辩论权被虚置、被"工具化"，更多具有的是一种民主象征意义。实践中的辩论属性更接近为法官发现真实的一种"调查"方式，或者是给当事人的一种宣泄机会，抑或只是为满足程序阶段完整要求下的"一幕表演"。"辩论、庭审"并不是程序的核心，法官负责查明案情，"功夫在庭外"，因而尽管当事人辩论权在立法中明确加以规定，但权利本身在这一时期是抽象和空洞的，其实现制度与救济机制都存在明显的缺失。

---

① 《民事诉讼法》第 2 条规定的民事诉讼法的任务之一就是要保证人民法院查明事实，分清是非，正确适用法律。第 5 条规定："人民法院审理民事案件，必须以事实为根据，以法律为准绳。"正如一些学者所指出的，我国民事诉讼法所规定的辩论原则，是以对法院不具有约束力的"辩论权"为核心内容的原则，当事人虽可以通过这种"辩论权"的行使，提出自己的主张，反驳对方的主张，从而达到维护其合法权益的目的，但无法对审判权构成制约。

# 二　1991 年《民事诉讼法》中辩论权
# 立法的发展

1991 年《民事诉讼法》关于辩论权的规定较 1982 年《民事诉讼法（试行）》有了一定发展（见表 2）。

表 2　1991 年《民事诉讼法》中辩论权立法的发展

| 辩论权保障的角度 | 1991 年《民事诉讼法》 | 较 1982 年《民事诉讼法（试行）》的新发展 |
| --- | --- | --- |
| 辩论权一般规定 | 第 12 条　人民法院审理民事案件时，当事人有权进行辩论。 | 表达上更为简练严谨。 |
| 辩论能力 | 第 11 条　沿用 1982 年《民事诉讼法（试行）》第 9 条。 | |
| 答辩权 | 第 113 条　人民法院应当在立案之日起五日内将起诉状副本发送被告，被告在收到之日起十五日内提出答辩状。<br>被告提出答辩状的，人民法院应当在收到之日起五日内将答辩状副本发送原告。被告不提出答辩状的，不影响人民法院审理。 | 相较 1982 年《民事诉讼法（试行）》第 86 条，统一了各种案件的答辩期限，强化当事人的平等保护，增加了答辩状副本向原告的送达，保障当事人的受送达权、知悉权。 |
| 当事人的辩论权利与查阅权 | 第 50 条第 2 款　当事人可以查阅本案有关材料，并可以复制本案有关材料和法律文书。查阅、复制本案有关材料的范围和办法由最高人民法院规定。 | 体现出当事人主体性的强化，增加了当事人的证据收集权，并授权最高人民法院制定专门规定。 |
| | 第 61 条　代理诉讼的律师和其他诉讼代理人有权调查收集证据，可以查阅本案有关材料。查阅本案有关材料的范围和办法由最高人民法院规定。 | 增加了律师及其他诉讼代理人的证据调查权，其他诉讼代理人的查阅权。同时授权最高人民法院制定专门的查阅规定。 |
| 事实主张与证据的提出 | 第 64 条　当事人对自己提出的主张，有责任提供证据。当事人及其诉讼代理人因客观原因不能自行收集的证据，或者人民法院认为审理案件需要的证据，人民法院应当调查收集。人民法院应当按照法定程序，全面地、客观地审查核实证据。 | 相较职权探知主义明显的 1982 年《民事诉讼法（试行）》第 56 条，法院从全面查证确定事实的探知主体向审核证据的审判主体转变，当事人的主体性和自我责任凸显，辩论权开始具有了实质性的意义。 |

续表

| 辩论权保障的角度 | 1991 年《民事诉讼法》 | 较 1982 年《民事诉讼法（试行）》的新发展 |
|---|---|---|
| | 第 66 条 证据应当在法庭上出示，并由当事人互相质证。对涉及国家秘密、商业秘密和个人隐私的证据应当保密，需要在法庭出示的，不得在公开开庭时出示。 | 新增的质证权规定是辩论权保障的深入发展。 |
| 庭审辩论权 | 第 124 条 法庭调查按照下列顺序进行：（一）当事人陈述；（二）告知证人的权利义务，证人作证，宣读未到庭的证人证言；（三）出示书证、物证和视听资料；（四）宣读鉴定结论；（五）宣读勘验笔录。 | 比 1982 年《民事诉讼法（试行）》第 110 条的庭审流程更丰富，当事人范围更广。 |
| 证据提出、发问权与申请调查证据权 | 第 125 条 沿用 1982 年《民事诉讼法（试行）》第 108 条的规定。 | |
| 二审答辩权和受送达权 | 第 150 条 ……人民法院应当在收到答辩状之日起五日内将副本送达上诉人……原审人民法院收到上诉状、答辩状，应当在五日内连同全部案卷和证据，报送第二审人民法院。 | 增加了"人民法院应当在收到答辩状之日起五日内将副本送达上诉人"，凸显了对当事人的平等保护。增加了原审法院报送上级法院的期限。 |
| 二审庭审程序中当事人的辩论权 | 第 152 条第 1 款 第二审人民法院对上诉案件，应当组成合议庭，开庭审理。经过阅卷和调查，询问当事人，在事实核对清楚后，合议庭认为不需要开庭审理的，也可以径行判决、裁定。 | 基本沿用 1982 年《民事诉讼法（试行）》规定，法院的主导性仍然非常明显。 |

1991 年《民事诉讼法》相较 1982 年《民事诉讼法（试行）》，法院超职权主义色彩在减弱，当事人主体性有一定的提升，相应地，当事人的辩论权得到了明显的发展。但存在的问题依然很突出，比如诉答程序与开庭程序的"空洞化"越来越严重，因缺少应有的制度规范，实践中滥用答辩权、随意提出新主张新证据资料、开庭程序走过场、法官"集体无意识"地进行职权探知等等情形屡见不鲜。对当事人辩论权的救济，法律在此之前没有明确规定，只能从上诉案件的裁判与再审案件的裁判条文中进行"适度解释"或者"推定"，如将侵犯或剥夺辩论权的某些情形解释为"违

反法定程序"①。上述情形的存在，其根本原因在于事实探知绝对化民事审判理念的根深蒂固，"以事实为根据"意味着要彻底查明或查清案件事实。因为只有在查明案件事实的情况下，法院才能作出裁判。② 事实探知绝对化的审判理念存在与当事人辩论权之间无法消解的内在紧张关系。比如当事人一方放弃答辩权，意味着当事人不再提出抗辩事实进行辩论，而这些事实有可能是真实存在的。如果尊重当事人对自己辩论权利的处分，就不应该继续探明案件事实，而这种选择又必然与"以事实为依据"相悖离，意味着法院无法在查明事实的基础上作出裁判。这种困境是职权主义之下的法官所不能解决的，而在这样的基础上反观立法中将被告的答辩设计为一种可有可无的程序安排，即"被告不提出答辩状的，不影响人民法院审理"便可以"逻辑自洽"。既没有违背"查明案件真相"的审判要求，又对前述困境作了符合辩论权形式要求的制度安排。但就整个诉讼程序而言，这种中国化的"制度解决"恰恰造成了审前程序的空洞化和判决程序的职权化，带来了辩论权保障制度上的"连锁反应"。具体而言，因为没有被告的答辩，必然无法在审前程序确定争点，进而无法确定证明责任分配，也不可能有效地确定举证期限，审前程序将因为"被告没有答辩"而难以实现其价值。而后续的审理阶段需要"在庭审中查明案情"，必然要先明确当事人

---

① 1991年《民事诉讼法》第153条规定："第二审人民法院对上诉案件，经过审理，按照下列情形，分别处理：（一）原判决认定事实清楚，适用法律正确的，判决驳回上诉，维持原判决；（二）原判决适用法律错误的，依法改判；（三）原判决认定事实错误，或者原判决认定事实不清，证据不足，裁定撤销原判决，发回原审人民法院重审，或者查清事实后改判；（四）原判决违反法定程序，可能影响案件正确判决的，裁定撤销原判决，发回原审人民法院重审。当事人对重审案件的判决、裁定，可以上诉。"第179条规定："当事人的申请符合下列情形之一的，人民法院应当再审：（一）有新的证据，足以推翻原判决、裁定的；（二）原判决、裁定认定事实的主要证据不足的；（三）原判决、裁定适用法律确有错误的；（四）人民法院违反法定程序，可能影响案件正确判决、裁定的；（五）审判人员在审理该案件时有贪污受贿，徇私舞弊，枉法裁判行为的。人民法院对不符合前项规定的申请，予以驳回。"上述条文虽未直接提及"辩论权"，但实践中对应开庭而未开庭、未合法送达、遗漏必须参诉的当事人等实质上剥夺了当事人辩论权的情形均按"违反法定程序"加以认定，以"裁定撤销原判决，发回原审人民法院重审"的具体方式进行救济。对事实认定、证据、适用法律方面的裁判瑕疵并未明确从当事人权利的角度进行救济。

② 民事审判理念是人们对民事审判制度构架和运作的基本认识和理解，而事实探知的理念则是民事审判理念中最基本的一种理念。对事实审判绝对化理念的深刻分析请参见张卫平《事实探知：绝对化倾向及其消解——对一种民事审判理念的自省》，《法学研究》2001年第4期。

的诉答，完成争点的确定，再围绕争点查明案情。但这一过程原告往往因为措手不及无法有效应对被告的答辩，为了查明案情也兼及公平，法院当然会选择另定开庭日期，实践中一个案件多次开庭便成为常态。在这一过程中，职权主义的传统基因，加之并不违背制度设计的初衷，法官们不由自主地加入了事实查明的"行列"，当事人的辩论也就成为一种被法官选择性"赋予"的权利，是否需要辩论和接受辩论意见要看是否符合法官"查明"案情的需要。在规定的审限内查清案件事实作出裁判成为对法官的基本要求，庭审程序实质上是以法院为主体，以"审理"为主线，由法院按照简单的"流程"——即开庭程序展开的纠纷解决过程，至于如何辩论、辩论什么、辩论对法院的约束力，法律中均没有规定，实质上也无须规定，当事人也就只能成为庭审中"被安排的对象"。也许正基于这种事实探知绝对化的审判理念，从 1982 年《民事诉讼法（试行）》到 1991 年《民事诉讼法》，再到最高人民法院 2001 年《关于民事诉讼证据的若干规定》（以下简称《民诉证据规定》）出台前，立法和司法解释对审前程序都没有强烈的变革需求，"选择性答辩"自然畅行至今。

再以自认制度为例，自认意味着在陈述和争辩中，一方当事人对对方当事人所主张的于己不利的事实予以承认的意思表示。自认制度的设计是对当事人自主性和处分权的尊重，尽管在实践中这一情形屡见不鲜，但1991 年《民事诉讼法》并没有规定其法律后果，这种立法格局同样表达了这样一种理念，即法院对当事人已经自认的事实并不必然认可其真实性。事实探知绝对化审判理念之下，当事人左右事实是不能容忍的，法官能够且只有法官能够"客观地认定事实"。因为当事人受本案利益的影响，忽视事实的客观性是必然的，而基于这一认识，法院拥有独立收集证据的权力便具有了合理性和必要性。

# 三 20 世纪末民事审判方式改革对当事人辩论权保障的深度推进

随着 20 世纪 80 年代末 90 年代初经济的快速发展带来的对司法制度的

新要求，以及西法东渐带来的民事诉讼理念的更新，法院系统开始了坚持依法独立审判、认真执行公开审判制度、强调开庭审理和当事人举证责任等为核心的法院改革。① 从 1991 年《民事诉讼法》出台前到深化以公开审判为重心的民事审判方式改革，均强调"要依法保障当事人的各项诉讼权利，特别是要切实保障公民的起诉权、辩论权和上诉权"②。审判方式改革的核心是将当事人作为诉讼主体，界分审判权与当事人权利，充分发挥庭审的功能。③ "改变庭审方式，强化庭审职能，变询问式审判方式为辩论式审判方式，将审判人员审问、当事人回答的（问答）方式，改为当事人陈述的方式，由当事人陈述自己的主张、事实和理由；将审判人员对当事人提供的证据进行质证的方式，改为由当事人互相质证的方式，由当事人出示自己提供的证据，有证据拿在庭上；将审判人员与一方当事人'争论'、'辩论'的方式，改为由当事人互相辩论的方式，使当事人有理讲在法庭上；以及改变庭审走过场，流于形式的弊病等。"④

而对当事人辩论权保障的具体规范则主要体现在 1998 年最高人民法院《关于民事经济审判方式改革问题的若干规定》（以下简称 1998 年《规定》）中，辩论权积极层面与消极层面均有所体现。在积极层面逐渐体现出以辩论权和证明权为中心型构当事人诉讼权利保护的基本理念，即当事人以辩论权的行使参与程序的推进与裁判的形成，通过证明权的行使实现事实的解明。鉴于证明权的效果最终仍然需要通过辩论权的行使才能在法庭或法

① "实践证明，实行公开审判，不仅切实保障了诉讼参与人的诉讼权利，而且带动了回避、辩护（辩论）、上诉等一系列审判制度的实行，提高了庭审质量。"摘自最高人民法院原院长任建新 1989 年 3 月 29 日在第七届全国人民代表大会第二次会议上所做的《最高人民法院工作报告》。

② 景汉朝、卢子娟：《审判方式改革实论》，人民法院出版社，1997，第 117 页。

③ 其具体要求是：其一，必须保障当事人更好地行使民事诉讼法规定的各项诉讼权利，真正把当事人作为诉讼主体，把当事人行使诉讼权利和法院行使审判权区别开来，诉讼活动不能由审判人员包办代替。其二，审判方式改革要抓好开庭审理环节，强化当事人的举证责任，全面发挥庭审的功能，在法庭上当庭听取当事人的陈述，抓住举证、质证、认证三个关键环节。参见最高人民法院原副院长唐德华 1994 年 10 月 21 日在第三次全国经济审判工作会议上的工作报告《全面加强经济审判工作，为经济建设和社会主义市场经济体制的建立提供司法保障》。

④ 参见《改进审判方式，正确执行民事诉讼法》，最高人民法院原副院长马原 1994 年 7 月 6 日在全国民事审判工作座谈会上的讲话。

官面前得以呈现，因而辩论权实质上成为当事人诉讼权利的核心。

从积极层面看，1998 年《规定》初步明确了当事人在事实解明中的权利，也可从不同的角度理解为当事人对事实的主张责任与证据的提出责任、法院的告知责任①、当事人的受通知权②和为保障当事人辩论权高效充分行使而设置的证据交换程序。③ 在辩论权的具体行使阶段，尽管仍然保留了《民事诉讼法》侧重规定法院诉讼指挥权的特点，但已经开始注意从当事人的角度明确其在法庭调查与辩论中的辩论内容与权利④，以及在争议焦点与法庭调查重点的形成中当事人应具有的参与权利。从法律效果看，当事人辩论权的行使甚至可以影响普通诉讼程序的塑造，如 1998 年《规定》第 7条明确，适用普通程序的案件，原则上在"答辩期届满并做好必要的准备工作后"开庭审理，但例外情形下也可以在答辩期届满前进行。第 9 条第 2款规定，"对当事人无争议的事实，无需举证、质证"，等等，开庭审理的时间与内容都可以因当事人行使辩论权而被重新塑造。而与此同时，事实

---

① 1998 年《规定》第 1 条："一、人民法院可以制定各类案件举证须知，明确举证内容及其范围和要求。二、人民法院在送达受理案件通知书和应诉通知书时，应当告知当事人围绕自己的主张提供证据。"

② 1998 年《规定》第 5 条第 1 款："开庭前应当做好下列准备工作：1. 在法定期限内，分别向当事人送达受理案件通知书、应诉通知书和起诉状、答辩状副本……"

③ 1998 年《规定》第 5 条第 7 款："7. 案情比较复杂、证据材料较多的案件，可以组织当事人交换证据……"

④ 1998 年《规定》第 8 条："法庭调查按下列顺序进行：1. 由原告口头陈述事实或者宣读起诉状，讲明具体诉讼请求和理由。2. 由被告口头陈述事实或者宣读答辩状，对原告诉讼请求提出异议或者反诉的，讲明具体请求和理由。3. 第三人陈述或者答辩，有独立请求权的第三人陈述诉讼请求和理由；无独立请求权的第三人针对原、被告的陈述提出承认或者否认的答辩意见。4. 原告或者被告对第三人的陈述进行答辩。5. 审判长或者独任审判员归纳本案争议焦点或者法庭调查重点，并征求当事人的意见。6. 原告出示证据，被告进行质证；被告出示证据，原告进行质证。7. 原、被告对第三人出示的证据进行质证；第三人对原告或者被告出示的证据进行质证。8. 审判人员出示人民法院调查收集的证据，原告、被告和第三人进行质证。经审判长许可，当事人可以向证人发问，当事人可以互相发问。审判人员可以询问当事人。"第 11 条："案件的同一事实，除举证责任倒置外，由提出主张的一方当事人首先举证，然后由另一方当事人举证。另一方当事人不能提出足以推翻前一事实的证据的，对这一事实可以认定；提出足以推翻前一事实的证据的，再转由提出主张的当事人继续举证。"第 12 条："经过庭审质证的证据，能够当即认定的，应当当即认定；当即不能认定的，可以休庭合议后再予以认定；合议之后认为需要继续举证或者进行鉴定、勘验等工作的，可以在下次开庭质证后认定。未经庭审质证的证据，不能作为定案的根据。"

认定的后果与当事人辩论权的行使越来越关联密切，第 21 条规定，当事人的主张仅有本人陈述而无其他相关证据证明的，一般不予支持，除非获得"对方当事人认可"。第 12 条规定，"未经庭审质证的证据，不能作为定案的根据"。第 13 条对补充证据特别指出，补充或重新获取的证据依然需要经过开庭质证。

对如何实现辩论权的高效行使，防止当事人滥用辩论权，1998 年《规定》也做了活化与充实辩论程序的制度努力。第 17 条明确了当事人的辩论应当围绕争议焦点，做到有的放矢，而审判人员负责引导和规范其辩论行为。第 18 条规定，当事人进行法庭辩论应当依次发言、有序推进。同时明确了法院在当事人辩论程序中应有的角色定位与行为边界。第 19 条规定："法庭辩论时，审判人员不得对案件性质、是非责任发表意见，不得与当事人辩论。"

1998 年《规定》是 20 世纪 80 年代末以来的法院改革以及民事审判方式改革成果的"文本化"，也是对域外民事诉讼理论借鉴的"本土化"，笔者认为其对以后民事诉讼的实质性发展具有深远的意义，体现了从计划经济向市场经济转型后的司法走向。"社会"作为"非国家权力支配的生活空间"① 因国家权力的退缩而得以恢复活力，多种利益主体开始了新的博弈，多元化的需求带来的冲突以及制度未有效确立而产生的无序，必然给作为"公共领域"② 的司法提出了严峻的考验。司法要应对社会中不断增多的利益冲突，司法系统就必须不仅能够保护当事人的权利，而且能够衡量各方利益，维护社会的整体公平和稳定。因此，司法制度在纠纷解决中将扮演着越来越重要的角色，重新构造法院与当事人之间的诉讼关系，完善以辩论权为核心的诉讼权利保障机制已经成为法律发展新的路向。

---

① 强世功：《法律移植、公共领域与合法性——国家转型中的法律（1840～1980 年）》，载苏力、贺卫方主编《20 世纪的中国：学术与社会》（法学卷），山东人民出版社，2001，第 69 页。

② 强世功认为："'公共领域'……是国家与市民社会之间通过自由沟通以形成理解或通过交涉以达成妥协的机制或制度化渠道，如自由言论、代议制、选举、司法审判等。"载苏力、贺卫方主编《20 世纪的中国：学术与社会》（法学卷），山东人民出版社，2001，第 69 页。

# 四 民事诉讼法修正中辩论权保障立法的重大发展

## （一）2007 年《民事诉讼法》关于辩论权保障的主要规定（见表3）

表3 2007 年《民事诉讼法》关于辩论权保障的主要规定

| 辩论权保障的角度 | 2007 年《民事诉讼法》 | 相较 1991 年《民事诉讼法》的新发展 |
|---|---|---|
| 再审程序中当事人的辩论权 | 第 179 条 在对当事人申请再审事由的规定中增加了"违反法律规定，剥夺当事人辩论权利的"事由。① 另外，第 4、5、11、12 项分别涉及证据质证权、申请调查证据权、受通知权及事实主张权的保障。 | 首次将诉讼中剥夺当事人辩论权利列入再审事由。立法者对当事人申请再审进行诉权化改造，为当事人提供了对辩论权进行程序救济的有效路径。但再审事由并没有界分清楚辩论权利的内涵和外延。事由之间存在交叉和重复。 |
| 再审答辩权和受送达权 | 第 180 条 规定了再审程序中申请书的送达以及对方的意见表达权。② | 完善了再审程序中对当事人受送达权的保护，进一步体现了对当事人的平等保护。 |

---

① 《民事诉讼法》第 179 条："当事人的申请符合下列情形之一的，人民法院应当再审：（一）有新的证据，足以推翻原判决、裁定的；（二）原判决、裁定认定的基本事实缺乏证据证明的；（三）原判决、裁定认定事实的主要证据是伪造的；（四）原判决、裁定认定事实的主要证据未经质证的；（五）对审理案件需要的证据，当事人因客观原因不能自行收集，书面申请人民法院调查收集，人民法院未调查收集的；（六）原判决、裁定适用法律确有错误的；（七）违反法律规定，管辖错误的；（八）审判组织的组成不合法或者依法应当回避的审判人员没有回避的；（九）无诉讼行为能力人未经法定代理人代为诉讼或者应当参加诉讼的当事人，因不能归责于本人或者其诉讼代理人的事由，未参加诉讼的；（十）违反法律规定，剥夺当事人辩论权利的；（十一）未经传票传唤，缺席判决的；（十二）原判决、裁定遗漏或者超出诉讼请求的；（十三）据以作出原判决、裁定的法律文书被撤销或者变更的。对违反法定程序可能影响案件正确判决、裁定的情形，或者审判人员在审理该案件时有贪污受贿，徇私舞弊，枉法裁判行为的，人民法院应当再审。"

② 《民事诉讼法》第 180 条："当事人申请再审的，应当提交再审申请书等材料。人民法院应当自收到再审申请书之日起五日内将再审申请书副本发送对方当事人。对方当事人应当自收到再审申请书副本之日起十五日内提交书面意见；不提交书面意见的，不影响人民法院审查。人民法院可以要求申请人和对方当事人补充有关材料，询问有关事项。"

## （二）2012 年（2017 年）《民事诉讼法》① 中关于辩论权保障的规定（见表 4）

表 4　2012 年（2017 年）《民事诉讼法》中关于
辩论权保障的规定

| 辩论权保障的角度 | 2012 年（2017 年）《民事诉讼法》 | 相较 2007 年《民事诉讼法》的新发展 |
| --- | --- | --- |
| 辩论权一般规定 | 第 12 条（同 1991 年《民事诉讼法》） | |
| 辩论能力 | 第 11 条（同 1991 年《民事诉讼法》） | |
| 答辩权 | 第 125 条　规定起诉状、答辩状的送达，并对答辩状的格式内容做了明晰。② | 明确了答辩状应当载明的各项内容，规范了答辩状的文书格式。 |
| 当事人的辩论权利与查阅权 | 第 49 条（沿用 1991 年《民事诉讼法》第 50 条） | |
| 当事人辩论能力 | 第 61 条（同 1991 年《民事诉讼法》） | |
| 事实主张与证据的提出 | 第 64 条（同 1991 年《民事诉讼法》） | |
| 事实主张与证据的提出 | 第 65 条　规定当事人举证责任和举证期限，并明确逾期举证的法律后果。③ | 新增对当事人因客观原因迟延举证的救济，同时对当事人逾期举证滥用辩论权的行为进行必要限制并明确诉讼上的不利益。 |
| | 第 68 条（沿用 1991 年《民事诉讼法》第 66 条） | 证据应当在法庭上出示，并由当事人互相质证。 |

① 鉴于 2017 年《民事诉讼法》的修正仅涉及第 55 条，即增加第 2 款检察机关提前公益诉讼和支持起诉的规定，不涉及辩论权。故本书将 2012 年和 2017 年修正的《民事诉讼法》一并加以讨论。

② 2012 年（2017 年）《民事诉讼法》第 125 条："人民法院应当在立案之日起五日内将起诉状副本发送被告，被告应当在收到之日起十五日内提出答辩状。答辩状应当记明被告的姓名、性别、年龄、民族、职业、工作单位、住所、联系方式；法人或者其他组织的名称、住所和法定代表人或者主要负责人的姓名、职务、联系方式。人民法院应当在收到答辩状之日起五日内将答辩状副本发送原告。"

③ 2012 年（2017 年）《民事诉讼法》第 65 条："当事人对自己提出的主张应当及时提供证据。人民法院根据当事人的主张和案件审理情况，确定当事人应当提供的证据及其期限。当事人在该期限内提供证据确有困难的，可以向人民法院申请延长期限，人民法院根据当事人的申请适当延长。当事人逾期提供证据的，人民法院应当责令其说明理由；拒不说明理由或者理由不成立的，人民法院根据不同情形可以不予采纳该证据，或者采纳该证据但予以训诫、罚款。"

续表

| 辩论权保障的角度 | 2012 年（2017 年）《民事诉讼法》 | 相较 2007 年《民事诉讼法》的新发展 |
|---|---|---|
| 庭审辩论权 | 第 138 条　对法庭调查顺序作出规定。① 仅在出示的证据中增加"电子数据"；修改"鉴定结论"为"鉴定意见"。 | 并未改变证据调查的法院主导性和流程性。 |
| 发问权、新证据提出权与申请调查证据权 | 第 139 条（基本沿用 1991 年《民事诉讼法》第 108 条） | |
| 二审答辩权和受送达权 | 第 167 条（沿用 1991 年《民事诉讼法》第 150 条） | |
| 二审庭审程序中当事人的辩论权 | 第 169 条　规定上诉案件原则上均应当开庭审理，仅例外情形下可以不开庭。② | 改变了 1991 年《民事诉讼法》第 152 条的规定，仅"没有提出新的事实、证据或者理由，合议庭认为不需要开庭审理的"方可径行裁判。保障了当事人在二审程序中的辩论权。 |
| | 第 170 条（上诉情形的规定）（四）原判决遗漏当事人或者违法缺席判决等严重违反法定程序的，裁定撤销原判决，发回原审人民法院重审。 | |
| 再审程序中当事人的辩论权 | 第 200 条　规定当事人申请再审的十三种事由。③ 其中包括：（九）违反法律规定，剥夺当事人辩论权利的；另外（四）（五） | 再审事由进行了部分调整，但仍没有厘清辩论权利的内涵和外延。事由之间依然存在交叉和重复。 |

---

① 2012 年（2017 年）《民事诉讼法》第 138 条："法庭调查按照下列顺序进行：（一）当事人陈述；（二）告知证人的权利义务，证人作证，宣读未到庭的证人证言；（三）出示书证、物证、视听资料和电子数据；（四）宣读鉴定意见；（五）宣读勘验笔录。"

② 2012 年（2017 年）《民事诉讼法》第 169 条："第二审人民法院对上诉案件，应当组成合议庭，开庭审理。经过阅卷、调查和询问当事人，对没有提出新的事实、证据或者理由，合议庭认为不需要开庭审理的，可以不开庭审理。"

③ 2012 年（2017 年）《民事诉讼法》第 200 条："当事人的申请符合下列情形之一的，人民法院应当再审：（一）有新的证据，足以推翻原判决、裁定的；（二）原判决、裁定认定的基本事实缺乏证据证明的；（三）原判决、裁定认定事实的主要证据是伪造的；（四）原判决、裁定认定事实的主要证据未经质证的；（五）对审理案件需要的主要证据，当事人因客观原因不能自行收集，书面申请人民法院调查收集，人民法院未调查收集的；（六）原判决、裁定适用法律确有错误的；（七）审判组织的组成不合法或者依法应当回避的审判人员没有回避的；（八）无诉讼行为能力人未经法定代理人代为诉讼或者应当参加诉讼的当事人，因不能归责于本人或者其诉讼代理人的事由，未参加诉讼的；（九）违反法律规定，剥夺当事人辩论权利的；（十）未经传票传唤，缺席判决的；（十一）原判决、裁定遗漏或者超出诉讼请求的；（十二）据以作出原判决、裁定的法律文书被撤销或者变更的；（十三）审判人员审理该案件时有贪污受贿，徇私舞弊，枉法裁判行为的。"

续表

| 辩论权保障的角度 | 2012 年（2017 年）《民事诉讼法》 | 相较 2007 年《民事诉讼法》的新发展 |
|---|---|---|
| | （十）（十一）分别涉及证据质证权、申请调查证据权、受通知权及事实主张权的保障。 | |
| 再审答辩权和受送达权 | 第 203 条（沿用 2007 年《民事诉讼法》第 180 条的规定） | |

## （三）2020 年《民诉法解释》、2019 年《民诉证据规定》对辩论权保障的细化（见表 5）

表 5 2020 年《民诉法解释》、2019 年《民诉证据规定》<br>对辩论权保障的细化

| 辩论权保障的角度 | 2012 年（2017）年《民事诉讼法》 | 2020 年《民诉法解释》 | 2019 年《民诉证据规定》 |
|---|---|---|---|
| 事实主张与证据的提出 | 第 64 条（沿用 1991 年《民事诉讼法》第 64 条） | 第 94 条 对当事人无法自行收集，可以申请法院调查收集证据的情形作出列举。① 第 96 条 规定法院可依职权调查收集的证据仅有五种类型，除此之外应当依申请调查。② | 第 2 条 人民法院应当向当事人说明举证的要求及法律后果，促使当事人在合理期限内积极、全面、正确、诚实地完成举证。当事人因客观原因不能自行收集的证据，可申请人民法院调查收集。 第 5 条 规定诉讼中代理人的自认视为当事人的自认，除非有排除事项或当事人在场明确否认。③ |

---

① 2020 年《民诉法解释》第 94 条："民事诉讼法第六十四条第二款规定的当事人及其诉讼代理人因客观原因不能自行收集的证据包括：（一）证据由国家有关部门保存，当事人及其诉讼代理人无权查阅调取的；（二）涉及国家秘密、商业秘密或者个人隐私的；（三）当事人及其诉讼代理人因客观原因不能自行收集的其他证据。当事人及其诉讼代理人因客观原因不能自行收集的证据，可以在举证期限届满前书面申请人民法院调查收集。"

② 2020 年《民诉法解释》第 96 条："民事诉讼法第六十四条第二款规定的人民法院认为审理案件需要的证据包括：（一）涉及可能损害国家利益、社会公共利益的；（二）涉及身份关系的；（三）涉及民事诉讼法第五十五条规定诉讼的；（四）当事人有恶意串通损害他人合法权益可能的；（五）涉及依职权追加当事人、中止诉讼、终结诉讼、回避等程序性事项的。除前款规定外，人民法院调查收集证据，应当依照当事人的申请进行。"

③ 2019 年《民诉证据规定》第 5 条："当事人委托诉讼代理人参加诉讼的，除授权委托书明确排除的事项外，诉讼代理人的自认视为当事人的自认。当事人在场对诉讼代理人的自认明确否认的，不视为自认。"

| 辩论权保障的角度 | 2012 年（2017）年《民事诉讼法》 | 2020 年《民诉法解释》 | 2019 年《民诉证据规定》 |
|---|---|---|---|
| | | | 第 10 条　规定七类免证证据，但同时也明确了其中的六类并非绝对免证事项。① 第 18 条　规定法院依职权进行证据调查的情形。② 第 45 条　明确文书提出义务。③ 第 46 条　规定审查文书提出申请时双方可以进行辩论，对于不符合条件的不予准许，理由成立的法院作出裁定。④ 第 48 条　规定了当事人无正当理由拒不提交书证时的法律推定。⑤ |

----

① 2019 年《民诉证据规定》第 10 条："下列事实，当事人无须举证证明：（一）自然规律以及定理、定律；（二）众所周知的事实；（三）根据法律规定推定的事实；（四）根据已知的事实和日常生活经验法则推定出的另一事实；（五）已为仲裁机构的生效裁决所确认的事实；（六）已为人民法院发生法律效力的裁判所确认的基本事实；（七）已为有效公证文书所证明的事实。前款第二项至第五项事实，当事人有相反证据足以反驳的除外；第六项、第七项事实，当事人有相反证据足以推翻的除外。"

② 2019 年《民诉证据规定》第 18 条，双方当事人无争议的事实符合《民事诉讼法解释》第 96 条第一款规定情形的，人民法院可以责令当事人提供有关证据。

③ 2019 年《民诉证据规定》第 45 条："当事人根据《最高人民法院关于适用〈中华人民共和国民事诉讼法〉的解释》第一百一十二条的规定申请人民法院责令对方当事人提交书证的，申请书应当载明所申请提交的书证名称或者内容、需要以该书证证明的事实及事实的重要性、对方当事人控制该书证的根据以及应当提交该书证的理由。对方当事人否认控制书证的，人民法院应当根据法律规定、习惯等因素，结合案件的事实、证据，对于书证是否在对方当事人控制之下的事实作出综合判断。"

④ 2019 年《民诉证据规定》第 46 条："人民法院对当事人提交书证的申请进行审查时，应当听取对方当事人的意见，必要时可以要求双方当事人提供证据、进行辩论。当事人申请提交的书证不明确、书证对于待证事实的证明无必要、待证事实对于裁判结果无实质性影响、书证未在对方当事人控制之下或者不符合本规定第四十七条情形的，人民法院不予准许。当事人申请理由成立的，人民法院应当作出裁定，责令对方当事人提交书证；理由不成立的，通知申请人。"

⑤ 2019 年《民诉证据规定》第 48 条："控制书证的当事人无正当理由拒不提交书证的，人民法院可以认定对方当事人所主张的书证内容为真实。控制书证的当事人存在《最高人民法院关于适用〈中华人民共和国民事诉讼法〉的解释》第一百一十三条规定情形的，人民法院可以认定对方当事人主张以该书证证明的事实为真实。"

续表

| 辩论权保障的角度 | 2012 年（2017）年《民事诉讼法》 | 2020 年《民诉法解释》 | 2019 年《民诉证据规定》 |
|---|---|---|---|
| | | | 第 53 条　明确当事人主张与法院认定不一致时的处理。对裁判无影响或"有关问题已经当事人充分辩论的"不需要再为审理。① 第 95 条　规定了证明妨碍。② |
| | 第 65 条　规定了当事人的举证责任以及举证期限，同时明确规定了逾期举证的后果。③ | 第 102 条　规定当事人故意或重大过失逾期举证的法律后果。④ 第 231 条　明确当事人提出新证据适用逾期举证规定。⑤ 第 387 条　规定再审申请人提出新证据同样适用逾期举证规定。⑥ | 第 50 条　规定了举证通知书的送达及其格式内容。⑦ 第 51 条　规定举证期限可以自行约定或法院指定，法院指定的举证期限具有明确限制，同时还作出了证据补正期限的 |

---

① 2019 年《民诉证据规定》第 53 条："诉讼过程中，当事人主张的法律关系性质或者民事行为效力与人民法院根据案件事实作出的认定不一致的，人民法院应当将法律关系性质或者民事行为效力作为焦点问题进行审理。但法律关系性质对裁判理由及结果没有影响，或者有关问题已经当事人充分辩论的除外。存在前款情形，当事人根据法庭审理情况变更诉讼请求的，人民法院应当准许并可以根据案件的具体情况重新指定举证期限。"

② 2019 年《民诉证据规定》第 95 条："一方当事人控制证据无正当理由拒不提交，对待证事实负有举证责任的当事人主张该证据的内容不利于控制人的，人民法院可以认定该主张成立。"

③ 2017 年《民事诉讼法》第 65 条："当事人对自己提出的主张应当及时提供证据。人民法院根据当事人的主张和案件审理情况，确定当事人应当提供的证据及其期限。当事人在该期限内提供证据确有困难的，可以向人民法院申请延长期限，人民法院根据当事人的申请适当延长。当事人逾期提供证据的，人民法院应当责令其说明理由；拒不说明理由或者理由不成立的，人民法院根据不同情形可以不予采纳该证据，或者采纳该证据但予以训诫、罚款。"

④ 2020 年《民诉法解释》第 102 条："当事人因故意或者重大过失逾期提供的证据，人民法院不予采纳。但该证据与案件基本事实有关的，人民法院应当采纳，并依照民事诉讼法第六十五条、第一百一十五条第一款的规定予以训诫、罚款。"

⑤ 2020 年《民诉法解释》第 231 条："当事人在法庭上提出新的证据的，人民法院应当依照民事诉讼法第六十五条第二款规定和本解释相关规定处理。"

⑥ 2020 年《民诉法解释》第 387 条："再审申请人提供的新的证据，能够证明原判决、裁定认定基本事实或者裁判结果错误的，应当认定为民事诉讼法第二百条第一项规定的情形。对于符合前款规定的证据，人民法院应当责令再审申请人说明其逾期提供该证据的理由；拒不说明理由或者理由不成立的，依照民事诉讼法第六十五条第二款和本解释第一百零二条的规定处理。"

⑦ 2019 年《民诉证据规定》第 50 条规定："人民法院应当在审理前的准备阶段向当事人送达举证通知书。举证通知书应当载明举证责任的分配原则和要求、可以向人民法院申请调查收集证据的情形、人民法院根据案件情况指定的举证期限以及逾期提供证据的法律后果等内容。"

续表

| 辩论权保障的角度 | 2012年（2017）年《民事诉讼法》 | 2020年《民诉法解释》 | 2019年《民诉证据规定》 |
|---|---|---|---|
| | | 第388条第2款 "原审人民法院未组织质证且未作为裁判根据的"，视为具有正当理由，但原审法院依照逾期举证规定不予采纳的除外。① | 规定。② <br> 第52条，对"当事人在该期限内提供证据确有困难"情形的判断和认定。③ |
| | 第68条（沿用1991年《民事诉讼法》第66条） | 第220条 对"商业秘密"的内涵作出明确界定。④ | 第60条 明确质证可以在不同阶段、以不同形式进行。⑤ |
| | 第139条 当事人可以提出新证据，享有发问权，可以申请重新调查、鉴定、勘验。⑥ | | |

---

① 2020年《民诉法解释》第388条第2款："再审申请人提交的证据在原审中已经提供，原审人民法院未组织质证且未作为裁判根据的，视为逾期提供证据的理由成立，但原审人民法院依照民事诉讼法第六十五条规定不予采纳的除外。"

② 2019年《民诉证据规定》第51条："举证期限可以由当事人协商，并经人民法院准许。人民法院指定举证期限的，适用第一审普通程序审理的案件不得少于十五日，当事人提供新的证据的第二审案件不得少于十日。适用简易程序审理的案件不得超过十五日，小额诉讼案件的举证期限一般不得超过七日。举证期限届满后，当事人提供反驳证据或者对已经提供的证据的来源、形式等方面的瑕疵进行补正的，人民法院可以酌情再次确定举证期限，该期限不受前款规定的期限限制。"

③ 2019年《民诉证据规定》第52条："当事人在举证期限内提供证据存在客观障碍，属于民事诉讼法第六十五条第二款规定的'当事人在该期限内提供证据确有困难'的情形。前款情形，人民法院应当根据当事人的举证能力、不能在举证期限内提供证据的原因等因素综合判断。必要时，可以听取对方当事人的意见。"

④ 2020年《民诉法解释》第220条："民事诉讼法第六十八条第一百三十四条、第一百五十六条规定的商业秘密，是指生产工艺、配方、贸易联系、购销渠道等当事人不愿公开的技术秘密、商业情报及信息。"

⑤ 2019年《民诉证据规定》第60条："当事人在审理前的准备阶段或者人民法院调查、询问过程中发表过质证意见的证据，视为质证过的证据。当事人要求以书面方式发表质证意见，人民法院在听取对方当事人意见后认为有必要的，可以准许。人民法院应当及时将书面质证意见送交对方当事人。"

⑥ 2017年《民事诉讼法》第139条："当事人在法庭上可以提出新的证据。当事人经法庭许可，可以向证人、鉴定人、勘验人发问。当事人要求重新进行调查、鉴定或者勘验的，是否准许，由人民法院决定。"

续表

| 辩论权保障的角度 | 2012 年（2017）年《民事诉讼法》 | 2020 年《民诉法解释》 | 2019 年《民诉证据规定》 |
|---|---|---|---|
| | | | 第 30 条　规定依申请和依职权两种鉴定情形。① 第 31 条　规定了当事人申请鉴定的条件。② 第 34 条　规定鉴定材料应当经过双方质证。③ 第 40 条　规定重新鉴定的四种情形，以及对瑕疵进行补正、补充。④ 第 82 条　规定当事人向其他诉讼参与人的发问权。⑤ |
| | | | 第 97 条　规定裁判文书应对证据采纳说明理由。⑥ |

① 2019 年《民诉证据规定》第 30 条："人民法院在审理案件过程中认为待证事实需要通过鉴定意见证明的，应当向当事人释明，并指定提出鉴定申请的期间。符合《最高人民法院关于适用〈中华人民共和国民事诉讼法〉的解释》第九十六条第一款规定情形的，人民法院应当依职权委托鉴定。"

② 2019 年《民诉证据规定》第 31 条："当事人申请鉴定，应当在人民法院指定期间内提出，并预交鉴定费用。逾期不提出申请或者不预交鉴定费用的，视为放弃申请。对需要鉴定的待证事实负有举证责任的当事人，在人民法院指定期间内无正当理由不提出鉴定申请或者不预交鉴定费用，或者拒不提供相关材料，致使待证事实无法查明的，应当承担举证不能的法律后果。"

③ 2019 年《民诉证据规定》第 34 条："人民法院应当组织当事人对鉴定材料进行质证。未经质证的材料，不得作为鉴定的根据。经人民法院准许，鉴定人可以调取证据、勘验物证和现场、询问当事人或者证人。"

④ 2019 年《民诉证据规定》第 40 条："当事人申请重新鉴定，存在下列情形之一的，人民法院应当准许：（一）鉴定人不具备相应资格的；（二）鉴定程序严重违法的；（三）鉴定意见明显依据不足的；（四）鉴定意见不能作为证据使用的其他情形。存在前款第一项至第三项情形的，鉴定人已经收取的鉴定费用应当退还。拒不退还的，依照本规定第八十一条第二款的规定处理。对鉴定意见的瑕疵，可以通过补正、补充鉴定或者补充质证、重新质证等方法解决的，人民法院不予准许重新鉴定的申请……"

⑤ 2019 年《民诉证据规定》第 82 条："经法庭许可，当事人可以询问鉴定人、勘验人。询问鉴定人、勘验人不得使用威胁、侮辱等不适当的言语和方式。"

⑥ 2019 年《民诉证据规定》第 97 条："人民法院应当在裁判文书中阐明证据是否采纳的理由。对当事人无争议的证据，是否采纳的理由可以不在裁判文书中表述。"

续表

| 辩论权<br>保障的角度 | 2012 年（2017）年<br>《民事诉讼法》 | 2020 年《民诉法解释》 | 2019 年《民诉证据规定》 |
|---|---|---|---|
| 二审答辩权、<br>受送达权 | 第167条（沿用1991年《民事诉讼法》第150条） | 第318条　民事诉讼法第一百六十六条、第一百六十七条规定的对方当事人包括被上诉人和原审其他当事人。 | |
| 二审中辩论权 | 第169条　上诉案件开庭审理规定。① | 第333条　规定二审法院可以不开庭审理的四种情形。② | |
| | 第170条　二审裁判对遗漏当事人或者违法缺席判决等严重违反法定程序的，裁撤发回重审③ | 第325条　对"严重违反法定程序"列举了四种情形，包括"违法剥夺当事人辩论权利"的情形。<br>第335条　对"基本事实"进行界定。④ | |
| 再审程序中当事人的辩论权 | 第200条　规定当事人申请再审的十三种事由。 | 第387条　明确再审申请人提出新证据同样适用逾期举证的规定。⑤ | |

① 2017年《民事诉讼法》第169条第1款："第二审人民法院对上诉案件，应当组成合议庭，开庭审理。经过阅卷、调查和询问当事人，对没有提出新的事实、证据或者理由，合议庭认为不需要开庭审理的，可以不开庭审理。"

② 2020年《民诉法解释》第333条："第二审人民法院对下列上诉案件，依照民事诉讼法第一百六十九条规定可以不开庭审理：（一）不服不予受理、管辖权异议和驳回起诉裁定的；（二）当事人提出的上诉请求明显不能成立的；（三）原判决、裁定认定事实清楚，但适用法律错误的；（四）原判决严重违反法定程序，需要发回重审的。"

③ 2017年《民事诉讼法》第170条："第二审人民法院对上诉案件，经过审理，按照下列情形，分别处理：（一）原判决、裁定认定事实清楚，适用法律正确的，以判决、裁定方式驳回上诉，维持原判决、裁定；（二）原判决、裁定认定事实错误或者适用法律错误的，以判决、裁定方式依法改判、撤销或者变更；（三）原判决认定基本事实不清的，裁定撤销原判决，发回原审人民法院重审，或者查清事实后改判；（四）原判决遗漏当事人或者违法缺席判决等严重违反法定程序的，裁定撤销原判决，发回原审人民法院重审。原审人民法院对发回重审的案件作出判决后，当事人提起上诉的，第二审人民法院不得再次发回重审。"

④ 2020年《民诉法解释》第335条："民事诉讼法第一百七十条第一款第三项规定的基本事实，是指用以确定当事人主体资格、案件性质、民事权利义务等对原判决、裁定的结果有实质性影响的事实。"

⑤ 2020年《民诉法解释》第387条："再审申请人提供的新的证据，能够证明原判决、裁定认定基本事实或者裁判结果错误的，应当认定为民事诉讼法第二百条第一项规定的情形。对于符合前款规定的证据，人民法院应当责令再审申请人说明其逾期提供该证据的理由；拒不说明理由或者理由不成立的，依照民事诉讼法第六十五条第二款和本解释第一百零二条的规定处理。"

续表

| 辩论权保障的角度 | 2012 年（2017）年《民事诉讼法》 | 2020 年《民诉法解释》 | 2019 年《民诉证据规定》 |
|---|---|---|---|
| | | 第 389 条　规定未发表或拒绝发表质证意见，不属于未经质证的情形。① 第 391 条　认定"剥夺当事人辩论权利"的具体情形。② 第 392 条　对遗漏诉求和超裁加以界定及限制。③ | |

## （四）2021 年《民事诉讼法》关于辩论权保障的主要规定（见表6）

表 6　2021 年《民事诉讼法》关于辩论权保障的主要规定

| 辩论权保障的角度 | 2021 年《民事诉讼法》 | 相较 2017 年《民事诉讼法》的新发展 |
|---|---|---|
| 辩论权的行使形式 | 第 16 条　经当事人同意，民事诉讼活动可以通过信息网络平台在线进行。民事诉讼活动通过信息网络平台在线进行的，与线下诉讼活动具有同等法律效力。 | 新增对在线诉讼的原则规定。尊重当事人辩论权线上行使的自愿性，明确在线诉讼与线下诉讼效力的一致性。 |
| 受送达权 | 第 90 条　经受送达人同意，人民法院可以采用能够确认其收悉的电子方式送达诉讼文书。通过电子方式送达的判决书、裁定书、调解书，受送达人提出需要纸质文书的，人民法院应当提供。采用前款方式送达的，以送达信息到达受送达人特定系统的日期为送达日期。 | 完善电子送达规则，以当事人同意为基础，扩大电子送达的适用范围，提升电子送达成效，保障当事人对诉讼结果的知悉权。 |

---

① 2020 年《民诉法解释》第 389 条："当事人对原判决、裁定认定事实的主要证据在原审中拒绝发表质证意见或者质证中未对证据发表质证意见的，不属于民事诉讼法第二百条第四项规定的未经质证的情形。"

② 2020 年《民诉法解释》第 391 条："原审开庭过程中有下列情形之一的，应当认定为民事诉讼法第二百条第九项规定的剥夺当事人辩论权利：（一）不允许当事人发表辩论意见的；（二）应当开庭审理而未开庭审理的；（三）违反法律规定送达起诉状副本或者上诉状副本，致使当事人无法行使辩论权利的；（四）违法剥夺当事人辩论权利的其他情形。"

③ 2020 年《民诉法解释》第 392 条："民事诉讼法第二百条第十一项规定的诉讼请求，包括一审诉讼请求、二审上诉请求，但当事人未对一审判决、裁定遗漏或者超出诉讼请求提起上诉的除外。"

续表

| 辩论权保障的<br>角度 | 2021 年《民事诉讼法》 | 相较 2017 年《民事诉讼法》的<br>新发展 |
|---|---|---|
| | 第 95 条 受送达人下落不明，或者用本节规定的其他方式无法送达的，公告送达。自发出公告之日起，经过三十日，即视为送达。 | 缩短公告送达期，在合理保障受送达人辩论权基础上，平衡各方利益，提升诉讼效率。 |
| 当事人程序选择权 | 第 165 条 基层人民法院和它派出的法庭审理事实清楚、权利义务关系明确、争议不大的简单金钱给付民事案件，标的额为各省、自治区、直辖市上年度就业人员年平均工资百分之五十以下的，适用小额诉讼的程序审理，实行一审终审。<br>基层人民法院和它派出的法庭审理前款规定的民事案件，标的额超过各省、自治区、直辖市上年度就业人员年平均工资百分之五十但在二倍以下的，当事人双方也可以约定适用小额诉讼的程序。 | 增设当事人合意选择小额诉讼模式，充分保障当事人的程序选择权。 |
| 当事人的程序异议权 | 第 169 条 人民法院在审理过程中，发现案件不宜适用小额诉讼的程序的，应当适用简易程序的其他规定审理或者裁定转为普通程序。<br>当事人认为案件适用小额诉讼的程序审理违反法律规定的，可以向人民法院提出异议。人民法院对当事人提出的异议应当审查，异议成立的，应当适用简易程序的其他规定审理或者裁定转为普通程序；异议不成立的，裁定驳回。 | 增设小额程序中当事人程序异议权，避免不当适用小额程序，减损当事人辩论权。 |

## （五）2022 年《民诉法解释》、2021 年《人民法院在线诉讼规则》对辩论权的深入保障（见表 7）

表 7 2022 年《民诉法解释》、2021 年《人民法院在线诉讼规则》对辩论权的深入保障

| 辩论权保障的<br>角度 | 2022 年《民诉法解释》 | 2021 年《人民法院在线诉讼规则》 |
|---|---|---|
| 辩论权的行使形式 | | 第 1 条 人民法院、当事人及其他诉讼参与人等可以依托电子诉讼平台（以下简称"诉讼平台"），通过互联网或者专用网络在线完成立案、调解、证据交换、询问、庭审、送达等全部或者部分诉讼环节。<br>在线诉讼活动与线下诉讼活动具有同等法律效力。 |

| 辩论权保障的角度 | 2022年《民诉法解释》 | 2021年《人民法院在线诉讼规则》 |
| --- | --- | --- |
| 当事人的受送达权 | 第261条　适用简易程序审理案件，人民法院可以依照民事诉讼法第九十条、第一百六十二条的规定采取捎口信、电话、短信、传真、电子邮件等简便方式传唤双方当事人、通知证人和送达诉讼文书。<br>以简便方式送达的开庭通知，未经当事人确认或者没有其他证据证明当事人已经收到的，人民法院不得缺席判决。<br>…… | 第4条　人民法院开展在线诉讼，应当征得当事人同意，并告知适用在线诉讼的具体环节、主要形式、权利义务、法律后果和操作方法等。<br>……<br>（四）当事人仅主动选择或者同意对部分诉讼环节适用在线诉讼的，人民法院不得推定其对其他诉讼环节均同意适用在线诉讼。 |
| 当事人的程序异议权 | 当事人就案件适用简易程序提出异议，人民法院经审查，异议成立的，裁定转为普通程序；异议不成立的，裁定驳回。裁定以口头方式作出的，应当记入笔录。<br>转为普通程序的，人民法院应当将审判人员及相关事项以书面形式通知双方当事人。<br>转为普通程序前，双方当事人已确认的事实，可以不再进行举证、质证。<br>第279条　当事人对按照小额诉讼案件审理有异议的，应当在开庭前提出。人民法院经审查，异议成立的，适用简易程序的其他规定审理或者裁定转为普通程序；异议不成立的，裁定驳回。裁定以口头方式作出的，应当记入笔录。 | 完善程序异议权规定，充分保障当事人程序权利，使当事人更充分地行使辩论权。 |

以上可以看出，从2007年《民事诉讼法》修正将剥夺辩论权列为再审事由后，后续修改中辩论权保障的条文不断增加，当事人主体性得到了进一步强化。

1. 进一步加强受通知权与到场权保障

一方面，2012年《民事诉讼法》修正增加了电子送达法定方式，使送达制度更能满足时代发展对诉讼的新要求。2021 年《民事诉讼法》第 90 条进一步调整了电子送达的适用范围，既尊重了当事人的选择权，又保障了诉讼效率，以"送达信息到达受送达人特定系统"为送达完成标准，有效实现了送达完成的可识别性，也凸显对诉讼公正与效率的兼顾，以及对双方当事人的平等保护。另一方面，对违法送达及缺席判决的救济更加充分。上诉审法定情形及再审事由中均包含对违法送达或违法缺席判决导致当事无法行使辩论权的救济内容。

2. 不断充实诉讼资料与法律见解的提出权

在主张案件事实、明确诉讼请求、提出证据及对案件所涉的法律问题表达见解方面，更加凸显当事人的主体性，平衡保障双方当事人的权利，同时制约权利的滥用。

3. 平等保护双方当事人富有成效地行使争辩权

《民事诉讼法》在修正中更加注重对当事人权利的平等保护，除了赋予各方当事人上述权利外，同时规定了当事人权利不当行使的制约机制。《民事诉讼法》《民诉证据规定》等新增了当事人无正当理由拒不提交书证时的法律文书强制提出义务，以及不负证明责任一方控制证据、无正当理由拒不提交时的法律责任，以平衡保护双方当事人权利，促进事实的发现。除了总则中规定诚信原则之外，对虚假陈述等明确规定了诉讼上的强制措施或者驳回起诉等法律后果。

在辩论实效上，《民事诉讼法》修正在审前程序及开庭程序中均做了完善。如进一步明确庭前会议的组织、争议焦点的归纳、举证责任分配、证据交换等，使辩论的进行更集中、更有效率。在开庭程序中，2022 年《民诉法解释》第 230 条进一步明确："人民法院根据案件具体情况并征得当事人同意，可以将法庭调查和法庭辩论合并进行。"在征得当事人同意的基础上，将言辞原则和不间断审理原则贯穿法庭审理始终，不刻意区分法庭调查和法庭辩论阶段，而是围绕争点在事实陈述、举证质证、法律观点方面进行连贯的事实调查和全面辩论，有助于当事人充分展开相互攻防，有效进行辩论。为保障辩论权的实现，在上诉审与再审程序中均规定了对辩论权的救济。

### 4. 不断充实法官心证公开及法律见解公开等制度

辩论是法院裁判的基础，法官尊重当事人辩论权，类似于在特定语境的"法律商谈"过程中共同寻找"法之所在"。法官裁判应建立在充分听取当事人辩论的基础上，而法官对事实证据心证的形成及裁判中的法律适用说明理由，既体现当事人辩论对法院裁判的约束，也体现当事人能够作为主体实质性地参与法院的裁判形成。

2012 年《民事诉讼法》第 152 条规定："判决书应当写明判决结果和作出该判决的理由。判决书内容包括：（一）案由、诉讼请求、争议的事实和理由；（二）判决认定的事实和理由、适用的法律和理由……"第 154 条第 2 款规定："裁定书应当写明裁定结果和作出该裁定的理由。裁定书由审判人员、书记员署名，加盖人民法院印章。口头裁定的，记入笔录。"2019 年《民诉证据规定》第 97 条则明确了"人民法院应当在裁判文书中阐明证据是否采纳的理由。对当事人无争议的证据，是否采纳的理由可以不在裁判文书中表述"。

## 五　我国民事诉讼立法中辩论权保障的不足

权利救济是对权利最有效也是最后的保障，而在以往的诉讼立法中更多关注的是辩论权形式上的行使，对限制甚至剥夺辩论权的救济以及辩论的实效化语焉不详。突破来自 2007 年《民事诉讼法》的修订，第 179 条再审事由中增加了第 10 项事由，"违反法律规定，剥夺当事人辩论权利的"可以申请再审。后续《民事诉讼法》修正时该条款未做变动。对如何适用这一再审事由，2008 年《审监解释》第 15 条规定了剥夺当事人辩论权利的具体情形，即不允许发表辩论意见、应开庭未开庭审理、违反法律规定送达起诉状副本或者上诉状副本及其他违法剥夺当事人辩论权利的情形。2020 年修正的《民诉法解释》沿用了这一内容。① 除了立法中明确规定辩论权再审救济之外，2015 年《民诉法解释》第 325 条对《民事诉讼法》第 170 条

---

① 为了避免和新《民事诉讼法》及其司法解释的规定重复，2021 年修订的《审监解释》中删除了第 15 条"剥夺当事人辩论权利"条款。

第 1 款第 4 项规定的严重违反法定程序的解释中也涉及辩论权，即无诉讼行为能力人未经法定代理人代为诉讼以及违法剥夺当事人辩论权利的情形。

《民事诉讼法》的数次修改，对辩论权保障的最大突破体现在对救济制度的规定上。但理论上对辩论权共识的缺乏以及立法规定的抽象，造成了实践中如何认定"违法剥夺辩论权"做法不一、适用混乱。多个司法解释虽然通过列举增加了法律条文的可操作性，但并没有对剥夺辩论权作出实质性的界定，特别是列举的情形基本限于辩论权剥夺中的"机会剥夺型"，如果法院不充分考虑弹性条款的运用，能否实现对辩论权的实质保障未为可知。从实践来看，前述对辩论权实质保障的担忧并非空穴来风，至少该条解释并不能有效应对裁判突袭等实质上剥夺辩论权的情形，也放任了法院对当事人辩论权保障的形式化和表象化，如即便法院通知当事人开庭，也给予其进行陈述辩论的机会，但法官并未听取，未将裁判建立在当事人提出的事实主张、证据及法律观点之上，权利保障仍然流于形式。更为可忧的是，2020 年《民诉法解释》第 391 条还带来了部分法院只审查是否具备前 3 项事由，即只要允许了当事人发表辩论意见、依法开了庭、依法送达了起诉状副本或者上诉状副本就认为保障了当事人辩论权。从某种意义上说，这种机械司法较之前更不利于对当事人辩论权的保障。

结合前文的梳理可以看出，辩论权保障立法应从当事人如何更充分地行使辩论权和法院如何更充分地保障辩论权两个层面系统加以考虑。但就我国现有立法与司法解释看，这两个方面的规定均不够充分，在实现层面仅仅突出了对辩论机会的保障，对辩论的内容是什么、如何证明、怎样判断、法官是否进行了必要的释明使当事人能够理解并进行辩论等规定不明，而辩论机会的保障恰恰是实践中最容易做到也最容易被规避的内容。笔者后文的裁判文书检索调查一定程度上印证了这些问题的存在。这种粗线条立法和解释带来的问题是很突出的，如当事人以剥夺辩论机会为由提起的再审申请绝大多数都被裁定驳回，因为法院对辩论机会的赋予均能作出"已经保障"的合理解释，一旦机会获得了保障，当事人所提的与辩论权被剥夺相关的新的主张、事实、证据及法律适用意见都不会被法院所审理。更为重要的是辩论机会被保障将会被用来"推定"当事人原来提出的主张、事实证据与法律观点都已"被审酌"，上诉与再审法院没有必要再行审查，有了这种形式上"貌似被保障"的辩论权反而使当事人的实体权利更加得不到保护。从辩论权救济的层面看，我国并未建立层阶性的辩论权救济体系，只在上诉审与再审程序中有抽象、零散的规定。在我国未规定听审请求权的情况下，对辩论权保障进行权利明晰与制度重构显得尤为必要和急迫。

对辩论权的系统保障应建立在权利共识之上，即辩论权是对当事人权利、义务、责任进行判定时，对足以影响裁判结果的事实主张、证据材料及法律主张，应赋予当事人提出、进行争辩和表达意见的程序基本权利。保障当事人辩论机会和辩论实效，具体应体现为下列内容：其一，保障受通知权、到场权、辩论话语能力等使辩论权具备行使的前提；其二，保障当事人有提出主张、抗辩和提供证据、进行辩论的机会，并通过释明活化辩论，强化开庭审理中当事人的辩论参与和辩论实效；其三，规定辩论对裁判形成的约束力，法院必须尊重并审酌当事人发表的辩论意见，对未经当事人辩论的事实主张、证据材料和法律观点，法院不得将其作为裁判的基础。

另外，需要特别注意的是，辩论权保障还包含当事人彼此之间为实现双方辩论权的高效行使，保障适时审判请求权所应负有的诉讼促进和协力义务。诉讼促进义务就是要求当事人根据诉讼的进行程度及程序上的要求，适时提出各种主张、异议、抗辩、证据材料等，禁止当事人拖延诉讼或诉讼突袭。[①] 在我国立法中，尽管民事诉讼中明确规定了诚实信用原则，但立法过于抽象，实践运用明显不足，典型地表现在以下方面。其一，在诉答程序中仍未规定被告的强制答辩义务，使争点的形成、审前程序效率尤其是举证时限的有效性无法得到保障。其二，对真实陈述义务，不是从积极意义上理解的，而是从消极意义上理解的，即禁止当事人故意陈述不真实的事实。真实陈述义务不仅包括禁止当事人主动主张一些不真实的事实，而且禁止当事人对事实抑制不说。当事人对于某种事实有主张责任的，应

---

① 参见刘敏《论诚实信用原则对民事诉讼当事人的适用》，《河南社会科学》2014 年第 2 期。

负完全陈述的义务。完全陈述义务是指禁止当事人故意隐瞒部分事实而作出不完全的陈述。① 其三，事实阐明等具体的协力义务规定不够系统，使辩论权的行使低效化、散漫化。民事诉讼中，时常出现证据偏在，即事实和证据材料集中在非举证方支配的领域。无证明责任当事人的阐明义务是指如果一方当事人处于事案发生经过以外，就具体事实无从了解、无法提出证据，而对方当事人知悉事件的发生经过，且可期待其陈述事实、提出证据，为了追求程序公平及效率，即使对方当事人不负举证责任，但仍负有事案解明的协力义务。它是为了救济和弥补负有举证责任一方当事人收集证据的能力和手段的不足，使其不至于由不可归责于自身的原因无法取得支持其主张的证据材料而败诉。事实阐明义务是指为保障当事人在民事诉讼中真正能够平等对抗，当事人有义务在负有证明责任的当事人对具有法律上重要意义的事实主张进行阐明时给予协助。根据阐明义务的要求，当事人双方都有到庭陈述义务、文书提出义务及不得妨碍证明的义务，如不履行上述义务，法院可以对当事人提出命令。

---

① 参见刘敏《论诚实信用原则对民事诉讼当事人的适用》，《河南社会科学》2014 年第 2 期。

# 第四章　侵害当事人辩论权的司法
# 裁量与类型分析

在我国理论共识不足、立法尚未对辩论权作出具体界定，也未对侵犯辩论权情形进行明确的前提下，对我国民事司法实践中法院与当事人如何认识辩论权，进而如何行使或保障辩论权，仅考察某一地或某几地法院的审判很难具有广泛的代表性，也无法作出恰当和完整的判断。因此，笔者尝试从两个进路对我国的辩论权保障现状作一大致勾勒，以尽可能使分析更具合理性。其一是运用中国裁判文书网的检索功能，实现相对宏观和整体的分析。为减少学术上对"辩论权"认识差异带来的对统计分析的影响，笔者采用最直观和无争议的方式，仅对裁判中明确包含"辩论权（含辩论权利)"以及适用"辩论权"法条的案件进行统计梳理，这种统计方式虽然缩小了实践中剥夺与限制当事人辩论权的情形，但可以从中更为客观地分析当事人如何理解辩论权，从哪些角度运用辩论权条款保障其权益，以尝试找出一般人观念中的"辩论权"。与此同时，总结归纳法院对当事人所提出的侵犯辩论权的诉求如何审理与认定，尤其是将哪些情形认定为"辩论权"，从而探求裁判视野中如何定义"辩论权"，侵犯辩论权的认定标准、审查方式以及具体的辩论权保障形式与边界。其二是通过归纳总结和对具体问题的微观调查，对限制甚至剥夺当事人辩论权及辩论权保障的具体情形进行典型化分析。

## 一　司法实践中侵害当事人辩论权
## 司法裁量的基本情况

对判决文书的分析可以相对客观地把握当事人行使辩论权的方式，以及法院对辩论权的审酌情况，一定程度上反映出是否存在裁判突袭或其他侵犯辩论权的情形。规范性和权威性的判例能够更为准确地实现统计分析的目的，故笔者选择以中国裁判文书网判例为最主要的分析对象。截至2020年12月31日，检索中国裁判文书网，显示有15314个民事案件在裁判文书中明确提到了"辩论权"，其中含最高人民法院案例307个。

裁判文书网2008～2020年裁判中均有提及"辩论权"的裁判，分别为2008年2件；2009年12件；2010年13件；2011年5件；2012年16件；2013年65件；2014年564件；2015年986件；2016年1577件；2017年2094件；2018年2806件；2019年3479件；2020年3695件。[①] 最高人民法院含"辩论权"的判例从2012年《民事诉讼法》修正后总体态势为逐年增多，2013年4件，2014年16件，2015年13件，2016年23件，2017年37件，2018年49件，2019年79件，2020年79件。尽管数据统计可能存在方法偏差或遗漏，也会因结案迟延或文书上传原因产生一定的变化，但审理数据仍可以相对客观地反映实践中当事人辩论权保障的状况。

总体而言，当事人对辩论权的关注一直存在，而自《民事诉讼法》修正后，无论法院还是当事人对辩论权保障的关注度明显提高，法院在裁判文书中也更为重视辩论权的裁判与说理。如一审案件中法院对当事人经通知而无故不到庭的情况均明确了当事人放弃辩论权的法律后果。而从当事人方面看，以剥夺辩论权为上诉或再审事由的案件上升趋势明显。

就审理的法院分布、层级、审级情况看，全国各省份均审理了涉辩论权的案件，其中广东省最多，有1308件，山东省1231件，河南省1188件，四川省1117件。广西、海南、青海、西藏较少，分别为185、100、76、28件。从审理的法院层级看，最高人民法院307件，高级人民法院4364件，中级人民法院7287件，基层人民法院4194件。

就裁判的方式看，以2020年为例，审理分别涉及一审、二审和再审，其中一审程序636件，二审程序1133件，再审审查与审判监督程序1876件，其他50件，作出的裁判文书包括判决书1764份，裁定书1931份。再

---

① 本节数据如未特别指出，均来自中国裁判文书网，统计截止日期为2020年12月31日，最后访问日期为2021年6月30日。

审审查与审判监督程序 1876 件案件中仅 106 个案件最终裁定再审。经过对裁判文书内容的梳理，我们发现，基层法院裁判文书中涉及辩论权的案件仅体现为当事人无故缺席的情形，其经典的表达方式是"被告×××经本院合法传唤无正当理由不到庭，放弃了举证权、质证权、辩论权、陈述权等诉讼权利，不影响本案审理"。这体现了庭审辩论权是赋予当事人的重要诉讼权利，当事人无故缺席将产生放弃辩论权的法律后果。在上诉审和再审中则表现为对当事人提出的各种侵害辩论权的具体事由进行的审理。再审立案的统计类型比较特殊，分为再审案件、再审审查与审判监督，我们将在后文针对最高人民法院审理的涉及辩论权的判例进行主要类型的分析。从数据上看，截至 2020 年 12 月 31 日，最高人民法院对 307 个以剥夺辩论权为由提出再审申请的案件进行审查后，裁定再审的案件仅有 6 例。就现有检索来看，明确主张"辩论权保障"获得支持的最早裁定是 2018 年 12 月 17 日对"民生人寿保险股份有限公司信阳中心支公司、邵天莲人身保险合同纠纷"一案作出的再审民事裁定书。① 最高人民法院对原判决是否超出诉讼请求以及原审未有效送达法律文书及主要证据未经质证等涉及辩论权保障的诉请进行了审理，在裁判理由的分析中指出："原审法院在未释明、苏艳丽亦未变更诉请的情况下直接判令邵天莲承担返还责任，民生人寿承担补充赔偿责任，属于变更了当事人所主张的事实基础和法律依据，超出了当事人的诉讼请求。继而实质上剥夺了对方当事人相应的辩论权利，民生人寿该申请再审理由成立。"并依此指令河南省高院再审本案。同时对辩论权如何在程序中治愈，结合再审申请人的具体诉请做了分析："根据一审庭审笔录可知，邵天莲未参与一审庭审。但一审法院按照法定程序向邵天莲送达了（2016）豫 15 民初 20 号民事判决书，被邵天莲拒收。同时，根据二审中各方签字确认的庭审笔录，邵天莲的代理人已在二审中发表了质证意见，二审对一审中程序瑕疵进行了有效弥补。故该申请理由不成立。"

---

① （2018）最高法民申 3624 号民事裁定书。

## 二 最高人民法院再审判例中"辩论权"
## 请求的审理与裁判

选取最高人民法院判例为专门分析对象，一方面有助于把握重大疑难案件中当事人对辩论权的认识及保障需求；另一方面有助于从最高人民法院的裁判中了解最高司法机关对当事人基本权利的保障态度与处理方式。尤其最高人民法院在 2018 年前几乎对所有当事人以剥夺辩论权为由提出的再审申请全部驳回或不予审查①，2018 年之后诉请辩论权救济的判例不仅快速增加，且获得支持的裁判不断出现，足以说明对辩论权保障的需求在增加、认识在不断深化，研究的必要性不断彰显，推动涉"辩论权"裁判的统一与完善立法已成为必须。本着上述研究目的，笔者试以当事人行使辩论权的主要样态为展开进路，结合法院裁判结果与文书说理作一具体分析。

对辩论权的保障最初被作为程序问题加以考量，最高人民法院在中国信达资产管理公司石家庄办事处（以下简称信达石办）与中国—阿拉伯化肥有限公司（以下简称中阿公司）等借款担保合同纠纷案中，就实质性剥夺辩论权的"裁判突袭"情形作出了明确的否定性认定。在该案中，信达石办不服河北省高院的判决，诉称原审被告河北省冀州市中意玻璃钢厂（以下简称冀州中意）和被上诉人中阿公司在原审中主张的均是"债务转移"，而从未提出过担保人变更的抗辩，一审法院也未将其列为法庭调查的重点，未进行质证。最高人民法院经审理认为，一审法院以双方当事人均未主张且在庭审时均未举证和质证的保证人变更的事实作为判决形成的基础，显属不妥。② 该判决强调了作为裁判基础的事实必须经当事人主张、举证和质证，反映了辩论权最本质的要求，也体现了审判方式改革后当事人主义在我国审判实践中的落实。

---

① 以"辩论权"为关键词，搜索到 2017 年最高人民法院共收再审申请和审查案件 27 件；2016 年 26 件；2015 年 10 件；2014 年 17 件；2013 年 16 件；2012 年 3 件；2011 年 1 件。最高人民法院对此 100 件案件均未支持当事人关于辩论权的再审申请。

② 参见（2005）最高法民二终 200 号民事判决书。

自 2008 年最高人民法院《审监解释》第 15 条对辩论权做了类型规定[①]后，明显限缩了对辩论权的认识，并直接影响了此后一段时间司法实践中对辩论权的理解与保障力度。与之同时，新情况和新问题的出现也促使法院不断尝试对辩论权的性质、行使主体、辩论内容及辩论效力作出判断，本书选取具有典型性的案例加以分析。

**1. 将辩论权保障仅界定为程序问题**

在"深圳盛凌电子股份有限公司（以下简称盛凌公司）与安费诺东亚电子科技（深圳）有限公司侵犯实用新型专利权纠纷再审审查案"[②] 中，再审申请人主张：盛凌公司认为一审法院保全的被诉侵权产品不构成侵权，且一审法院也认定不侵权，所以在二审中对于是否有实施销售行为的问题未提出来作为争议焦点，双方均未就此发表辩论意见。针对盛凌公司是否有销售一审法院保全的被诉侵权产品的事实，二审判决在未进行辩论的情况下直接作出认定，违反法律规定，剥夺了当事人辩论权利，属于《民事诉讼法》第 179 条第 1 款第 10 项所列的情况，严重影响了案件的正确判决。

最高人民法院将是否剥夺了当事人的辩论权列为争议焦点。在裁判说理部分，最高人民法院指出："民事诉讼法规定，人民法院审理民事案件时，当事人有权进行辩论。所谓辩论权利是一方当事人有权就对方当事人提出的事实主张、证据材料及法律主张进行反驳、答辩，发表自己的意见和见解。民事诉讼法第一百七十九条第一款第（十）项规定的剥夺当事人辩论的权利是指，原审开庭过程中审判人员不允许当事人行使辩论权利，或者以不送达起诉状副本或上诉状副本等其他方式，致使当事人无法行使辩论权利的情形。本案二审法院在双方当事人参加法庭审理的情况下，征得双方同意，针对双方争议的事实总结了争议焦点，当事人就作为裁判基础的基本事实，主要证据材料和案件的法律问题进行了辩论，发表了陈述意见，并不存在二审法院剥夺盛凌公司辩论权利的事实。"并因此不予支持

---

① 即剥夺辩论权，指"原审开庭过程中审判人员不允许当事人行使辩论权利或者以不送达起诉状副本或上诉状副本等其他方式，致使当事人无法行使辩论权利的，但依法缺席审理、依法径行判决、裁定的除外"。

② （2011）最高法民申 1318 号民事裁定书。

盛凌公司关于二审判决程序违法的申请再审理由。

本案的裁判说理除了强化辩论权的"机会保障"属性外,仅笼统地指出双方当事人参加了庭审、就作为裁判基础的基本事实、主要证据材料和法律问题进行了辩论,即不存在剥夺当事人辩论权的事实。从判决书中无法看出对申请再审人主张的盛凌公司存在实施销售行为有哪些证据证明,是否足以证明,以及判决是否建立在充分审酌当事人辩论的基础上等。判决说理中的概括性表述完全可以放在任何一份裁判文书中(后文的裁判文书即可说明),实质上并不足以说明本案当事人的辩论意见得到了尊重。

"朝阳梨花王饮品有限公司(以下简称梨花王公司)与沈阳麦金利食品制造有限公司(以下简称麦金利公司)技术转让合同纠纷再审案"① 中也充分表现了这一点。

申请人梨花王公司主张一、二审法院没查清究竟什么是当事人主张事实中涉及的母液,没有同意梨花王公司申请法院调查取证就进行了判决,存在错误。二审法院开庭审理中,没有给出专门时间进行充分的法庭辩论,属于民事诉讼法规定的"违反法律规定,剥夺当事人辩论权利"应当再审的情形。

法院认为:人民法院审理民事案件时,当事人有权进行辩论。根据《民事诉讼法》第 12 条规定,在人民法院主持下,民事诉讼当事人就案件基本事实、主要证据材料、争议的问题和适用的法律,有权各自陈述其主张和依据,互相进行反驳和答辩,以维护自己的合法权益。《民事诉讼法》第 200 条第 1 款第 9 项规定的"违反法律规定,剥夺当事人辩论的权利"是指,原审开庭过程中审判人员不允许当事人行使辩论权利,或者以不送达起诉状副本或上诉状副本等其他方式,致使当事人无法行使辩论权利的情形。本案一、二审法院在双方当事人参加法庭审理的情况下,征得双方同意,针对双方争议的事实总结了争议焦点,当事人就作为裁判基础的基本事实、主要证据材料和案件的法律问题进行了辩论,陈述了意见,并不存在二审法院剥夺辩论权利的事实。梨花王公司关于二审判决剥夺当事人辩论权、程序违法的申请再审理由,与事实不符,本院不予支持。

---

① (2013)最高法民申 30 号民事裁定书。

在本案中，如何理解对当事人辩论权的"剥夺"，何种情况下的当事人辩论权应当保障，从司法解释到最高人民法院判例，其认识基础均停留于辩论机会的保障上。尽管机会的剥夺确实构成对辩论权的根本性剥夺，但仅考虑对机会的保障，明显限缩了辩论权的内涵，也无法对案件中当事人主张的剥夺辩论权涉及的具体请求作出完整的审查，这种理解方式带来了辩论权只涉及机会保障的形式主义偏向。

如"再审申请人长沙真善美广告装饰有限公司（以下简称长沙真善美公司）与被申请人宁波公牛电器有限公司（以下简称宁波公牛公司）滥用市场支配地位再审审查案"①，便明确将辩论权保障归入程序问题，与实体裁判无关。将受诉法院基于未能全面回应当事人观点而导致的裁判理由缺失甚至错误的问题，理解为与辩论权保障无关。

长沙真善美公司申请再审称，本案一、二审剥夺了再审申请人的辩论权利。最高人民法院裁判认为，长沙真善美公司主张一、二审法院剥夺其辩护权利，实质是指一、二审判决对其在诉讼过程所提交的部分相关证据未能认定，以及对其相关书面辩论性意见未予全面回应。对此本院认为，第一，在民事诉讼中，仅有当事人的辩论权，而无辩护权之说；第二，对当事人提交证据的认证是否适当，并由此可能引发的裁判事实认定是否全面、客观，属于与案件实体审理有关的证据采信问题，并不涉及程序违法；第三，民事诉讼中的当事人的辩论权，是指当事人就涉案争议所享有的发表意见的权利。现长沙真善美公司并没有证据表明一、二审法院限制或禁止其就涉案争议发表意见。至于受诉法院基于未能全面回应当事人观点而可能导致的裁判理由缺失甚至错误问题，同样仅关乎实体审理，而与程序违法无涉。

再如"山东红日阿康化工股份有限公司（以下简称红日公司）与平安银行股份有限公司大连分行（以下简称平安银行）等金融借款合同纠纷再审案"②，申请人红日公司再审申请认为：原判决剥夺了当事人的辩论权，理由如下。（1）由于平安银行从没有提出要求红日公司承担补充赔偿责任

---

① （2015）最高法民申 3569 号民事裁定书。
② （2016）最高法民申 273 号民事裁定书。

的诉讼请求，红日公司没有就该补充赔偿责任进行答辩和辩论，二审径行判决红日公司承担补充赔偿责任，损害了红日公司的诉讼权利。（2）二审法院没有向红日公司送达张良胜的答辩状副本，在张良胜未出庭应诉的情况下，二审法院未告知红日公司张良胜提交了书面答辩意见，致使红日公司无法对该项答辩意见予以反驳或辩论。另外原判决超出了当事人的诉讼请求（以下简称"超裁"），表现如下。（1）平安银行二审上诉要求红日公司对借款本金承担连带责任，并没有对借款利息要求红日公司承担责任，但二审判决红日公司对借款本息承担补充赔偿责任，超出了当事人的上诉请求。（2）平安银行没有要求红日公司承担补充赔偿责任，二审法院径行判决红日公司承担补充赔偿责任，超出了当事人的诉讼请求。

关于原审是否剥夺了当事人的辩论权问题，法院经审理认为：首先，只有在审判人员行使诉讼指挥权明显不当，严重阻碍当事人行使辩论权利的或者根本不让当事人行使辩论权利的，才能认定为不允许当事人行使辩论权利，本案显然不属于剥夺当事人辩论权利的情形，至于判决承担何种责任，属于法院依据案件事实和相关法律依法裁判的范围，与当事人的辩论权无关。其次，张良胜是一审被告，其针对平安银行的上诉发表答辩意见，意在免除自己应当承担的法律责任。法律没有规定应当将被告的答辩意见送达给其他被告，而且该答辩意见亦未对红日公司承担民事责任产生实际影响，故原审未将张良胜的答辩意见送达给红日公司，不属于剥夺了红日公司的诉讼权利。关于原判决是否存在"超裁"问题，即原判决是否对当事人未提出的诉讼请求进行裁判或者超出当事人诉讼请求的范围进行裁判，法院认为，二审法院经过审理判决红日公司承担补充赔偿责任，系围绕当事人的上诉请求进行审理后作出的，不存在"超裁"。

在本案中，申请人提出剥夺辩论权（针对"超裁"）诉求实际上反映了对于作为法院裁判基础的事实，当事人是否可以发表意见，即红日公司应否承担补充责任，法院是否应听取当事人的辩论意见。本案是在当事人未能提出主张、进行举证辩论，也就是说未能充分行使辩论权时便受到法院的裁判。当事人无法预测裁判结果，而突然被判定承担"补充责任"，必然产生对裁判的不满。很显然，本案中辩论权的保障仍注重的是机会的赋予、辩论的外观与法院的主导权，而不是尊重当事人在裁判形成上的主体地位。最高人民法院在案件处理上并未意识到这一点，认为"本案显然不属于剥夺当事人辩论权利的情形，至于判决承担何种责任，属于法院依据案件事实和相关法律依法裁判的范围，与当事人的辩论权无关"，这恰恰反映了权利保障上的形式化倾向，以及职权探知主义和当事人客体化的"传统惯性"。"超裁"使当事人无法行使主张、举证、庭审辩论等基本的辩论行为，应当构成对辩论权的根本性剥夺。

另外，对被告之间或其他诉讼参与人之间是否存在受通知权或知悉权，是否需要保障辩论权，也成为法律规定之外需要探讨的问题。从辩论权实现的角度看，知悉权的保障旨在使当事人全面了解案件信息，进而在诉讼中充分参与辩论，被告张良胜的答辩意见会不会对红日公司承担民事责任产生实际影响应当由红日公司在知悉答辩意见后自行判断，法院在没有保障知悉的情形下，判决书直接作出认定的做法并不能让人信服。

"再审申请人李进发与被申请人伊犁哈萨克自治州友谊医院（以下简称友谊医院）医疗损害赔偿纠纷案"[①]　中，针对当事人提出的二审法院剥夺当事人辩论权的再审事由，最高人民法院在裁判中"一句话搞定"：实体上不具备再审事由，不再审查。先审查涉及实体的再审事由是否成立，再决定是否需要对"剥夺辩论权"进行审查，这充分说明在部分法官的意识中仍存在实体权利重于也优先于程序权利的观念。重要的是，再审事由能否选择性审查，也就是说当事人提出的再审事由如有一项成立即可，其他无须审查，尽管这样裁定再审效率更高，能否对当事人提出的再审事由进行选择？将实体事由置于程序事由之前是否合理？如果依此审查，程序性再审事由的价值会不会被折损？再审申请的存在意味着原审生效裁判在实体与程序中存在当事人不能接受的问题或疑惑，可能存在多种事实上、证据上或程序上的问题。既然有诉求提出，最高人民法院就应作出明确的回应，以符合有诉即有裁判的一般原理，同时对存在的其他再审事由一并审理，有助于再审法院审理时遵循或判断，如此更利于裁判的准确和统一，也有

---

① （2015）最高法民申 993 号民事裁定书。

利于增加裁判的可接受性。

### 2. 法院审查辩论意见并决定是否采纳

对当事人程序主体权保障的加强必然映射到法院与当事人对程序进行与裁判形成的职能划分中，当事人的辩论权与法院审判权之间体现出怎样的关系结构有着重要意义。以当事人的事实主张权、证据提出及质证权和庭审辩论权为核心的辩论权的行使，旨在使当事人充分知悉和参与诉讼，法院在全面了解案情基础上作出裁判。事实提出和解明的责任仍然由当事人负担，而审查认定证据、适用法律、作出裁判仍然是法院的职责。因此，在法院保障当事人获得辩论机会的基础上，应表明对辩论意见的审酌情况，至于是否采纳则由法院结合全案进行判定。

如"巍山县红大锑业有限责任公司（以下简称红大公司）、陶忠华与被申请人霍广煜、周洪亮、一审第三人巍山县南诏矿业有限公司（以下简称南诏公司）借款合同纠纷再审审查案"[①]。当事人再审申请称，红大公司、陶忠华对自己的诉讼主张所依据事实和法律作了充分的论述或论证，特别是针对霍广煜、周洪亮伪造证据、做假账、南诏公司委托昆明精诚会计师事务所作出的财务审计报告的效力问题作出了充分的论述或论证，但是二审法院对其辩论观点或意见既不采纳，也不在判决书中载明，剥夺了其辩论权。最高人民法院审理认为：当事人行使辩论权并不意味着法院必须采纳其观点和主张。另外，从二审判决书内容可知，二审法院已在其本院认为部分阐述了不采纳红大公司、陶忠华有关观点或主张的理由。故红大公司、陶忠华提出的剥夺当事人辩论权的申请再审事由不能成立。

本案一定程度上明确了辩论权与法院审判权的关系。辩论权保障旨在保障当事人就案件争议事实和法律适用问题充分发表意见，并以其意见影响裁判的形成。很显然，保障辩论权并不意味着辩论意见都是正确的和应当被接受的，判断辩论权是否已经获得实质保障，除了机会的赋予，关键看裁判是否建立在当事人意见获得法院审酌的基础上，即法院的裁判说理是否回应了当事人的主张和抗辩。回到本案，最高人民法院的观念是可取的，即

---

① （2014）最高法民申 1528 号民事裁定书。

当事人行使辩论权并不意味着法院必须采纳其观点和主张，判断的标准是二审法院在"本院认为"部分对当事人辩论观点的审酌与说理。当然，本案最高人民法院的裁判说理仅用了一句话，能否谓之充分亦值得商榷。

**3. 辩论权的对象指向形成裁判基础的事实、证据与法律**

在追求公平与效率的基础上解决纠纷，是现代民事诉讼的基本价值追求，辩论权的保障旨在实现当事人的程序主体性，使当事人能够参与到纠纷的解决与裁判的形成中。要使辩论权得到落实，首先需要明确辩论权的标的，即辩论针对的对象。辩论权作为听审请求权的核心权利，其本质是当事人对形成裁判基础的事实、证据与适用法律上的意见陈述权。尽管权利规定于民事诉讼法的基本原则部分，但立法中并无对具体辩论对象的界定，因而司法实践中当事人为实现权利救济倾向于从广义上理解和运用辩论权。而源于职权主义的传统，法院在事实查明与程序进行中的"职权惯性"更倾向于限缩辩论的对象范围。总体而言，当事人提出的与诉讼请求相关的案件基本事实①（包含与基本事实认定相关的间接事实和辅助事实）、证据资料均可成为辩论的对象，但实案中对是否应当依申请调查取证等涉及基本事实的法院需审查事项，最高人民法院并未明确赋予当事人辩论权保障。值得关注的是 2019 年颁布的《民诉证据规定》将法律关系性质或者民事行为效力认定中当事人和法院意见不一致时，当事人是否已经充分辩论作为是否作为争议焦点审理的前提②，印证了辩论权在法院裁判形成中的重要意义，权利保障的深度与广度不断提升。笔者试从以下存在争议的案例对辩论权的对象作一研讨。

（1）对合同无效的认定应否保障当事人的辩论权

"再审申请人谭学峰与被申请人刘伟、一审被告宋春林船舶建造合同纠

---

① 《民诉法解释》第 335 条："民事诉讼法第一百七十七条第一款第三项规定的基本事实，是指用以确定当事人主体资格、案件性质、民事权利义务等对原判决、裁定的结果有实质性影响的事实。"

② 2019 年《民诉证据规定》第 53 条第 1 款："诉讼过程中，当事人主张的法律关系性质或者民事行为效力与人民法院根据案件事实作出的认定不一致的，人民法院应当将法律关系性质或者民事行为效力作为焦点问题进行审理。但法律关系性质对裁判理由及结果没有影响，或者有关问题已经当事人充分辩论的除外。"

纷案"① 中，再审申请人谭学峰主张：二审程序违法，剥夺了当事人的辩论权。理由是，刘伟的诉请及一、二审庭审均未涉及合同无效问题，当事人未就此问题进行辩论；二审判决径行认定涉案协议无效，剥夺谭学峰提出答辩抗辩的程序权利，违反法定程序。最高人民法院认为，合同效力的认定属于人民法院依职权审查事项，即便当事人未对合同效力提出异议，如经审查具有导致合同无效的情形，人民法院仍应依法认定合同无效。法院依法认定不构成对当事人辩论权的剥夺，因而驳回了谭学峰的再审申请。

笔者认为，裁判的形成必须建立在当事人主张与辩论的基础之上，才能真正体现当事人的程序主体性。本案问题的关键不在于法院是否有权力认定合同无效，而是在于认定合同无效之前，是否应当让当事人知悉，并保障当事人就合同效力问题进行充分的辩论。法院经审理查明合同可能无效，应就合同效力向双方当事人进行释明，围绕合同效力听取当事人的辩论意见，而最终是否判定合同无效则属于法院的审判权范围。

（2）对诉讼请求的变更应否保障当事人的辩论权

"再审申请人四川省德阳市仙光实业有限公司（以下简称仙光实业公司）与被申请人四川省第四建筑工程公司（以下简称四川四建公司）建设工程施工合同纠纷再审案"② 中，再审申请人仙光实业公司主张：二审判决未依《民诉证据规定》第35条向当事人释明，在未告知仙光实业公司可以变更诉讼请求的情况下，二审判决作出了与仙光实业公司主张的民事行为效力不一致的认定，剥夺了仙光实业公司变更诉讼请求的法定诉讼权利，导致仙光实业公司失去对无效合同提出赔偿损失的权利，使仙光实业公司实体权利受损。

最高人民法院审理认为：根据二审法院谈话笔录的记载，针对"一审根据合同有效进行判决，如果合同无效，对合同无效的后果"及"若合同无效，事实上有何补充"等相关问题，法庭询问了双方当事人的意见。从二审谈话笔录记载的相关内容分析，二审法院已就涉案合同性质的问题向仙光实业公司予以释明。二审法院亦将涉案协议的性质和效力问题归纳为

---

① （2015）最高法民申903号民事裁定书。
② （2013）最高法民申1124号民事裁定书。

本案争议的焦点问题之一，双方当事人对此发表了辩论意见。仙光实业公司主张剥夺其辩论权利的再审事由，缺乏事实和法律依据。在本案中，最高人民法院通过审查二审卷宗，认为二审法院对合同无效的法律观点向当事人进行了释明，并将涉案协议效力列为争议焦点，给予了当事人辩论的机会。而申请人的辩论意见未得到法院支持，或者存在"疏于或放弃利用"辩论机会而产生的"不利益"应由申请人自行承担。基于此，最高人民法院驳回了再审申请。本案中的审查与说理是值得借鉴的。

"再审申请人上海富雷雅科技有限公司（以下简称富雷雅公司）与被申请人上海航天能源股份有限公司（以下简称航天公司）等企业借贷纠纷案"①中，再审申请人富雷雅公司主张：本案在原一、二审、申诉及原再审期间，法院均围绕买卖合同纠纷进行审理，法庭审理、各方当事人所出示的所有证据也均围绕买卖合同纠纷进行调查和辩论。但原再审判决改变案由，将案由定为企业借贷纠纷，改变了富雷雅公司的诉求，剥夺了富雷雅公司的举证和辩论权。

最高人民法院审理认为：买卖合同与借贷合同纠纷的审理应适用不同的法律，法院确定的法律关系与当事人主张不同时应当告知当事人。本案中，原再审法院经审理将富雷雅公司主张的买卖合同纠纷认定为企业间借贷纠纷，但审理中没有就案件性质的认定向当事人进行释明，审理程序存有瑕疵。

但在后面的分析中，法院"奇迹"般地作出相反结论："根据本院查明的事实，原再审法院的处理未影响富雷雅公司的诉讼权利。"理由如下："第一，富雷雅公司的诉讼请求是，判令航天公司返还 1683500 元款项，支付违约金 84175 元，承担本案诉讼费用。富雷雅公司虽然依据买卖合同提起本案诉讼，但其主张为返还货款，法院经审理对其主张的返还问题作出判断并未背离其基本诉讼请求。人民法院在立案时根据当事人的主张确定案由后，在审理过程中也可依据查明的案件事实对案由作出变更，这是人民法院行使审判权的范畴。第二，富雷雅公司依据 2012 年《民事诉讼法》第

---

① （2013）最高法民再申 15 号民事裁定书。

二百条第九项申请再审，主张原再审法院变更案由剥夺了其举证和辩论权。但原再审法院系围绕富雷雅公司主张的买卖关系查明案件事实，并根据查明的事实确定当事人之间法律关系的性质，在庭审中给予富雷雅公司和航天公司充分的举证和辩论时间，且富雷雅公司在诉讼中始终主张本案系买卖合同纠纷，其举证和抗辩也是围绕买卖关系进行，申请再审中也没有提出新的证据与理由。因富雷雅公司已经就其主张的事实与理由充分行使了诉讼权利，原再审法院认为本案系名为买卖、实为借贷纠纷并未剥夺富雷雅公司的诉讼权利。"

本案判决对是否构成剥夺富雷雅公司诉讼权利的说理显然前后矛盾，难以令人信服。在前文判决明确认定"法院确定的法律关系与当事人主张不同时，应当告知当事人，法院未作释明，存在程序瑕疵"，而在后文分析辩论权是否被剥夺时却又提出，"原审法院认为本案系名为买卖、实为借贷纠纷并未剥夺富雷雅公司的诉讼权利"。理由是法院是围绕富雷雅公司主张的买卖关系查明事实，而且富雷雅公司也始终围绕买卖合同关系进行举证和抗辩，充分行使了辩论权。本案法院的判决说理严重违反了逻辑同一律，当事人所说的辩论权保障显然是指对作为法院裁判基础的借贷法律关系相关的主张、证据没有赋予当事人辩论权，而非审理的买卖法律关系。本案尽管原审法院在当事人所主张的买卖关系的审理中保障了当事人的辩论权，但对定案的法律关系性质未作释明，在超出当事人预期的情形下作出了"超乎想象"的判决，完全剥夺了当事人围绕借贷法律关系进行辩论的权利，显然构成了对当事人的裁判突袭。

（3）程序事项能否成为辩论的对象

"再审申请人海南康芝药业股份有限公司（以下简称康芝公司）与被申请人华夏生生药业（海南）有限公司（以下简称华夏公司）、湘北威尔曼制药股份有限公司（以下简称湘北公司）专利合同纠纷案"① 中，再审申请人主张：二审法院均未向康芝公司送达湘北公司提交的管辖异议申请书和相关诉讼资料，也未进行质证，剥夺了康芝公司就管辖权问题的辩论权和对

---

① （2015）最高法民申 2517 号民事裁定书。

相关诉讼资料的质证权。

最高人民法院认为，根据《民事诉讼法》第 124 条的规定，人民法院在立案阶段即可以依职权审查，对于当事人订立了有效的书面仲裁协议的，将告知原告通过仲裁解决争议。《仲裁法》第 26 条进一步规定，当事人达成仲裁协议，一方向人民法院起诉未声明有仲裁协议，人民法院受理后，另一方在首次开庭前提交仲裁协议的，人民法院应当驳回起诉。本案中，康芝公司于 2014 年 3 月 19 日向一审法院提起诉讼，3 月 27 日该院立案受理，同年 4 月 14 日湘北公司向一审法院提交管辖异议申请书及相关证据材料，以双方约定有仲裁条款为由提出管辖异议。一审法院经审查，在认定仲裁条款对本案当事人及所涉争议有约束力的情况下，裁定驳回康芝公司的起诉，符合法律规定。即使一审法院未将湘北公司的管辖异议申请书等材料送达给康芝公司，即使未经质证，均不影响法院作出上述结论。康芝公司的主张并不构成《民事诉讼法》第 200 条规定的应当再审的情形。

"孙利第三人撤销之诉再审申请案"[1] 中，申请人主张法院在审查立案时存在当事人提交的主要证据未经质证和剥夺当事人辩论权的情形。最高人民法院认为：作为开发公司或常洪利的债权人，孙利不具备第三人撤销之诉的原告主体资格，起诉不符合第三人撤销之诉的受理条件，一、二审法院不予受理孙利的起诉是从程序上作出裁决，并不存在认定基本事实和适用法律错误的问题，亦不存在主要证据未经质证和剥夺当事人辩论权的情形，故孙利提出的相关再审申请事由均不能成立。

上述案件分别涉及法院主管的认定、当事人主体资格认定等诉讼要件的审理。这些要件的审查在大陆法系传统中均属于职权审查事项，且区别于实体请求的审理，即便当事人不主张、不提供证据，法院仍需要依职权调查。从这一点判断，法院的裁判结果是正确的。但笔者认为，从保障当事人程序主体性的现代民事诉讼发展来看，法院不主动进行审查并作出判断，则不利于程序的推进和正确判决的作出，判决的形成和程序的塑造均应当赋予当事人向法院表达意见的权利，虽不同于直接针对实体请求裁判

---

[1]　（2015）最高法民申 2378 号民事裁定书。

的辩论权保障，但听审请求权应当获得保障。辩论权的基础是当事人提出主义，而本案是法院的职权审查事项，保障的是当事人各方的意见陈述权，法院尊重和保障的是当事人发表意见的机会，而非辩论权保障所要求的必须将裁决建立在当事人主张、证明和辩论的基础上。简而言之，当事人不提出任何意见，法院仍应进行职权审查并作出决定。

## 三　对侵害或剥夺当事人辩论权<br>"其他情形"的裁判方法

与 2008 年《审监解释》第 15 条规定的"原审开庭过程中审判人员不允许当事人行使辩论权利或者以不送达起诉状副本或上诉状副本等其他方式，致使当事人无法行使辩论权利"的情形相比，《民诉法解释》第 389 条更为具体和开放，即包括"不允许当事人发表辩论意见、应当开庭审理而未开庭审理、违反法律规定送达起诉状副本或者上诉状副本，致使当事人无法行使辩论权利"，同时增加了"违法剥夺当事人辩论权利的其他情形"的弹性条款，使剥夺辩论权的救济更为广泛。但从规定情形均为"辩论机会保障型"的属性看，它们本质上一脉相承并没有太大的差别。这些情形显然属于对当事人辩论权的根本性剥夺，虽在最高人民法院的判例中没有出现，但从其他地方法院的裁判中可以看到，这些情形仍有不同程度的存在。而最具有理论研究必要和实践运用困境的是如何认定和适用"违法剥夺当事人辩论权利的其他情形"，笔者在本部分结合最高人民法院对当事人所提出的剥夺辩论权申请的审理情况作一探讨。

### 1. 未保障合法代理权

"孙中安第三人撤销之诉再审审查案"① 中，再审申请人主张：二审裁定书未列明申请人代理律师参与诉讼，未对二审新证据及代理律师的意见进行审查，剥夺了申请人的辩论权，依法应予纠正。最高人民法院认为：孙中安有关剥夺其辩论权的理由，不属于《民事诉讼法》第 200 条规定的

_____

① （2016）最高法民申 1807 号民事裁定书。

再审事由。因此，孙中安的申请再审理由依法均不成立。

"再审申请人严磊与被申请人大连房博士置业代理有限公司（以下简称房博士公司）商品房包销合同再审审查案"① 中，再审申请人严磊主张：二审通知开庭时其正在国外，只能请求一审代理人按照法庭通知的时间地点到庭介绍案情，但严磊尚未向律师出具其参与二审的授权委托书，二审在此情况下仍然开庭审理并作出判决，剥夺了严磊参加庭审辩论的诉讼权利。被申请人房博士公司提交意见认为：严磊接到二审开庭通知后，委托其代理律师按期参加诉讼，并自代理人参加庭审至二审判决作出期间从未提出任何异议，充分证明代理人确系严磊委托代为参加诉讼的。最高人民法院认为：经阅卷审查，该律师提供了关于已获得严磊授权的律师事务所，代表严磊行使了各项法庭权利，已充分保护了严磊的辩论权，且严磊在3月开庭至5月收到二审判决期间从未就此提出异议。严磊关于二审程序违法的主张不能成立。根据严磊在再审申请书中的自认，其于2013年3月中旬收到二审开庭通知后，因在国外不能亲自参加2013年3月27日的庭审，故请求该律师在法庭通知的时间到庭介绍案情。

"再审申请人刘景元与被申请人刘淑梅、七台河市大富豪煤矿等其他合同纠纷案"② 中，当事人再审申请称：二审没有给我方代理人发表代理意见的时间，以对法庭归纳争议焦点的辩论替代律师就案件情况全面发表的代理意见，属于变相剥夺代理人的辩论权。最高人民法院再审认为：二审庭审笔录记载各方当事人在陈述了诉辩理由后，合议庭依据双方的诉辩意见归纳焦点问题，并询问了双方当事人是否有异议，是否申请变更或增加。刘景元一方在庭审中并未提出异议。针对焦点问题，刘景元的代理人充分阐明了事实，也充分发表了代理意见，不存在剥夺当事人辩论权利的情形。

从制度目的来看，代理权的依法行使旨在保障当事人的辩论权得到充分实现，而与此同时，未能合法确定代理人或者代理人不能善尽职责，反而使当事人的辩论权受到侵犯。在上述案例一中，当事人委托了代理律师，但法院未审查代理意见，未列明代理人，代理人"被缺席"，无法实现充分

① （2013）最高法民申2126号民事裁定书。
② （2020）最高法民申658号民事裁定书。

的辩论。在案例二中，即便再审申请人存在过失甚至故意，责任仍在原审法院，因为根据《民事诉讼法》第 59 条的规定，授权委托书是代理人履行代理权的必要条件，是进入案件审理的"门槛"，关系到当事人的具体授权即代理权的具体限度，而律师事务所函旨在证实委托关系与代理律师的资格身份。法院明知律师没有授权委托书，却既未向当事人询问，也未作调查即允许律师全权代理当事人进行诉讼，从根本上剥夺了当事人的处分权和辩论权。而最高人民法院以阅卷方式进行查明，并推定当事人明知，且默认了授权，显然有违法律，不免有"纵容"下级法院违法之嫌。案例三表明，对辩论权的保障是一种实质上的保障，赋予当事人表达意见的机会是关键。只要在程序中给予了当事人及其代理人表达意见的机会，均应被认为保障了辩论权的行使。

### 2. 主要证据未经质证

"再审申请人无锡市隆盛电缆材料厂（以下简称无锡隆盛厂）、上海锡盛电缆材料有限公司（以下简称上海锡盛公司）与西安秦邦电信材料有限责任公司等侵犯专利权纠纷再审案"[①] 中，再审申请人主张：再审判决违反法定程序，剥夺当事人的辩论权利。再审判决另查明的关于上海锡盛公司和施某、吕某之间的红利诉讼及款项执行的事实，关于无锡隆盛厂将一审法院查封保全的侵权证据生产设备全部转移的事实，关于上海锡盛公司股权转让和法定代表人变更的事实，相关证据未经庭审质证和辩论，违反法定程序，剥夺当事人的辩论权利，直接导致事实认定错误。

最高人民法院认为：再审判决另查明的关于施某、吕某与上海锡盛公司之间的红利诉讼及款项执行的事实，有施某和吕某落款日期为 2007 年 11 月 8 日的民事起诉状 2 份、江苏省无锡市中级人民法院 2007 年 9 月 20 日上午的谈话及调解笔录 2 份等（共 10 份一审法院的裁判文书，笔者省略）材料佐证。再审判决另查明的关于无锡隆盛厂将一审法院查封保全的侵权证据生产设备全部转移的事实，有一审法院执行部门对周某、吕某作的谈话笔录以及一审法院执行部门调查时拍摄的无锡隆盛厂的照片等证据佐证。

---

① （2012）最高法民提 3 号民事裁定书。

关于上海锡盛公司股权转让和法定代表人变更的事实，系再审法院依职权调查获知。2009 年 6 月 30 日，陕西省高级人民法院对本案进行再审开庭时，法庭笔录中并未记载对于上述事实进行了查明，亦未记载对相关证据进行了质证。

尽管（2007）锡民二初字第 299 号民事调解书、（2007）锡民二初字第 300 号民事调解书属于人民法院发生法律效力的裁判，但是上述裁判文书本身并未认定施某、吕某与上海锡盛公司之间的红利诉讼及款项执行的事实，而是以其记载的内容来证明案件事实。就施某、吕某与上海锡盛公司之间的红利诉讼及款项执行的事实这一证明对象而言，（2007）锡民二初字第 299 号民事调解书和（2007）锡民二初字第 300 号民事调解书属于证明案件事实的书证。上述证据应当在法庭上出示，由当事人质证，否则不能作为认定案件事实的依据。即使对于已为人民法院发生法律效力的裁判所确认的事实，也应该在庭审中提示该裁判文书，给予当事人以答辩和提交证据予以反驳的机会。一审法院执行部门对周某、吕某作的谈话笔录以及一审法院执行部门调查时拍摄的无锡隆盛厂的照片、再审法院依职权调查获知的证据材料等，同样应向当事人出示，给予其质证的机会。再审法院对于上述另查明的事实所依据的证据材料，未在法庭上出示，没有给当事人发表质证意见的机会，违反法定程序。但是，再审判决所认定的上述事实对本案判决结果并无实质影响，即使申请再审人对于认定上述事实的证据的辩论权被剥夺，也不影响再审判决结果。因此，对于申请再审人的上述申请再审理由，本院不予支持。

无论在当事人的观念中还是法院的裁判实践中，证据提出和质证均与辩论权保障不可分离，主要证据未经质证应成为侵犯辩论权的典型形态。那么，剥夺了对证据的辩论权是否必然应裁定再审？在上述案件中，判决对这一问题一定程度上进行了回应。一方面，法院就上述主张进行了审查，指出"2009 年 6 月 30 日，陕西省高级人民法院对本案进行再审开庭时，法庭笔录中并未记载对于上述事实进行了查明，亦未记载对相关证据进行了质证"。而后作出了否定性评价和分析："上述证据应当在法庭上出示，由当事人质证，否则不能作为认定案件事实的依据。即使对于已为人民法院发生法律效力的裁判所确认的事实，也应该在庭审中提示该裁判文书，给予当事人以答辩和提交证据予以反驳的机会……没有给当事人发表质证意见的机会，违反法定程序。"

法院在对剥夺辩论权作了肯定性的分析外，特别指出，未经质证的证据不能作为定案的依据。但仅以"再审判决所认定的上述事实对本案判决结果并无实质影响，即使申请再审人对于认定上述事实的证据的辩论权被剥夺，也不影响再审判决结果"即行驳回，既没有说明上述未经质证的证据是否都被排除（未经质证不具有合法性），也没有说明上述证据是否并非再审事由中所要求的"主要证据"。这样的说理与判决结果背离的裁判必然造成"重实体轻程序"观念进一步强化，辩论权保障进一步弱化。如果最高人民法院在判决说理部分能够就侵害辩论权的行为予以否定，同时根据再审事由重大性原则，认定上述未经质证的证据并非认定案情的主要证据，虽未保障申请人进行辩论的权利，但不足以影响再审判决结果，不具有启动再审的必要性，将会增加裁判的可接受性，也避免使强化当事人程序权保障的立法努力落空。

"再审申请人庄河市中心医院（以下简称庄河医院）与被申请人大连豪特建筑装饰设计工程有限公司建设工程施工合同纠纷案"① 中，再审申请人主张：庄河医院提交的鉴定申请和关于对案涉工程全部项目进行造价鉴定的情况说明中均明确表明了庄河医院对合同内的工程量及工程造价有异议。但是一审法院法庭调查中未宣读鉴定意见就作出一审判决，严重剥夺庄河医院的辩论权利。且一审法院向庄河医院送达再次开庭传票后，又无故取消此次庭审，再次剥夺庄河医院的辩论权利。

最高人民法院审查认为：根据《民事诉讼法》第78条的规定，当事人对鉴定意见有异议或者人民法院认定鉴定人有必要出庭的，鉴定人应当出庭作证。本案中，双方当事人在原审期间对于鉴定意见均提出异议，但原审法院未通知鉴定人出庭作证，违反法定程序，未充分保障当事人质证及辩论的权利。庄河医院的再审申请符合《民事诉讼法》第200条第9项规

① （2019）最高法民申1225号民事裁定书。

定的情形。

"再审申请人福建光大建筑工程有限公司（以下简称光大公司）与被申请人上杭县金山城建投资有限公司建设工程施工合同纠纷案"① 中，再审申请人称：本案一审法院委托的鉴定机构出具的鉴定意见中关于工程造价的结论虚假，鉴定程序违法，不应采信。该鉴定意见未经开庭程序质证，剥夺了光大公司的辩论权利。

最高人民法院认为：一审法院组织双方当事人对鉴定意见书进行了数次质证，光大公司亦提交了书面质证意见，其虽对鉴定结论有异议，但未能提供具体明确的证据支持其异议主张。光大公司关于鉴定结论中可确定项目造价结论虚假、鉴定程序违法、鉴定意见未经质证的主张，与事实不符。即便一审法院未在庭审中再次要求双方当事人对鉴定意见发表质证意见，由于法律并未规定民事诉讼证据质证必须通过公开开庭的方式进行，故不存在剥夺光大公司辩论权利的情形。

上述两个案例均针对鉴定意见如何提交给当事人进行辩论，我们从中可以发现，法院对辩论权的保障越来越强调实质保障，前一个案例中法院并未使当事人知悉相关证据，也未赋予当事人辩论机会，因此最高人民法院支持了当事人的再审申请。后一个案例则表明法院并不拘泥于开庭辩论的形式，而更重视当事人是否充分利用参加庭审和书面辩论的各种机会，有效实施了辩论。

**3. 未开庭或庭审中不允许当事人发表辩论意见**

"再审申请人南昌博彩实业有限公司（以下简称博彩公司）与被申请人南昌橡胶厂、南昌工业控股集团有限公司财产损害赔偿纠纷案"② 中，再审申请人主张：2015 年 7 月 8 日本案在二审法院开庭审理时，博彩公司要求南昌橡胶厂出示证据时，审判长突然宣布庭审结束，剥夺了当事人的辩论权。法院审理认为：经查阅博彩公司向本院提交的证据即 2015 年 7 月 8 日二审庭审笔录，笔录显示二审程序合法，不能得出博彩公司所称的二审审判长突然宣布庭审结束、从而剥夺了其辩论权的结论，故博彩公司关于原

---

① （2019）最高法民申 4998 号民事裁定书。
② （2016）最高法民申 708 号民事裁定书。

判决程序违法的主张不能成立。

"再审申请人昆明市房兴房地产开发有限公司（以下简称房兴公司）、文志国与被申请人楚雄州建华房地产开发有限公司（以下简称建华公司）等不当得利纠纷案"① 中，申请人主张：二审法庭调查中，承办法官和合议庭多次打断房兴公司的代理律师陈述，违反中立原则，限制发言时间，剥夺了房兴公司的辩论权。法院审理认为：二审庭审笔录显示，房兴公司、文志国的诉讼代理人参加了庭审，法庭组织进行了辩论，并未剥夺其辩论权。

"再审申请人李宝平、宝鸡市龙辉机械制造有限公司（以下简称龙辉公司）、宝鸡市海德力电动车制造有限责任公司（以下简称海德力公司）与被申请人崔磊借款纠纷案"② 中，再审申请人称二审法院剥夺了李宝平、龙辉公司、海德力公司的辩论权利。二审法院召集双方当事人对崔磊提交的2998.5 万元的本息明细表发表意见，李宝平、龙辉公司、海德力公司向二审法院邮寄了《上诉人已付款中的 67 万元去哪里了?》的书面意见，但判决中只字未提。后续法庭询问时，未让李宝平就 2300 万元和案涉借款不是同一法律关系、不应在同一案件中审理的这一观点发表辩论意见，剥夺了李宝平、龙辉公司、海德力公司辩论权利。最高人民法院认为，本案二审期间李宝平、龙辉公司、海德力公司参与庭审并发表了辩论意见，且就庭审未尽意见向二审法院提交了书面意见，充分行使了辩论权。其辩论意见是否被采纳，系法院行使裁判权的范畴，故剥夺其辩论权的主张不能成立。

"再审申请人吴晋、沭阳蓝天国际商贸城有限公司等与被申请人陈侯元民间借贷纠纷案"③ 中，再审申请人称：二审法院剥夺其辩论权利。二审庭审中审判长以各种理由阻止吴晋等的发言，包括本案在内的四个案件全程庭审总共耗时不足一个小时，其间审判人员还反复提醒吴晋等"不要重复"，导致庭审十分潦草，可以调取庭审录像为证。法院审理认为：本案二

---

① （2016）最高法民申 2898 号民事裁定书。
② （2020）最高法民申 2874 号民事裁定书。
③ （2019）最高法民申 914 号民事裁定书。

审庭审过程中，主审人员仅对当事人重复发言行为进行了提醒，目的是维持庭审秩序，提高庭审效率，不存在不允许当事人发表辩论意见的行为，且案件金额大小与复杂程度与庭审时间没有必然联系，故二审审理过程不存在剥夺其辩论权的行为。

"再审申请人白建锋与被申请人王维斌、一审被告陈亚楠民间借贷纠纷案"① 中，再审申请人称：一审开庭时，主审法官因双方证据太多暂时宣布休庭，并通知择日再开庭，但实际上未再开庭，违反法律规定，剥夺了白建锋的辩论权。法院审理认为：一审法院在开庭笔录中并未载明还需第二次开庭，并且白建锋未提交传票等证据证明需要第二次开庭，故白建锋所称一审法院未进行第二次开庭，剥夺其辩论权的理由，证据不足。

"再审申请人杜华民与被申请人青岛市房地产开发投资股份有限公司及原审第三人青岛惠易购家居建材有限公司执行异议之诉纠纷案"② 中，再审申请人主张：二审中提出新的证据及事实、理由，应当组成合议庭，开庭审理。二审法院以询问的方式即排除法律的强制规定，仅通过法庭调查的方式进行审理，违反法律规定。法院审理认为：双方当事人对于二审期间提交的新证据均充分发表了意见，并在参加法庭调查时，经二审法院释明，均明确表示同意不开庭审理，权利义务并未受到实质影响。因此，二审法院未开庭审理虽存在程序瑕疵，但并不影响案件的审理结果，据此不足以推翻二审判决，不足以启动再审程序。

"再审申请人杨秀发与被申请人贵州众世铭辉商砼有限公司（以下简称众世公司）票据追索权纠纷案"③ 中，再审申请人主张：二审法院未开庭审理，未向当事人调查、询问，且在杨秀发已经提交书面代理词的情况下，在判决中称杨秀发未答辩，剥夺了杨秀发辩论权利。法院审理认为：二审法院既然调取了新证据，并认为"原审判决认定事实错误""众世公司的上诉理由成立"，则本案不属于法律规定的可以不开庭审理的情形。二审法院未进行开庭审理即予以判决，审理程序存在错误应予以纠正。

① （2019）最高法民申 3954 号民事裁定书。
② （2019）最高法民申 4649 号民事裁定书。
③ （2019）最高法民再 19 号民事判决书。

《民诉法解释》第 389 条规定了"不允许当事人发表辩论意见的"和"应当开庭审理而未开庭审理的"的情形,上述多个案件当事人的主张对应了这两种事由,但法院以笔录进行审查,认为当事人均参加了庭审、发表了意见,或者以诉讼指挥权(裁判权)的正当行使为理由,认定不符合上述两种法定情形,驳回再审申请。这些案例恰恰说明这两种事由在适用中存在的问题,"庭审未进行完毕""庭审中打断当事人发言,限制发言时间"是否属于"不允许当事人发表辩论意见"?出现"打断""限制"等情形必然会存在行为程度的差别,那么对辩论权构成剥夺需要达到什么样的程度?法院认为属于正当行使诉讼指挥权,当事人认为剥夺了辩论权,应该由谁来判断?能否在庭审中即时赋予当事人救济的机会及时治愈而不必在再审中再行补救?

**4. 超出当事人诉讼请求作出裁判应否撤销原判存在矛盾判决**

"再审申请人平安银行股份有限公司海口分行(以下简称平安海口分行)与临汾景瑞煤焦铁贸易有限公司(以下简称景瑞公司)合同纠纷案"①中,再审申请人称:原审存在"违反法律规定,剥夺当事人辩论权利"及"超出诉讼请求"情形。本案系合同纠纷,景瑞公司、元盛公司诉请宏海公司和平安海口分行承担违约责任,二审法院却未经释明径行判令平安海口分行承担侵权责任,剥夺了平安海口分行针对侵权责任是否成立进行举证及辩论的权利,同时也超出了景瑞公司、元盛公司的诉讼请求。最高人民法院经审查认为,本案中景瑞公司、元盛公司以违约为由提起本案诉讼,要求宏海公司、平安海口分行连带赔偿因违约所造成的损失,而二审法院在认定涉案提货说明不构成四方合同的情况下,径行判决平安海口分行承担侵权补充赔偿责任明显不当,且一、二审对于提货说明出具后涉案焦炭未能放行的原因、平安海口分行对元盛公司所称损失是否存在过错、执行和解协议书未按约履行的原因等事实均未查清,应予撤销。

"再审申请人洛阳五建建筑工程有限责任公司(以下简称五建公司)与被申请人李克良、宋俊淮建设工程施工合同纠纷案"②中,再审申请人五建

---

① (2019)最高法民申 453 号民事裁定书。
② (2013)最高法民申 2098 号民事裁定书。

公司主张：一、二审判决违反法律规定，剥夺当事人的辩论权利。理由是，本案一审审理期间，李克良、宋俊淮系以联建工程协议有效为由主张工程价款，一审法院认定联建工程协议无效，却未依照《民诉证据规定》第35条的规定履行告知义务，剥夺了五建公司的辩论权利。最高人民法院认为，联建工程协议虽为无效，但案涉工程已经验收合格，李克良、宋俊淮仍可依据最高人民法院《关于审理建设工程施工合同纠纷案件适用法律问题的解释》第2条之规定，请求五建公司支付工程款。一审法院未告知李克良、宋俊淮变更诉讼请求，并不违反《民诉证据规定》第35条的规定，也未影响五建公司行使辩论权。申请人提出的剥夺其辩论权的主张，与事实不符，本院不予支持。

本案与前文所述的法院对案涉法律关系能否直接认定属于同一类问题，即改变或超出了当事人起诉时的诉讼请求而未向当事人释明，是否构成对当事人辩论权的剥夺？本案中，最高人民法院以当事人仍存在救济渠道为由，认为原审法院未经释明而直接认定合同无效并未影响当事人行使辩论权。笔者认为这一观点值得商榷，因为在案件审理过程中法院进行释明，实际上是给予当事人了解诉讼信息和法院观点，进行程序选择和充分辩论的基础，保障当事人能够根据自己的意愿就利益保护和纠纷解决提出更充分的攻击防御方法，这是当事人主体性与程序公正的必然要求。本案当事人完全无法预知裁判的结果，不仅丧失了选择权，裁判结果也并不是建立在当事人充分行使辩论权的基础上，已经构成了"裁判突袭"。至于当事人能否通过其他方式进行救济与本案审理是否公正合法并无必然的联系。

再如"再审申请人吕宝金、浙江大舜公路建设有限公司（以下简称大舜公司）与被申请人北京市公路桥梁建设集团有限公司（以下简称路桥公司）建设工程施工合同纠纷案"① 中，申请人大舜公司申请再审称：一、二

---

① （2013）最高法民申836号民事裁定书。另外（2015）最高法民申728号民事裁定书，山东恒瑞房地产开发有限公司与华丰建设股份有限公司建设工程合同纠纷案；（2016）最高法民申1261号民事裁定书，刘才任、张雅雅与周必成等人合同纠纷一案中，再审申请人诉称二审法院在被申请人未主张法定解除权的情况下认定被申请人违约判令解除合同，剥夺他们的辩论权等。多个判例中均体现出相似的问题。

审判决超出当事人诉讼请求①，剥夺大舜公司辩论权。在吕宝金不同意变更诉讼请求的情况下，一审法院擅自依职权变更本案案由，以工程结算作为本案的审理范围，超出了吕宝金的诉讼请求，从而剥夺了大舜公司在原审中进行辩论并提起反诉的权利。最高人民法院认为：本案纠纷因建设工程施工而引起，不论吕宝金起诉的依据是工程交接协议、工程交接补充协议，还是大舜公司反驳所依据的主要证据承诺书，内容均是指向建设工程施工及工程款结算事宜，故一、二审法院将本案案由定为建设工程施工合同纠纷并无不当。大舜公司在针对原一审判决的上诉中明确"原审法院在应诉通知书中明确告知本案的案由为建设工程施工合同纠纷"，表明大舜公司认可本案案由系建设工程施工合同纠纷，之后，大舜公司依法参加了庭审，进行了答辩。故大舜公司关于超出当事人诉讼请求、剥夺其辩论权的主张不能成立，本院不予支持。

在本案中，最高人民法院以纠纷因建设工程施工而引起、大舜公司收到的应诉通知书中载明本案案由为建筑工程施工合同纠纷，申请人随后参加了后续庭审并进行了答辩，便判定大舜公司认可了法院确定的案件性质，保障了大舜公司的辩论权，这一论证非常牵强。笔者梳理了整个案件的处

---

① 本案一审中，原告吕宝金诉讼请求为判令被告大舜公司、被告路桥公司向原告清偿债务1800万元，利息5239479.47元，逾期付款利息328860元。2010年12月21日浙江省绍兴市中级人民法院作出一审判决："浙江大舜公路建设有限公司支付吕宝金人民币1800万元，自本判决生效之日起十日内一次性履行完毕。驳回其他诉讼请求。"随后该院启动再审，作出（2011）浙绍民重字第2号民事判决，在原审原告未同意变更诉讼请求的情况下变更了审理范围，于2012年7月31日判决："一、浙江大舜公路建设有限公司应支付吕宝金工程款计7002184元，并支付自2009年4月10日起至本案确定的付款日止按中国人民银行公布的同期同类贷款基准利率计算的利息，款限本判决生效之日起一个月内付清；二、驳回吕宝金的其他诉讼请求。"判决书说理部分指出："原审法院依法向吕宝金作出释明：承诺书有效及无效两种情形下是否变更诉讼请求。但吕宝金坚持己方诉讼请求，不同意变更诉讼请求。原审法院认为，吕宝金虽坚持其诉讼请求，但结合各方当事人提供的证据及查明的事实，系因工程的结算而引发的纠纷，应当确定案由为建设工程施工合同纠纷，以工程结算作为本案的审理范围，依法确定各方当事人应当承担的民事责任。"在二审中，吕宝金等上诉人的上诉主张仍然否定一审的审理范围，大舜公司称本案到目前为止吕宝金的诉讼请求仍未变更，基于吕宝金始终坚持其原诉讼请求，故应根据本案事实和相关法律规定，驳回其诉讼请求。但二审法院认为："虽然吕宝金和大舜公路建设有限公司在二审中均认为一审确定的案由超出了吕宝金的诉求，但鉴于双方在上诉状中均对一审审理的范围即建设工程合同纠纷进行实质上的上诉和答辩，故本院二审仍按原审的审理范围及各方当事人的诉辩进行审理并无不当，相应地一审确定的案由亦无不妥。"

理过程，发现一审法院在自行启动再审后，将"债务清偿纠纷"改为"建筑工程施工合同纠纷"，置原告"主张清偿工地上所有设备资产折价款"于不顾，"自以为是"地改成了对"建筑工程款"的审理。法院未保障当事人的辩论权和处分权在先，问题首先出在一审法院。当法院向当事人释明后，原告不同意改变诉讼请求，法院本应尊重当事人的主张，就"清偿工地上所有设备资产折价款"这一主张是否成立进行审理。但法官期望一次性解决纠纷，不顾当事人的意愿，按"建筑工程施工合同纠纷"强行推进诉讼，进入实质审理阶段，并向各方当事人收集与之相关的证据并作出裁判。从上诉的情况看，吕宝金和大舜公路建设有限公司均认为一审确定的案由超出了吕宝金的诉求，但随后的二审和再审并没有纠正一审法院的错误，反而以当事人参与了前一审的"建筑施工合同纠纷"审理为由，推定其接受了诉讼主张或审理范围的变更，使问题变得愈加复杂，关联诉讼迭出。我们认为，一审法院的出发点是一次性全面解决纠纷，无可厚非，但其在释明后当事人不愿意变更诉讼请求的情形下，自定审理对象，并要求当事人围绕新的审理对象举证质证进而作出判决的方式是错误的。当事人提出诉讼请求和事实主张的权利都没有得到保障，完全背离了处分权与辩论权保障的基本要求，体现出浓厚的职权主义色彩，导致当事人的程序主体性丧失。而从二审上诉到最高人民法院再审，在当事人均提出不认同一审法院对审理对象认定的情况下，上级法院均以当事人参与了"建筑工程合同纠纷"审理为由推定前审法院的审理"并无不当"，并结合新证据继续"将错就错"审理能够查清的"工程款"，案件审理中仍存在明显的"职权探知主义"，根本性地剥夺了当事人的辩论权。

"再审申请人民生人寿保险股份有限公司信阳中心支公司（以下简称民生人寿）、邵天莲与被申请人苏艳丽人身保险合同纠纷案"① 中，再审申请人主张：原判超出了当事人的诉讼请求。苏艳丽主张邵天莲行为构成表见代理，应由民生人寿承担民事责任，请求判令民生人寿返还 500 万元保费并支付利息，并由邵天莲承担民事责任，原判决未予支持，而认定邵天莲系

————————

① （2018）最高法民申 3624 号民事裁定书。

个人行为，但在苏艳丽未变更诉请前提下，判决邵天莲返还款项，民生人寿承担补充赔偿责任。这违反了民事诉讼中的"不告不理""处分、辩论"原则。最高人民法院审理认为：其诉请是以其与民生人寿之间存在保险合同为事实基础的。原判决在查明邵天莲的行为不构成表见代理，民生人寿与其不存在保险合同关系但认为可能存在侵权或者其他法律关系的情况下，应向苏艳丽释明其可以变更诉讼请求。但原审法院在未释明、苏艳丽亦未变更诉请的情况下直接判令邵天莲承担返还责任，民生人寿承担补充赔偿责任，属于变更了当事人所主张的事实基础和法律依据，超出了当事人的诉讼请求，继而实质上剥夺了对方当事人相应的辩论权利，民生人寿该申请再审理由成立，最高人民法院裁定本案再审。2018 年的这份判例体现了对当事人辩论权的尊重和更为理性的裁判观，对其后"超裁"案件中当事人辩论权保障产生了重要的影响，起到了示范作用。

**5. 判决书不采纳当事人的辩论意见未说明理由**

"再审申请人安徽宝翔建设集团有限责任公司（以下简称宝翔公司）与被申请人谢自芳、一审被告奚正潭买卖合同纠纷申请再审案"① 中，再审申请人宝翔公司主张二审法院存在剥夺当事人辩论权问题。最高人民法院仅在列举了 2020 年《民诉法解释》第 391 条后未与案件联系说理，直接裁定"宝翔公司的该项再审事由不符合法律规定的情形，本院不予支持"。

"再审申请人王学勇与石家庄市新华服装厂劳动争议、人事争议申请再审民事案件"② 中，再审申请人主张"一审过程中，根本没有进行法庭辩论，属于剥夺王学勇辩论权利的情形"。最高人民法院在裁判说理部分同样列举了《民诉法解释》第 391 条，而后指出：王学勇并未提供证据证明一审存在上述剥夺其辩论权利的情形，其该项再审理由没有事实依据，本院不予支持。

"张彤彤、刘宏颖等与北京法博洋国际科技发展有限公司（以下简称法博洋公司）解散纠纷申请再审案"③ 中，法博洋公司及张彤彤、刘宏颖向本

---

① （2015）最高法民申字第 1537 号民事裁定书。
② （2016）最高法民申 688 号民事裁定书。
③ （2015）最高法民申字第 846 号民事裁定书。

院申请再审称："二审法院在 2014 年 5 月 22 日唯一一次开庭审理中，并未组织各方当事人根据章程二十四条、二十五条规定，就申请人于 2012 年 2 月 20 日召开的董事会特别会议发表意见以及法庭辩论。2014 年 5 月 23 日至 2014 年 12 月 19 日（终审判决）期间，二审法院再未与申请人之间有过任何交流活动。二审法院剥夺了申请人诉讼以及辩论权利，存在突袭判决情形。"最高人民法院在列举了《民诉法解释》第 391 条后指出："再审申请人并未提供证据证明本案存在上述司法解释规定的应当认定为剥夺当事人辩论权利的情形，其关于本案存在《中华人民共和国民事诉讼法》第二百条第九项即违反法律规定，剥夺当事人辩论权利的申请再审理由不能成立。"

"长春东北亚总部经济开发有限公司（以下简称东北亚公司）与长春昊源房地产开发有限公司（以下简称昊源公司）建设用地使用权纠纷申请再审案"① 中，最高人民法院有较为完整的说理，值得借鉴。再审申请人主张一、二审法院剥夺东北亚公司的辩论权，包括三项剥夺理由：①法院管辖权违法自上向下转移；②一、二审法院剥夺东北亚公司的辩论权，不允许超出法院确定的调查事项发表意见；③违法剥夺东北亚公司申请重新鉴定的权利。最高人民法院判决书说理部分在引用《民诉法解释》第 391 条后指出，东北亚公司在该项申请再审事由中所主张的法院管辖权转移及对重新鉴定申请不予准许的问题，均不属于剥夺当事人辩论权利的情形。而后分别分析了三项事由的不当之处。关于东北亚公司要求变更诉讼请求，已被吉林省长春市中级人民法院（2013）长民一初字第 5-1 号民事裁定予以驳回，根据其被法院受理的诉讼请求标的额，本案一审由吉林省长春市中级人民法院审理并无不当，因此不存在管辖权违法自上向下转移问题。一、二审法院根据东北亚公司的诉讼请求，确定法庭调查及辩论的范围，亦不存在剥夺东北亚公司辩论权利的问题。关于一审法院对东北亚公司的重新鉴定申请不予准许，系因昊源公司未在债权债务转让协议书上签章确认，无论吉林银行长春东盛支行的签章真假，均不影响本案基本事实的认定，不存在剥夺东北亚公司合法权利的情形。

---

① （2016）最高法民申 270 号民事裁定书。

上述案件体现出《民诉法解释》施行后的一种新常态，不仅在最高人民法院，各级法院均有所体现，即简单对照法定情形，对当事人提出的各种侵犯辩论权的主张作"简单比对处理"，只要不属于法定情形即予以驳回。这一做法虽然看似统一了标准，但实际上不具有说服力，严重限缩了辩论权的保障空间，亟须最高人民法院通过判例凝聚对辩论权的实践共识，不断完善第 391 条中"违法剥夺当事人辩论权利的其他情形"。在现有立法情况下，即便引用第 391 条，至少也应当作出更为详细的说理，为如何适用作出示范，以真正保障辩论权并统一法律的适用。

**6. 剥夺辩论权事实的证明责任分配不清**

"再审申请人合浦县丝绸厂（以下简称丝绸厂）与被申请人中国华融资产管理股份有限公司广西壮族自治区分公司（以下简称华融资产广西分公司）、李波债权转让合同纠纷案"① 中，最高人民法院审理认为：就原审法院是否剥夺丝绸厂的辩论权问题，经查阅原审卷宗材料，华融资产广西分公司 2007 年 12 月 25 日的债权转让通知，一审过程中已经过质证认证，双方对其作为证据的真实性并无异议。原审庭审程序完整，双方当事人均在辩论阶段发表了辩论意见。至于各方当事人辩论的问题要点和具体内容，自应由其出庭人员自行决定和掌控。况且，丝绸厂的诉讼代理人在原审法庭辩论过程中也就"转让是否依法通知"问题发表了意见。该厂申请再审所称的原审法院剥夺其辩论权，没有证据证明且与事实不符。

在早期的法院判决中，当事人主张"剥夺辩论权"几乎均为法院职权审查的内容，当事人不承担证明责任，更不会存在证明不能的"败诉风险"，法院通常的表达方式是："经查阅原审卷宗、查阅原审笔录"、"经查"或者直接写"与事实不符"等即作出支持与否的判断。但在近年来的判决中，越来越多的法官在审理中要求主张方当事人在说明理由后，提出证据证明辩论权被剥夺的事实，并将结果意义上的证明责任分配给主张方当事人。如前文提到的再审申请人王学勇与石家庄市新华服装厂劳动争议、人事争议申请再审一案②，法院指出"王学勇并未提供证据证明一审存在上述

---

① （2015）最高法民申 2360 号民事裁定书。
② 参见（2016）最高法民申 688 号民事裁定书。

剥夺其辩论权利的情形，其该项再审理由没有事实依据，本院不予支持"。

对是否剥夺了当事人的辩论权的确需要证明，但辩论权不同于普通的民事实体权利，而是具有宪法价值的权利，剥夺辩论权构成对听审请求权的侵犯。笔者认为，辩论权作为受益权，国家要以积极的作为，对公民基本权利的实现承担给付义务。在这样的基础上，辩论权的保障便不能作为当事人的一项普通民事权利由当事人自行证明，并承担证明不能的风险，而应作为法院的职权审查事项，在当事人提供初步证据的基础上，由法院职权查明。值得关注的是，2017 年 3 月 1 日起施行的最高人民法院《关于人民法院庭审录音录像的若干规定》第 14 条已经明确规定"人民检察院、诉讼参与人认为庭审活动不规范或者违反法律规定的，人民法院应当结合庭审录音录像进行调查核实"，也可以看出庭审中涉及当事人辩论权保障的查明被归入了法院的职责，结合对裁判说理的要求，再审法院应当对原审是否保障了当事人的辩论权进行事实调查并作出评判。

**7. 未释明变更诉讼请求是否必然侵害辩论权**

"上诉人成都市青羊区建筑工程总公司（以下简称青羊公司）与被上诉人银川望远工业园区管理委员会建设工程施工合同纠纷案"[①] 中，当事人称一审判决严重违反法定程序，妨碍其正当行使诉讼权利，导致判决结果有失公平、公正。根据《民事诉讼法》的相关规定及《民诉证据规定》第 35 条第 1 款，青羊公司主张一审法院认定案涉施工合同无效，与其主张的案涉施工合同为有效合同认定不一致，应当向青羊公司进行释明，告知其可以变更诉讼请求，一审未予释明属于严重违反法定程序，妨碍了青羊公司正当行使诉讼权利，导致判决结果有失公平，应发回重审。

最高人民法院认为，一审法院对合同效力的认定与当事人主张不一致，应当告知青羊公司可以变更诉讼请求，但一审法院未进行释明并不必然导致本案发回重审。首先，《民事诉讼法》对于发回重审的适用条件有严格的规定，即存在认定基本事实不清、严重违反法定程序等情形，而对于严重违反法定程序，《民事诉讼法》及司法解释亦有严格的界定，其中并不包括

---

① （2019）最高法民终 44 号民事判决书。

人民法院未尽释明的规定，因此不能任意扩大发回重审的适用条件。其次，法院未释明实际上并未影响其主张利息损失。最后，案涉施工合同系因违法被认定无效，青羊公司作为专业建筑公司，对合同无效亦存在过错，在本院已改判支持其关于利息的全部诉讼请求金额的情况下，青羊公司的权益已得到了充分保障，并不存在显失公平之处。青羊公司该项上诉主张不能成立。

对变更诉讼请求是否释明极有可能改变当事人原诉讼请求指向的判决结果。因此，必须保障对方当事人就此发表辩论意见的机会，否则便会造成剥夺其辩论权的重大程序瑕疵问题，这与法院"超裁"剥夺当事人辩论权利的类型在多数情形下具有因果关系。倘若法院释明后当事人仍然拒绝变更诉讼请求，此时法院径行判决将会导致超诉讼请求的裁判，剥夺对方当事人就此辩论的权利，这当然属于程序违法的情形。当事人主义原则下法院针对当事人的诉讼请求行使释明时应立足于当事人所主张的事实法律关系，不宜在当事人的事实主张之外提示变更、修正或补充诉讼请求。如果法院告知当事人变更诉讼请求并未改变当事人所主张的事实关系，则此时法院的释明是一项义务而非改变案件发展进程的权力。法院过于积极地敦促当事人变更诉讼请求，提示其寻找支持新的诉讼主张的新理由、新证据，甚至出现剥夺其举证时限、应当开庭而不开庭的情形与辩论主义的精神背道而驰。

## 四　侵害当事人辩论权的主要类型分析

有法官曾统计了中国裁判文书网 2014～2015 年以辩论权被剥夺为由申请再审的 468 件案件，确因辩论权被剥夺而发回重审或指令再审的仅有 11件，占 2.35%。[①] 笔者前章调查的截至 2020 年最高人民法院的 307 个案件中因剥夺辩论权而裁定再审的案件仅为 6 例。当事人对辩论权的运用度很高，而法院的认定率很低，虽然难以从数字上判断是非对错，但可以肯定

---

[①] 参见黄杨《剥夺当事人辩论权之再审事由的类型化分析》，载《深化司法改革与行政审判实践研究（上）——全国法院第 28 届学术讨论会获奖论文集》，人民法院出版社，2017，第 570～572 页。

的是当事人与法官之间就"是否侵犯辩论权"存在认识上的明显分歧。而侵害当事人辩论权的行为中，大量的只是一般性的轻微限制或妨害行为，只有极少数符合"违法剥夺"，而对一般性地限制或妨害辩论权行使，司法救济上存在明显的保障空白，这也是造成提起辩论权再审案件越来越多的重要原因。笔者认为，司法适用的情况真切地反映出实践对立法的新需求，一方面，《民事诉讼法》并未建立起剥夺辩论权的判断标准，当事人及其代理人无法预判，因而更易抱持试试看的心态（当然也不乏部分滥用该事由达到其他目的的行为），依据自己对辩论权的理解提起上诉或申请再审。而最高人民法院从《审监解释》到《民诉法解释》第389条，虽然试图以列举方式建立剥夺当事人辩论权的判断标准，但仅将内容限于缺乏程度标准的"不允许发表辩论意见""应开庭未开庭""违法送达"，再加上不知该如何"弹"的弹性条款——"违法剥夺当事人辩论权利的其他情形"，不仅没有建构起适当的剥夺辩论权的判断依据，反而使立法的意义和价值被"极度缩水"，无法回应当事人对权利保护的需求。另一方面，《民事诉讼法》对辩论权的救济缺乏系统性，不仅救济情形不明确，且救济时间"齐聚"上诉或再审阶段，在裁判既判力、法的秩序价值面前，法官的选择倾向性不言而喻。因此，从法院与当事人的双重视角，结合最高人民法院判例以及典型的中、基层法院的判例对侵害辩论权的主要情形作一基本类型的梳理，可以为建构合理的救济体系提供前提和基础。

## （一）侵害当事人知悉权

知悉权一般包括受通知权、对对方攻击防御方法的知悉（狭义的知悉权）、记录阅览权、到场权等权利内容。当事人只有了解程序进行和本案审理所涉及的诉讼进程、对方的攻击防御方法、法官的心证等各种具体信息，才能有效参与辩论。因而各国或地区民事诉讼制度中都极为强调当事人知悉权的保障，但我国实践中对知悉权的保障还有着较大不足。未依法送达导致当事人不知道诉讼进程而未能参加诉讼活动；或者不了解重要的诉讼信息，不能有针对性地提出主张、举证、抗辩、发表辩论意见，实质上均是以侵犯受通知权的方式根本性地剥夺了当事人的辩论权。从判例检索看，法院违法公告送达导致当事人无法行使辩论权或违法缺席判决是实践中最常见的剥夺当事人辩论权的情形。检察机关提起的抗诉案件中，这也是最通常出现的案件类型，如河南卫辉投资公司与新农秸草厂企业借贷纠纷再审案，检察机关抗诉认为："卫辉市人民法院向新农秸草厂送达起诉状副本、应诉通知书、举证通知书及开庭传票是通过公告方式的，在没有用尽其他方式的情况下，公告送达起诉书副本等法律文书，且未在案卷中记明原因，不符合法律规定，致使当事人无法行使辩论权利。"前述案件中，再审法院通过调查认为，原审法院采用邮寄送达未通知到原审被告后便直接用公告送达通知原审被告的方式，违反了法律规定，存在瑕疵，因此支持了检察机关的抗诉，并在再审程序中通过通知原审被告到庭参与诉讼的方式，进行了程序内的"治愈"。

同样，在"浙江兴远建设有限公司、江西嘉鹰置业有限公司建设工程施工合同纠纷再审审查与审判监督案"中，再审申请人主张一审法院在判决书下达以后，还向各方当事人签发开庭传票，进行案件调查。一审法院违反法定程序，二审法院未将本案发回重审，属于违法剥夺当事人辩论权利。后经最高人民法院查明，一审判决书签署日期为 2018 年 5 月 9 日，而一审法院确实于 2018 年 6 月 15 日才向各方当事人发送开庭传票。但是最高人民法院认为二审法院注意到一审法院上述程序瑕疵，已充分听取各方当事人辩论意见，可以作为对一审程序瑕疵的有效弥补，并未在实质上侵害当事人的知悉权，不存在剥夺辩论权的程序违法事由。①

2020 年《民诉法解释》第 391 条规定了"违反法律规定送达起诉状副本或者上诉状副本，致使当事人无法行使辩论权利的"，属于对当事人受通知权的侵犯，但值得思考的是如何理解和适用这一情形？原告提出诉讼请求，必须保障被告知悉的权利，因此法院依法送达诉状副本是保障当事人程序参与的起点，问题是违法送达导致什么后果才应认定为剥夺辩论权？"致使当事人无法行使辩论权利的"，只是一种模糊不清的程度要求，这样的类型实际上还需要被解释。从实践来看，除了违法缺席判决，特别是违

---

① （2019）最高法民申 6528 号民事裁定书。

法公告送达作出缺席判决外，几乎没有其他情形能被法院认定为"无法行使辩论权利"，既然如此不如直接列举违法公告送达与违法缺席判决两种具体类型，以减少适用上的模糊。另外，还需关注的是本条规定同时存在违背当事人平等原则的问题，对起诉状副本与上诉状副本的送达如此重视，却赋予被告选择性答辩的权利，必然造成原告无法知悉被告答辩的内容，实质上也就无法充分辩论，当事人权利明显不对称。

保障当事人的知悉权，应当包含双方当事人的受通知权、记录阅览权、勘验鉴定等证据调查中的到场权等涉及案件信息和诉讼进程的权利。立法不应偏重保护某一方当事人的权利，未能让任何一方当事人获得上述权利保护，都构成对当事人辩论权的侵害。而对处于不同程序阶段、针对不同侵害情形，立法还应设置多层次的权利救济方式。当上述权利被剥夺，在程序进行中无法治愈，且产生了实体上的不利益时，应根据所处程序阶段及救济的必要性赋予当事人上诉或再审申请的权利。

## （二）未保障当事人具有话语能力

辩论权的行使需要借助语言媒介才能进行，因而话语能力的保障尽管理所当然，但不能在法律规定中疏漏。法院应使用何种语言进行审理和发布法律文书应作出明确规定，未按照法律规定使用语言文字审理案件或未为当事人提供翻译，致使当事人无法充分行使辩论权利的，也构成对当事人辩论权的侵害。《民事诉讼法》第 11 条规定，各民族公民都有使用本民族语言、文字进行民事诉讼的权利；在少数民族聚居或者多民族共同居住的地区，人民法院应当用当地民族通用的语言、文字进行审理和发布法律文书；对不通晓当地民族通用的语言、文字的诉讼参与人，人民法院应当为其提供翻译。除此之外，同一民族但语系不同，沟通交流也可能存在障碍，尤其是法官以地方方言审理案件也在事实上影响了辩论权的行使。因为聋哑残疾原因致使当事人不能知晓对方的主张、意见或者无法理解法官的审理活动，从而不能表达自己意见和看法的，也应当视同具有话语能力未获得保障。对于此种情形，法院应当在审前程序，或者审理阶段采取有效的救济措施即时解决，如果因话语能力未获得保障无法参与庭审发表辩论意见，以致遭受实体上的不利益，应当允许当事人以法院违法剥夺其辩论权利为由上诉或申请再审。

### （三）应开庭未开庭或未在庭审中保障当事人辩论机会

鉴于开庭审理是辩论权行使最核心的阶段，2020 年《民诉法解释》第391 条将"应当开庭审理而未开庭审理"列为侵犯辩论权的主要类型。但实务中缺失开庭环节的较为少见，更重要的是庭审中能否保障当事人充分参与法庭辩论的权利。如泰安市岱岳区人民法院（2013）岱民再初字第 6 号民事裁定书：检察机关抗诉认为，"当事人具有法庭辩论的权利，而原审庭审中，因合议庭提出依职权调查取证而休庭，并没有进行法庭辩论，之后也未再开庭便作出判决。因此该判决违反法律规定，剥夺了当事人的辩论权利。"再审法院经过调查审理认为，原审审理中未进行法庭辩论即作出判决，庭审程序确有疏漏，对此本院再审庭审时充分保障了当事人双方的辩论权利，已予以纠正。开庭的重心是保障当事人在庭审中的辩论权，也就是说，即便开庭了，但未保障当事人在庭审中进行主张、抗辩、举证、质证及最后陈述权等，仍然构成对辩论权的侵害。同样的道理，对于依法可以不开庭的案件，不能以不开庭的合法性证成保障了当事人的辩论权。正如笔者在前文列举的"再审申请人鄢道昌与贵州中联信房地产估价有限责任公司解散纠纷申诉案"[①] 中所指明的，应开庭未开庭，没有保障当事人的辩论权的，不能单纯审查开庭环节的有无，而应审查是否保障了当事人表达主张、提出证据、发表辩论意见的机会，法院是否听取了辩论，并将裁判的结果建立在当事人辩论的基础上。比较法研究也表明，域外法院实质性诉讼指挥或法院管理改革有着共同的发展趋势，旨在通过法院的引导，使当事人更富效率地行使辩论权。只有审判人员行使诉讼指挥权明显不当，严重阻碍当事人行使辩论权或者根本不让当事人行使辩论权，并且使当事人的意见无法向法院说明，方能认定为侵害当事人辩论权。而随着法官员额制的推进，法院庭审记录方式及审判公开改革、裁判文书说理要求的明

---

① （2016）最高法民申 1053 号民事裁定书。

确等，将会使法院诉讼指挥权的行使更加规范。

## （四）侵害当事人证据申请与质证权

未经当事人质证的证据不得作为法官裁判的根据，因此向法院提供证据、说明证据目的、进行质证是当事人行使辩论权的重要内容。在司法实践中，主要存在下列剥夺当事人辩论权的情形。其一，未保障当事人提出证据申请的权利。笔者检索判例发现，是否准予鉴定、是否依当事人申请进行调查是当事人提出辩论权被剥夺的最常见的缘由。其二，未保障当事人的质证权，表现为在裁判中直接认定当事人未质证的证据，尤其是法院自行调查的证据。其三，未赋予当事人到场权保障，除了证据交换、庭审调查应通知当事人到场外，在勘验与证据保全时也应当保障当事人的到场权。而我国立法并未将勘验到场规定为当事人的权利。① 已有判例显示仅通知原审鉴定人及诉讼代理人到场参加勘验，却未通知当事人本人，当事人确因对勘验过程不满而拒绝接受勘验结果和判决。另外，《民事诉讼法》第 84 条规定，证据可能灭失或者以后难以取得的情况下，当事人或利害关系人可以向人民法院申请保全证据，诉讼中人民法院也可以主动采取保全措施。这两种类型中都存在一方当事人未能到场，对证据的形成过程无法知晓，难以进行有效质证的问题。其四，未充分保障当事人的发问权。《民事诉讼法》第 142 条规定，当事人经法庭许可，可以向证人、鉴定人、勘验人发问。将发问权这一质证权的重要内容交由法庭审查决定，实际上给辩论权的行使设置了不必要的程序环节甚至是障碍。辩论权的本质就是赋予当事人于法庭上陈述自己的主张、反驳对方的主张，对相对方的证据发表自己的意见，并可以对证人、鉴定人发问，以发现案件真实，如行使权利需向法庭申请，得到许可后方能发问，极易给当事人辩论权的行使带来消极影响。另外，直接言词原则没有确立，尤其是证人没有强制出庭的有力约束，审判委员会改革仍然无法完全实现直接原则、审判组织临

①　《民事诉讼法》第 83 条第 1 款："勘验物证或者现场，勘验人必须出示人民法院的证件，并邀请当地基层组织或者当事人所在单位派人参加。当事人或者当事人的成年家属应当到场，拒不到场的，不影响勘验的进行。"

时换人规制不力等制度性原因引致的辩论权被虚化情形依然存在。

## （五） 诉讼代理不合法或代理人的辩论权利被不当剥夺

诉讼代理制度旨在提高当事人的辩论能力，其权利基础源于法律的规定或者当事人的授权。尽管我国并未实施强制代理制度，但一旦成立诉讼代理关系，尤其是有法定诉讼代理人或特别授权的委托诉讼代理人，当事人本人更多的是"置身庭外"，权利的保护委诸于代理人。如果代理人的权利被限制或被剥夺，将直接产生剥夺或限制当事人辩论权的效果。同样，诉讼代理不合法也会产生剥夺当事人辩论权的效果，如前文案例中所提到的代理人欠缺合法授权，法院依然准予其参加诉讼，是否构成了对当事人辩论权的剥夺？笔者认为应当作肯定性认定，因为代理本身是否合法不能以推定的方式加以认定，法定诉讼代理必须依法产生，而委托诉讼代理必须依照《民事诉讼法》第62条的规定，由诉讼代理人向人民法院提交由委托人签名或者盖章的授权委托书。授权委托书必须记明委托事项和权限。诉讼代理人的权限如果变更或者解除，当事人应当书面告知人民法院，并由人民法院通知对方当事人。但在该案中，原审法院违反上述规定，准许没有授权委托书的律师参与诉讼，并全权代理当事人的诉讼，已经构成了对当事人辩论权的根本性剥夺。再如（2019）最高法民再182号再审案件中，法院同样强调了代理合法的重要性，当事人华茂公司授权王英代理其参加二审诉讼的授权委托书上加盖的华茂公司印章与预留印章不一致，亦不能确认系华茂公司出具。整个诉讼过程中华茂公司未委托诉讼代理人，亦未出具授权委托书，参加诉讼的代理人系无权代理，致使华茂公司因不能归责于本人的事由，未能参加一、二审诉讼，无法行使辩论权利，属于诉讼代理不合法严重违反法定程序的情形。

## （六） 突袭性裁判行为

突袭性裁判，是指当事人在民事诉讼中不能合理地预测法官的裁判内容和裁判过程。姜世明教授具体化了突袭性裁判的原因，即"法院违反法官关于事实上与法律上的阐明（指示）义务，而其裁判以此等当事人未受适当程序保障（尤其是指意见表示之权利）下所得之事实或法律见解为其裁判之基础与依据"①，明确了裁判突袭主要源于对辩论权的剥夺，并依据对象的不同，分为事实性突袭性裁判与法律性突袭性裁判。② 这一区分方法同样契合我国大陆地区的司法实践，笔者借鉴此标准对剥夺辩论权的情形做一分析。

事实性突袭性裁判主要有以下类型。（1）有关诉讼请求方面：即法院没有依法释明，因而未能探明当事人真意，未消除不当、模糊、矛盾，促使当事人变更、补充或提出新的诉讼请求即作出裁判，最主要的表现为法院"超裁"。（2）有关事实主张方面：表现为当事人主张或抗辩所依据的事实不明确、不充分或不适当时，未通过释明，法院自行认定事实或驳回请求等情形。还可以表现为法院通过证据审查，发现存在有关裁判的重要事实，但当事人未主张，法院未按一般人的期待可能性加以释明，反而直接驳回或依自己发现的事实直接作出判决。（3）有关证据认定方面：表现为证据提出存在瑕疵、当事人不注意或误解而未提出或证据不充分时，法院未督促当事人修正、补充证据，而是直接依据证明责任作出判定，或者自行依职权调查而未在法庭上提出、听取当事人的辩论意见即作为裁判的依据。

法律性突袭性裁判最核心的表现是据为裁判基础之法律观点非为当事人所能预期。主要有以下类型。（1）诉讼标的认定上的突袭，如彭宇案的判决中法官在认定彭宇没有过错后，未经释明即依公平责任判令彭宇承担40%的原告损失。③ 对被告而言"公平责任"的判定完全"超出预料"，这种情形在实务中并不鲜见，且往往与"超裁"的情形相互交织，笔者在前

---

① 姜世明：《民事程序法之发展与宪法原则》，元照出版有限公司，2003，第105页。

② 事实性突袭性裁判是指法院裁判行为中，有关事实认定部分，因未适度阐明、指示以保障当事人展开充分的攻击防御及必要陈述意见的机会，以致该裁判所认定的基础事实非为当事人所预期。法律性突袭性裁判，系指法院裁判行为中，有关适用法律部分，因未适度阐明、指示以保障当事人陈述意见之机会，以致该裁判所据为裁判基础之法律观点非为当事人所能预期者。这其中最为重要的是有关请求权基础的突袭问题。参见姜世明《法律性突袭裁判之研究》，《万国法律》2000年第6期。

③ "故对本次事故双方均不具有过错。因此，本案应根据公平责任合理分担损失。公平责任是指在当事人双方对损害均无过错，但是按照法律的规定又不能适用无过错责任的情况下，根据公平的观念，在考虑受害人的损害、双方当事人的财产状况及其他相关情况的基础上，判令加害人对受害人的财产损失予以补偿，由当事人合理地分担损失。根据本案案情，本院酌定被告补偿原告损失的40%较为适宜。"摘自彭宇案判决书。

文最高人民法院案例中多次分析的改变诉讼标的的判例就属于这种类型。（2）证明责任分配上的突袭。证明责任的本质是事实真伪不明时的败诉风险负担，原则上由法律预先分配给一方当事人，仅在法律与司法解释都没有规定时，才具有裁量分配的可能性。针对个案中具体的要件事实，如若法官所作分配与法律规定不符或机械适用"谁主张谁举证"处理特殊情形时，当事人将因无法预知法官的分配，而不可能提出事实主张以及提供证据进行证明，如因此承担证明不能的败诉后果，也应当认定为裁判突袭。（3）有关适用法律的突袭。主要体现为作为裁判依据所适用的法律未向当事人表明，或者有关适用法律的见解未能向当事人公开，使当事人无法发表辩论意见即受到裁判的情形。为更好地保障当事人的辩论权，对法官的法律择取必然有更高的要求，不同位阶的法律、司法解释、内部会谈纪要、指导性判例中对法律的理解，尤其是 2018 年《宪法》修订后赋予地方立法权新出现的地方性法律，在作为裁判依据时，均须使当事人了解并发表辩论意见。（4）有关法律推理过程的突袭。正如前文案例中所显示的，依据当事人陈述的案件事实和本案证据对法律关系的性质或法律行为效力认定时，法院与当事人会存在认识上的不同，如果法官没有及时把自己的推理过程即事实与法律的涵摄过程、形成的法律见解告诉当事人，极有可能使当事人在诉讼中进行的主张和防御变得毫无意义。

突袭性裁判是对当事人辩论权实质性、根本性的剥夺，在裁判形成后才能得出判断，因而必须赋予当事人上诉甚至再审程序的救济。但笔者检索最高人民法院判例，发现在增加"剥夺辩论权"再审事由后，法院很少有因突袭性裁判而认定剥夺辩论权的案件，其原因值得观察。

## （七）判决书不采纳当事人的辩论意见不说明理由或遗漏辩论意见

当事人所提出的对裁判有重要影响的辩论意见，法院判决不予采纳又不说明理由的，其本质是未尊重当事人辩论权，未审酌当事人辩论意见，构成对当事人辩论权的根本性剥夺。从前文笔者对最高人民法院裁判案例的分析梳理中可以看出，对当事人辩论意见简单驳回极为常见，尤其是《民诉法解释》出台后，越来越多的法院习惯于"罗列当事人主张的剥夺辩论权情形——列举《民诉法解释》第 389 条——作出不符合上述情形判断——驳回当事人剥夺辩论权的诉求"这一裁判逻辑。这种裁判方式显然只有问题和判断，而没有最关键的"说理部分"，当事人无法通过阅读判决书明白为什么自己的请求不被支持，更遑论对裁判的信服。德国、日本和我国台湾地区均将"判决不备理由"作为重大的程序瑕疵进行救济，这也充分说明判决说明理由是体现辩论权约束的重要制度方式，也是辩论权保障具备实效的根本体现。

### （八）法院未尽诉讼促进或诉讼指挥义务

法院未能合理履行诉讼指挥义务，导致法庭辩论审理的散漫化也可能构成对当事人辩论权的侵犯。开庭审理是诉讼的中心环节，也是当事人行使辩论权的主要阶段，如何使辩论更高效、更有助于事实的查明和裁判的作出是辩论权保障必须关注的问题。尽管实践中不能以此为缘由申请再审。但从辩论权的实现看，庭审中辩论焦点不明、辩论内容散漫化导致案件多次开庭，也给前述诸多侵犯辩论权行为的发生提供了条件，造成了当事人辩论权行使的碎片化。部分法官不履行诉讼指挥义务、计划性欠缺导致诉讼拖延是其根源之一。因此，如何充实和活化辩论程序，也就是法官如何推进程序、优化审判管理、提高庭审质量从而促进纠纷解决也应当成为辩论权保障关注的问题。简而言之，辩论权保障并非仅仅包括权利的赋予与救济，更应关注如何实现权利行使的优化。

辩论权的高效行使，除了法院应尽保障义务之外，当事人承担真实义务与诉讼促进义务是不可或缺的内容。真实陈述，即不主张自己明知不真实的事实或明知对方主张的事实为真实时再行争执，是诚信原则在事实查明上的基本要求。证据协力义务的本质是事案解明上的协力，即当事人在诉讼中即使不承担证明责任，在对方当事人获取有关事实的证据资料、信息资料或者进行诉讼证明时仍负有协助义务，不得以作为或不作为的方式妨碍法院发现真相。[①] 我国尽管已将诚信原则规定为基本原则，但当事人负

---

① 参见李慕轼《充实当事人义务规范 激活民事诉讼诚信原则》，《人民法院报》2017 年 3 月 1 日，第 7 版。

有哪些具体的诚信义务还存在立法上的疏漏和实践执行中的虚化。对当事人虚假陈述、伪证、不承担协力义务等，尽管有禁止性的条文，但欠缺具体的行为构成与责任承担规范，导致实务中难以适用。而除了在极为严重时给予罚款等强制措施外，在诉讼结果上与诚信诉讼并无太大的差别，违法成本极低，进一步纵容了当事人在事实发现上的失信行为，甚至带来更为广泛的"效仿"。

另外，立法上诉讼促进义务规定的缺失使辩论权仍然被作为一种"诉讼竞技"手段使用，迟延答辩、任意反言提出新抗辩、迟延举证、不接受送达以规避对案情的了解、违反鉴定与勘验协力义务等，其中一些情形由来已久却难以根本性治理，如调研中发现被告诉答阶段不提交、不及时提交、不适当提交答辩状仍然非常普遍。其目的在于通过攻其不备，使对方当事人不能有所准备地进行质证、辩论，以获取系争利益乃至系争外利益的最大化。尽管《民事诉讼法》《证据规定》《民诉法解释》对主张的提出和举证时限有规定，但答辩要求刚性不足①使这些规定一定程度上"被软化"，法院需要查明事实，往往又倾向于在诉讼中接纳这些"迟来的"答辩，新答辩和证据的"加入"，再加上审限制度的"外在夹击"，尽快结案的需求往往会限制给予另一方当事人的质证机会和时间，信息不对称或者信息迟延，使当事人的辩论权无法得到保障。即便法院继续审查新抗辩和证据，还必须从公平的角度为相对方当事人准备反驳和质证的时间，诉讼审理的迟延又将不可避免。更为麻烦的是双方不断引入新抗辩主张和新证据，实际上软化了举证时限制度。因此，法院对当事人诉讼促进义务的监督旨在促使当事人在法定或合理期间内实施诉讼行为，以保障辩论权利的行使和诉讼的推进，这一义务应当贯穿诉讼的整个过程。

---

① 《民事诉讼法》第 128 条规定，人民法院应当在立案之日起五日内将起诉状副本发送被告，被告应当在收到之日起十五日内提出答辩状。但此处的"应当"与第 2 款"被告不提出答辩状的，不影响人民法院审理"存在矛盾，通常的理解是软化对被告方提交答辩状的要求，因此形成了长久以来的"选择性答辩"。

# 第五章　民事诉讼当事人辩论权
# 保障的域外考察

"辩论权的提倡显示注重从当事人一面理解诉讼程序的姿态，被认为对作为确立诉讼当事人主体地位的基础有着重要的意义。"① 辩论权保障在两大法系主要法治国家立法与实践中均有体现，但在概念理解和制度结构上存在一定的差异。鉴于英美法系对抗制传统不仅与大陆法系国家，更与我国民事诉讼存在较大差异，因此笔者选择与我国法制基因更为接近的大陆法系主要国家为主加以考察。另外，为使域外研究更具有比较价值，本章对各国辩论权的考察从发展渊源、制度实现及辩论权救济等方面，理论与实践的双重维度展开分析，以寻找权利保障的共通性规律。

## 一　德国民事诉讼当事人辩论权保障

德国民事诉讼中的辩论权，可以追溯至古罗马法上的"audiatur et altera pars"，即"听取他方陈述"的原则。正如前文的历史梳理中所呈现的，能够陈述、辩论是当事人的一项基本的防卫权，被认为是人所固有的权利。无论是中世纪教会法还是德国普通法诉讼时代，程序中均有当事人进行辩论的元素。到19 世纪，对罗马法的充分继受以及德国古典哲学思想为法治国家理论的提出与法治国实践提供了理论根基。1793 年的《普鲁士普通法院规则》和 1850 年的《汉诺威诉讼法》中均有数个法律条文对包含辩论权的听审原则作出了规定。②

---

① 〔日〕井上治典：《手続保障の第三波》，载新堂幸司编著《特別講義民事訴訟法》，有斐閣，1988，第81 页。
② 参见任凡《德国民事听审请求权及其借鉴》，《西部法学评论》2011 年第 4 期。

### （一）德国民事诉讼当事人辩论权的理论渊源

自由和民主是承认当事人程序主体性的前提，德国历经了从"形式法治国"到"实质法治国"的发展，辩论权才发展成为具有宪法价值的程序权利，并成为听审请求权的核心。

19 世纪上半叶，德国的市民阶层在获得了财富进而取得了社会地位以后，成为早期资产阶级的重要组成，但德国资本主义发展较慢①，不可能以大革命方式实现政体的变革，而是由容克地主②（Junker）完成了德意志的统一。主权依然是君主的，尽管存在宪法，但也只是君主的赐予，这使得德国对"法治国"的理解和实践走向了与法国不同的轨道，而理论研究也为这种"变轨"提供了支持。③ 特殊的时代背景④难以让现实中的人们将法

---

① 德意志邦国林立经济发展不均，以普鲁士为例，直到 1807 年才废除农奴制，进而为资本主义的发展提供更多的自由劳动力，并发展成德意志各邦中最为强大的邦国。

② "容克"是德语 Junker 的音译，原意为"地主之子"或"小主人"。最早是指 1525 年条顿骑士团建立普鲁士公国后那些靠对外军事征服获得土地的小地主，后来用来称呼一切普鲁士的地主和贵族。领导德意志统一运动和 1871 年德意志第二帝国的便是普鲁士王国的容克贵族，俾斯麦便是他们的代表。容克贵族是普鲁士和德意志各邦在 19 世纪下半叶联合后反动势力的支柱，也是德国军国主义政策的主要支持者。第二次世界大战结束后，反法西斯同盟集团（尤其是苏联）为了从根源上铲除德国军国主义，将容克地主的土地或收归国有，或分配给小农耕种，容克阶层始消亡。

③ 维尔克尔在论述"客观理性法及法治国的理由"中对"法治国"要素的分析就可以看出，法治国已偏向了形式化的轨道。他将"法治国"概括为三要素：1. 法律应具有普适的"法形式"，"法形式"外观上具可认知性；2. 法律与道德无关，只着眼于康德意义上的"任意"行为，国家的目的仅限于以这样的法形式为公民的自由提供最低限度的保障；3. 实证法需要强制力作为最后的保证。摹尔（Robert von Mohl）和施塔尔（Friedrich Julius Stahl）探讨的"法治国"也指出：国家应是"法治国"，这个口号表达了现实中正在发生的国家发展趋势。它通过法律的方式精确界定了国家运行方向及界限、公民的自由范围……它所能实现的不过是法律领域所能实现之事，除此无他。参见刘敏、徐爱国《德国"法治国"的实践与启示》，《北京行政学院学报》2015 年第 6 期。

④ 德国形式法治国与三月革命的关系密切。当时革命浪潮席卷德意志各邦，很多邦国政府倒台，革命风暴很快促成了"三月革命内阁"的形成和宪法的修改。1848 年 5 月 24 日，革命者集会于法兰克福的保罗教堂成立国民大会，大会参与的 812 人中有 569 名知识分子，法学教授们起到了中坚作用。法学教授们商讨了制定宪法的基本问题：何种方案统一全德、联邦制、公民基本权利等。大会通过"德意志人民的基本权利"，包括居住和迁徙自由、法律面前人人平等、人身自由、通信秘密、发表意见的自由、信仰和良心自由、集会和结社自由、私有财产、受法定法官裁判的权利，这成为"保罗教堂宪法"的重要组成部分。然而，革命者迅即遭到了各邦国政府的军事镇压。1851 年的同盟决议宣告"德意志人民的基本权利"条款无效。德国的统一转向了北方普鲁士"铁和血"的道路。

治国家理解成为一种与神权国家和专制国家相对立的国家形态，由此形成了"法治国"概念既可以与君主制相结合，也可以与民主制相结合①的特殊形态。国家法理论则区分了国家政体（staatsform）与国家目的（staatsgattung），主权归于政体，而"法治国"则归于国家目的。法治国的这种诉求最终凝练成国家法层面的两种制度机制：一是基本权利，二是分权。② 1871年德意志帝国成立以后，形式上的法治国家概念进一步强化，强大的帝国统治者甚至在宪法中都没有规定公民的基本权利。直至魏玛共和国时期，民主原则与社会原则确立，公民的裁判请求权被写入《魏玛宪法》③，但对如何实现法治国，如何保障裁判请求权，并没有实质的发展。尤其是1933年纳粹德国实行的国家社会主义思想，使形式法治国走上极端。④ 出于对纳粹时期极权主义意识形态的反思，第二次世界大战后德国法治凸显对人的尊严的关注，1949年《德国基本法》规定了社会法治国家的原则，走向了实质法治，"任何人在法庭上有请求法院依法听审的权利"真正成为当事人的程序基本权。⑤ 1949年到1990年德国统一期间的波恩时代，形成了社会国与法治国相结合的理论。⑥ 1990年两德统一后，整体上继承了原波恩政权

---

① Franz Neumann, *The Rule of Law*, Leamington, 1986. 转引自刘敏、徐爱国《德国"法治国"的实践与启示》，《北京行政学院学报》2015年第6期。

② 对这一点的经典概括要首推施密特在其宪法学说中的论述。参见〔德〕卡尔·施米特《宪法学说》，刘锋译，上海人民出版社，2005，第139页。法国1789年《人权和公民权利宣言》第16条的经典表述即"凡权利无保障和分权未确立的社会就没有宪法。"

③ 《魏玛宪法》第105条规定："不得设置特别法院。无论何人，不得剥夺其受法定法官裁判之权利，但法律所定之军事会议及戒严法院，不在此项规定之内。"

④ "当时的德国纯粹是一个形式上的法治国家，其实质则是一个'法律国家'（Gesetzesstaat）。立法者享有全能的、无所不包的权力，它甚至可以制定限制乃至废除基本权利的法律。"邵建东：《从形式法治到实质法治——德国"法治国家"的经验教训及启示》，《南京大学法律评论》2004年秋季号。

⑤ 在民事诉讼领域，人们认为首先应当服务于个人主观权利（Subjektive Rechts）的保护和实现。这不仅涉及通常由原告主张的权利的保护，同时也涉及防御原告请求的被告的法律地位的保护。法律保护必须以同样标准提供给双方当事人。而对法律安定性和确定性的追求，则被恰当地看作民事诉讼法的延伸目的。但即使在对这些延伸目的的追求中，也仍然应当以当事人的利益为先。参见〔德〕迪特尔·莱波尔德《德国民事诉讼法50年：一个亲历者的回眸》，吴泽勇译，《司法》2009年第4辑。

⑥ 社会国作为一个体现国家社会目标的核心概念，是指一种根据特定的目标，通过干预方式，诸如社会保险等一系列政策，帮助社会下层摆脱不利地位，从而建立稳定的社会秩序的国家形式，此时的国家理论是重构一种实质法治国思想，是法治国与社会国相联系的国家观念。

的法律制度，当事人的程序主体性得到进一步的凸显，"当事人有权陈述于己有利的事项，且未经言词辩论及当事人没有获得辩论机会的程序所作出的判决，将当然无效"①，现代意义的辩论权开始形成，并成为听审请求权的核心。

## （二）德国民事诉讼当事人辩论权保障的立法

就概念语词而言，笔者在德国法及学术论著中并未见到直接对应"辩论权"的德语词汇，而《德国基本法》第 103 条规定的"法定听审请求权"保障的重心在于保障当事人对诉讼程序和实体问题皆有充分陈述意见的机会，其中包含辩论权保障，具体体现为诉讼程序的通知、准许存在法定事由迟误期间时回复原状、当事人之陈述应通知他造、审判长对当事人负有阐明义务、当事人记录阅览权、对证据调查结果有辩论的权利等。

《德国基本法》"虽然规定了法定听审请求权，但实际上并没有给这项程序基本权利提供额外的诉讼保障，只是进一步把它与各种程序法中的现有制度结合并加以整合。因此，法定听审原则的具体化和范围原本不是由宪法决定的，而是由程序法决定的"②。基于此，笔者以一审州法院诉讼程序为考察对象，就现行德国民事诉讼立法③中辩论权保障的现状做一分析。

---

① 田平安、蓝冰：《德国民事法定听审责问程序》，《金陵法学评论》2007 年第 2 期。

② BayVerf GH 17, 44f., 23, 143ff. 转引自蓝冰《德国民事法定听审请求权研究》，博士学位论文，西南政法大学，2008。

③ 《德国民事诉讼法》1877 年制定公布，1879 年 10 月 1 日起施行，历经帝国时期、第一次世界大战后共和国时期（包括纳粹统治时期）、第二次世界大战后的占领时期、两德分立时期和两德合并后的联邦共和国时期，沿用至今。100 多年来，其伴随社会的发展和法律思想以及国家立法政策的变化，经历了多次修改。笔者对与本书研究联系最为紧密的修改作一概括。1976 年 12 月 3 日公布、1977 年 7 月 1 日施行的《简化修订法》，2002 年以《德国民法典》债法改革为契机修订的《民事诉讼法改革法》（2001 年 7 月 27 日公布，2002 年 1 月 1 日施行）对民事诉讼法的结构进行了根本性变革；2004 年 1 月 1 日，《民事诉讼法》第 11 编专门规定欧盟送达条例和执行条例等司法协助的内容；2004 年 8 月 24 日和 2006 年 12 月 23 日分别颁布《第一次司法现代化法》《第二次司法现代化法》，对民事诉讼程序进行进一步现代化修订；2004 年 12 月 9 日的《关于侵犯法定听审请求权之法律救济的法律》（本书简称《听审责问法》）对 2002 年《民事诉讼法改革法》进行进一步修补；2005 年 3 月 22 日颁布《关于在司法中使用电子交流形式的法律》，在法院系统内全面引入电子文件处理的方式。参见《德国民事诉讼法》，丁启明译，厦门大学出版社，2016，译者前言第 1～5 页。

**1. 规定保障当事人辩论权实现的基础性诉讼权利**

（1）明确规定当事人阅览权

作为保障辩论权实现的重要内容，《德国民事诉讼法》规定了当事人对对方文书的阅览权和对法院诉讼记录①的阅览权。第 134 条要求当事人将其持有的、曾在准备书状中引用的文书，在言词辩论前交给书记科并通知对方当事人，并给予对方当事人 3 天阅览文书的期间。此期间可由审判长依申请予以延长或缩短。德国法对言词辩论期日的笔录规定了法定的格式和制作要求。在责问、上诉或再审程序中，当事人可以直接引用作为证据。如第 299 条规定，当事人可以阅读诉讼文卷，并且可以请求书记科付与其正本、节本和副本。第 299 条之一规定了电子文卷的阅读与获取方式。而在涉及诉讼程序事项和证据调查认定中发生争议时则以诉讼笔录作为判断的标准。

（2）保障当事人到场权

能够到场是辩论权行使的基本要求，《德国民事诉讼法》第 357 条第 1 款规定当事人可以在证据调查时在场，并应将证据调查期日通知当事人。鉴定人为作成鉴定报告而勘查鉴定标的时，亦应通知当事人到场。第 335 条规定的应驳回缺席判决申请的情形包括：法院对未到场的当事人未能适当地、特别是未能及时地传唤或未能及时地将以言词陈述的事实或申请以书状通知未到场当事人；或者在言词辩论中作出的对当事人自我代理或代理继续禁止的决定未及时通知未到场的当事人。即便应在外国调查证据，第364 条第 4 款也规定"举证人应尽可能使对方当事人及时知悉证据调查的地点与时间，以便对方当事人能够以适当方法行使其权利。如不通知时，法院应考虑举证人是否有权使用该项证据调查记录，或能使用到何种程度"。为了在当事人权利保障与诉讼效率之间达致平衡，第 367 条规定，当事人一方或双方在调查证据日不在场，依案件情况调查证据仍能进行时，即应进行。如果不致拖延诉讼，或者当事人能说明对前次不到场并无过失，法院可依申请在言词辩论终结前命令补充证据调查。如当事人能说明因其未到场调查证据有重大遗漏的，可以申请补充调查证据。

---

① 诉讼记录文书是一种法定证明文书，必须能够为当事人所阅览和使用，而不仅仅是一种法院为制作裁判文书所准备的内部资料。

（3）强化辩论话语能力的保障

当事人辩论权的实现需要建立在当事人具有话语能力获得保障的基础上，"当事人因为不会讲法庭辩论所使用的语言或者不理解该语言，所以无法有效参加诉讼，这也可能会损害当事人的法定听审权"①。辩论中存在的语言障碍，必然使当事人难以对事实、证据结果和法律问题陈述意见，也无法与法院进行讨论与沟通，进而对程序及其结果施加影响。在这种情形下辩论权实质上无法获得实现。因此，《德国法院组织法》第 185 条规定，当事人在普通民事诉讼中有权在言词辩论阶段邀请翻译人员。不懂审理所用语言的当事人以及无法在诉讼中与他方进行交流的情形出现时，应赋予当事人聘请翻译的权利，这是法定听审请求权的要求。②

（4）以代理及辅佐人制度的运用增强当事人辩论能力

从辩论权的实现来看，律师强制代理与辅佐人制度是提升当事人辩论能力的重要方式。联邦宪法法院及通说认为，律师在诉讼中有权参与言词辩论，向法院作出说明、提出申请和动议，享有当事人的陈述和辩论的机会。一方面，律师的参与有助于应对诉讼程序高度专业化造成的法律与现实生活的"区隔"，也避免当事人因缺乏辩论能力而无法获得最佳法律保障的缺憾，或者避免因此可能造成的程序浪费、法院负荷与当事人权利不张等不利益。另一方面，民事诉讼中不能作出正确的裁判，经常是信息缺乏导致法律关系复杂化。而律师与辅佐人加入的意义还在于能进行更全面的信息收集，进而具备更为专业的辩论能力。

诉讼代理人或辅佐人进入诉讼后是否具有辩论权，法院应否对代理人进行释明或提示讨论？立法并未作出明确，但从代理与辅佐制度的价值实现出发，当然应赋予其代行辩论的权利，问题是有代理人进行诉讼后当事人是否还享有辩论权？德国学者鲁道夫·瓦塞尔曼认为，无论在律师强制代理中，还是在当事人自行诉讼中，"当事人之间的争议是并且始终是他们自己的事务，即使他有律师代理，也是如此。律师也可能会弄错或者有所

---

① 〔德〕米夏埃尔·施蒂尔纳编《德国民事诉讼法学文萃》，赵秀举译，中国政法大学出版社，2005，第 174~175 页。

② BVerf GE 40, 95, (98f).

疏忽。如果陈述不清楚、不完整或者没有提出陈述，那么就产生了瑕疵。那种只是耸耸肩告诉那些因为律师未发挥作用而败诉的当事人本应委托更好的律师的讽刺行为已经不再能够获得有良知的人支持了"①。因此，从辩论权保障出发，如果当事人有代理人或辅佐人，则应当保障该诉讼代理人或辅佐人有进行辩论表达意见的机会。法院同样应当对受托的律师或辅佐人为释明、指示或者讨论，以促使其充分全面地收集信息，法官在讨论案件和争议情况的范围内对事实和法律问题给予建议，使律师知晓法院是如何判断其所代理诉讼的前景，并有可能对此施加影响，修正法院存在的疏漏或错误。与之同时，代理人或辅佐人的参加，并不意味着当事人完全让渡辩论权，即便是有律师强制代理的诉讼，也应当赋予当事人对律师代理中存在的瑕疵给予必要救济的权利，否则亦将构成对当事人辩论权的侵害。另外，《德国民事诉讼法》还规定，对特定案件中代理人代理诉讼时，对案件事实、争议及当事人关系缺乏适当的陈述能力，法院可以裁定终止其代理。②

**2. 以辩论准备程序与言词辩论改革推进辩论程序实效化**

（1）德国民事诉讼充实了言词辩论的准备程序

从准备方式看，为了保障言词辩论内容的充实，《德国民事诉讼法》规定对必须由律师代理进行的诉讼，以书状准备言词辩论。其他情况，法院可以命令当事人，或者以书状准备言词辩论，或者向书记官陈述后由其作成记录。书状中必须明确诉讼主体、诉的声明、作为声明理由的事实关系、对于对方当事人所主张事实的陈述及用来证明或反驳事实主张的证据方法等。

从准备程序的具体结构看，《德国民事诉讼法》第 275 条和第 276 条分别规定了州法院诉讼程序中的先期首次期日程序及书面准备程序。在先期

---

① 〔德〕米夏埃尔·施蒂尔纳编《德国民事诉讼法学文萃》，赵秀举译，中国政法大学出版社，2005，第 175 页。

② 如《德国民事诉讼法》第 79 条第 3 款规定，对于特定的团体或公司雇员、公共机构、公法法人等的雇员代理诉讼，成年的家庭成员以及消费者中心及其政府资助的消费者组织作为代理人代理诉讼时，如果对案件事实、争议及当事人关系缺乏适当的陈述能力，法院可以以不可声明不服的裁定终止其代理。

首次期日程序中，受诉法院的审判长或审判长所指定的法院成员可以为被告规定期间，要求提出书面答辩状，或者要求被告将其要提出的防御方法通过其选任的律师以书状提交给法院。如果先期首次期日未能终结诉讼，法院可继续进行辩论准备，要求当事人对书状进行补充或详细说明，澄清存疑事项，或命令当事人本人到场等。法院应在首次期日为被告指定书面答辩期，如果原告针对被告的答辩需要进行再答辩，法院应为原告再行指定。选择书面准备程序时，法院应当在向被告送达起诉状时催告其在两周的不变期间内以书面形式表达是否为自己辩护，并另外为被告指定至少两周的书面答辩期间。

（2）增设和解辩论程序

2001 年德国民事司法改革在言词辩论前增设了和解辩论程序，尽管德国学界对这一制度颇有反对的声音①，和解辩论本身也经历了从 1924 年的初次立法到 1950 年废除到再度引入的历史辗转。调解在德国（以及欧盟）立法中"重新被发现"，固然有司法政策的作用，但也从实质上契合了德国"对话民事诉讼"模式的需求。② 尽管仍然无法避免法院为寻求纠纷解决而可能出现的对合意的"强制"，甚至将和解辩论异化为法官逃避复杂或具有原则性意义的法律问题的工具，但立法者希望借此以制度化的方式将和好解决诉讼的思想深植到民事诉讼法中，并申明：和解辩论旨在持续实现法和平、节省费用和减轻司法负担。③ 在当事人程序主体意识觉醒，听审请求权保障成为德国纠纷解决核心元素的背景下，和解辩论中所展现出的可能更多是一种纠纷解决的"商谈"色彩。和解辩论主要体现出三大特点：一是和解辩论适用于所有一审民事诉讼程序，除非法律另有规定，法院不得自由裁量拒绝适用；二是法院应命令当事人亲自参加和解辩论或者其他形式的和解尝试，还可以将案件交由不作出裁判的调解法官进行；三是和解

---

① 参见〔德〕迪特尔·莱波尔德《德国民事诉讼法 50 年：一个亲历者的回眸》，吴泽勇译，《司法》2009 年第 4 辑；〔德〕伯克哈特·汉斯、敏茨伯克《德国民事诉讼法的修改——回顾与展望》，周翠译，《诉讼法论丛》2003 年第 8 卷。

② 参见周翠《调解在德国的兴起与发展》，《北大法律评论》2012 年第 13 卷第 1 辑。

③ BT—Drs. 14/4722. S. 62. 转引自周翠《调解在德国的兴起与发展》，《北大法律评论》2012 年第 13 卷第 1 辑。

辩论中法官可以就案件事实与法律争议状态与当事人进行讨论，不受限制地评估全部情况并在有需要时对当事人发问，听取当事人意见。通过确认当事人提出的书面和解建议或者为当事人提供和解建议而使和解达成。从统计数据看，《德国民事诉讼法》第 278 条规定的和解辩论自 2002 年 1 月 1日生效以来在民事普通程序中初获成效，不考虑撤诉、发出终结声明、认诺、舍弃等，诉讼和解率不断增长，初级法院的和解率由 2000 年的 9.95%上升为 2004 年的 13.1%，州法院的和解率则由 17.6% 上升为 21.5%。[①] 辩论的方式相当自由：和解法官是承担主持人角色还是进行专业式的和解谈话、法律角度的判断占据何种比重、法官是否提供评估或建议、辩论耗时多长以及是否让第三人参与等问题，均由当事人决定；若和解辩论未获成功，程序在审理法庭继续进行，法庭不得对和解期日中获得的信息进行自由心证。[②] 和解辩论程序的设置一方面实现了纠纷的多元化解决；另一方面在一种更接近于"商谈"的模式中，法官以中立方的立场听取当事人的陈述和意见，根据当事人的意愿解释取证及最终判决存在的机会与风险，案件的处理成为建立在充分尊重和保障当事人辩论权基础上的纠纷解决的"合作"。

（3）完善主期日制度

一方当事人未出席和解辩论或者和解辩论未能达成和解的，依据《德国民事诉讼法》第 279 条言词辩论期日的规定，应随即进行言词辩论（包括早期首次辩论期日或主期日）。在主期日，"只有那些通过前置的信息交换和法官阐明未能充分澄清的主要争点，才成为证据调查和辩论的对象"[③]。辩论结束后应随即进行调查证据。而后，双方当事人应就证据调查的结果

---

① 随着对和解辩论认识的深入，许多联邦州在第 278 条第 5 款规定的受命或受托法官主持和解辩论的基础上，展开试点试验，探索将和解辩论委托给法院内其他法官的可能途径。笔者以巴伐利亚州七个试点法院进行的和解法官的试验项目对和解辩论中当事人的辩论权保障作一描述：法院通过业务分配计划将和解辩论委托给自愿报名并接受过辩论管理培训的和解法官，其在平时的法官活动之余承担和解任务；法院设立专门的和解室，让当事人、律师、法官和其他的参与人围桌而坐，在轻松的氛围中寻求争议方案的解决。

② See Greger, Gtiterichter-ein Erfolgsmodell, ZRP 2006, 229. 转引自周翠《调解在德国的兴起与发展》，《北大法律评论》2012 年第 13 卷第 1 辑。

③ 〔德〕罗尔夫·施蒂尔纳：《当事人主导与法官权限——辩论主义与效率冲突中的诉讼指标与实质阐明》，周翠译，《清华法学》2011 年第 2 期。

进行辩论以说明诉讼关系。调查证据结束后，法院还应尽可能地就案件事实、争议情况、调查的结果再与当事人讨论，以避免突袭性裁判的出现。可见，德国法上的言词辩论的发展进一步推进了诉讼集中主义。在一次主辩论中，法官并非消极的中立裁判者，而是主动地参与纠纷的解决，就案件事实、证据调查等核心问题与当事人进行讨论，而后经过自由心证，判断事实上的主张是否可以认定为真实，在综合言词辩论的全部内容以及所有的证据调查结果的基础上作出裁判，并在判决中记明法官心证所根据的理由。

正如罗尔夫·施蒂尔纳教授所分析的，德国的主期日模式很好地诠释了诉讼集中主义，并将"法官对诉讼进行实质指挥"与"在一个期日集中进行辩论与证据调查"结合在一起，实现了诉讼的快捷与高效。法官通过与当事人开诚布公的对话以及全面积极主动地行使实质指挥诉讼的义务，避免了突袭裁判，提高了判决的正确性以及程序效率，并最终促使诉讼尽可能在一个审级结束。① 当事人辩论的实效性获得了增强，正如统计结果显示的，民事诉讼通常在一或两次辩论期日后终结。在此之后，诉讼周期也有明显的改善。②

**3. 从释明义务到法院实质性诉讼指挥，辩论权行使更为充分**

随着社会法治国观念的兴起，以及对自由主义诉讼观带来的诉讼迟延的反思，1877 年《德国民事诉讼法》赋予法官的责问权转变成责问义务，从 1898 年修订第 139 条、第 503 条和 1909 年修订第 502 条中产生了关于法官讨论义务与释明义务的第 139 条，被誉为"民事诉讼中的大宪章"③（Magna Charta）。这种讨论义务（Erörterungspflicht）与释明义务（Aufklärungspflicht）使得法官变成了辩论的"积极参与者"。尽管学界对"协动主义"（Kooperationsmaxime）

① 参见〔德〕罗尔夫·施蒂尔纳《当事人主导与法官权限——辩论主义与效率冲突中的诉讼指标与实质阐明》，周翠译，《清华法学》2011 年第 2 期。

② 参见〔德〕迪特尔·莱波尔德《德国民事诉讼法 50 年：一个亲历者的回眸》，吴泽勇译，《司法》2009 年第 4 辑。

③ 鲁道夫·瓦塞尔曼认为社会的民事诉讼的根本性标志是《德国民事诉讼法》第 139 条规定的法官讨论义务和释明义务。它们是法官诉讼指挥以及贯穿于整个诉讼过程的法官诉讼促进义务的一部分。

（也译作协同主义、合作主义）是否取代了辩论主义存在分歧，但社会的民事诉讼观念投射到立法，审判长对言词辩论具有了实质性地指挥权是不争的现实。2002 年《民事诉讼法改革法》第 136 条"审判长必须注意使案件得到充分的讨论并使辩论能持续进行的规定"充分体现了这一点。第 139 条则规定了更为完整的法院讨论义务和释明义务，这一法院职责的扩张从第 139 条标题的变化中便可以看出，民事诉讼法中原标题为"Richterliche Aufklärungspflicht"，即"法院的释明义务"，而 2002 年《民事诉讼法改革法》则将该章的标题改为"Materielle Prozessleitung"，即"实质的诉讼指挥"。辩论中法院拥有了更为广泛和深度的诉讼指挥权能，其根据在于：辩论主义缺少对当事人实质不平等的关注，对话的缺失极易导致当事人产生不必要的诉讼活动，而因此出现的法官错误也难以在宣告裁判前加以消除，诉讼迟延的产生更是常态。基于此，有学者进一步认为："现代欧洲社会语境下的法官实质指挥诉讼……是保障法定听审权的手段，并因此成为诉讼对话的工具。法官对诉讼的实质指挥并不意味着他凌驾于双方当事人之上，相反他是对话伙伴。在对话中，积极活动和指挥被视为他的义务和责任。"[1]

　　法官实质指挥诉讼使当事人辩论权能够更为充实地行使。《德国民事诉讼法》第 139 条第 1 款规定了对事实和法律关系主张时的释明[2]，第 2 款规定了对法律观点的释明[3]，第 3 款规定了对法院依职权调查事项的释明，"法院应提示当事人注意法院依职权调查的事项中的疑点"。对法院释明义务，第 4 款规定了法院的记录义务与证明方法。[4] 可见，2002 年《民事诉讼

---

① 〔德〕罗尔夫·施蒂尔纳：《当事人主导与法官权限——辩论主义与效率冲突中的诉讼指标与实质阐明》，周翠译，《清华法学》2011 年第 2 期。

② 《德国民事诉讼法》第 139 条第 1 款：在必要时，法院应与当事人共同从事实和法律两方面对事实关系和法律关系进行释明并且提问。法院应当使当事人就一切重要的事实作出及时、完整的说明，特别在对所提事实说明不够时要使当事人加以补充，表明证据方法，提出有关申请。

③ 《德国民事诉讼法》第 139 条第 2 款：如果当事人一方对某一法律观点明知而忽略，或认为是无关紧要的，在该观点不是仅关系到附属请求时，法院应就该事实进行提示，并提供机会对该事实发表意见，否则不得以该法律观点为基础作出裁判。法院与双方当事人对观点有不同认识的，适用上述规定。

④ 《德国民事诉讼法》第 139 条第 4 款：本条规定的法院释明应尽早作出，并书面记录。法院是否已作出释明，只能由记录的内容证明。能够证明记录是伪造时，方可否定记录中关于法院释明的内容。

法改革法》第 139 条融合了修正前《德国民事诉讼法》第 273 条第 1 款，第 139 条第 1、2 款，第 278 条第 3 款的规定，从性质而言，原来主要针对案件事实与主张的释明义务发展为促使真实发现和提升诉讼效率的法官实质性诉讼指挥；表现形式扩展为释明义务与讨论义务，包括说明、发问、讨论、提示等形式。"民事诉讼是为保护权利而设立的一项制度，并非偶然因为当事人玩弄技巧或实施泯灭良心的行为就能决定其胜诉败诉的制度。"① 辩论主义赋予当事人在诉讼资料形成方面的主导权，而实质性的诉讼指挥义务则更加注重面向具体个案，从当事人的程序主体地位出发，要求法院以听审请求权保障为底线，解决诉讼资料形成过程中当事人存在的辩论能力不足，以及因辩论无序、辩论信息不对称或者辩论权滥用等产生的辩论不能或辩论不充分问题。

实质性诉讼指挥下的辩论程序是从听审请求权保障出发，程序设置不仅仅面向结果，更面向主体的程序过程，以充分满足当事人在程序过程中的自治权，最大化地实现辩论的活化与充实。当事人的程序主体权被有效地"程序放大"，而对当事人主体性的尊重不可能改变当事人主义的本质，诉讼启动与进行、审判的限度、以何种方式何时终结诉讼仍由当事人自由处分，提出什么事实主张以及如何证明仍由当事人负责，法院与当事人之间责任的适度调整致力于优化程序结构，也有助于实现个案实质正义与诉讼效率的目标。法院的实质性诉讼指挥更多的意义在于"回答"法官在裁判形成中"如何存在"，即不应是以机械中立实现形式上的"不偏不倚"，而是给予当事人以指引和协助，使当事人的判断建立在更广泛、更接近真实的信息基础上，以相对更强的辩论能力参与程序的塑造和裁判的形成。

从保障当事人辩论权的视角重新理解释明，可能更有助于抛开诉讼模式争议中的是是非非，回归到具体案件中当事人主体性与诉讼目的的实现上来。其实即便是在德国，通说中也更多是从充实言词辩论程序、防止侵害听审请求权的角度来论及法院的释明义务，当事人主导从未发生变化，法院只是在裁判基础的形成中起协助作用。笔者以德国教科书中法院与当

---

① 张卫平：《诉讼构架与程式》，清华大学出版社，2000，第 174 页。

事人就事实、证据与法律认定上的关系来说明这一点。法院在材料收集中的协助既表现在获取事实方面，也表现在取得证据材料方面，其手段为法官的释明义务或者提示义务以及询问义务（第 139 条）、命令当事人亲自出庭（第 141 条）以及依职权调取证据（第 142、144、273 条）。第 139 条第 1 款所谓的释明义务，更确切是询问义务和提示义务，其不仅存在于言词辩论中，也存在于此前为言词辩论进行的准备活动中（第 273、275、276 条）以及根据第 278 条第 2 款第 2 句进行的和解辩论之中。释明权的行使旨在通过释明让当事人和法院之间相互理解。① 如果当事人不希望对不利后果忍气吞声，则应对法院的释明发表看法。在这一框架内，法院也应当规定一个书状期间（第 139 条第 5 项）、改进或者重新进行言词辩论（第 156 条第 2 款第 1 项，第 296a 条第 2 句），使当事人能够对提示给予合理的答复。② 德国法院实质性诉讼指挥的立法旨在实现州法院一审程序改革的目标，即尽可能地预防上诉、使审理集中化和加快诉讼进程。为实现这一目标，立法赋予当事人辩论机会，防止突袭性裁判的作出，并使辩论更为集中和有效。学者重新解读了第 139 条第 1 款，认为法官的责问义务（"Fragepflicht" 也译作询问义务或提示义务）应被理解为对不清楚的当事人陈述给予澄清，意味着不论对事实情况和法律情况的询问，还是对案情和争议情况的讨论，目标只有一个：促使当事人为正确而完整的事实陈述，使其提出"有益的"即服务于案件的申请和证据。③

　　当然，实质性诉讼指挥并非一种无限的权力，法官在处理具体案件中必须注意在保障法定听审权加快诉讼和权利保护的目标之间进行权衡。"如

---

① 促使当事人提出有力的申请、说明一切重要事实、对对方当事人的主张作出表示以及列出证据手段（第 139 条第 1 款、第 275 条第 1 款、第 276 条第 1 款），这就是说，法院应在辩论原则和法官中立的界限内给当事人指出一条法律上可行的道路，以便他们实现其明确追求的目标。

② 参见〔德〕罗森贝克、施瓦布、戈特瓦尔德《德国民事诉讼法（上）》，李大雪译，中国法制出版社，2007，第 529～531 页。

③ 只有在法官向当事人解释什么对他是必要的、有益的以及（通常还有）法院的观点时，才能将法官对当事人施加的影响——以便让当事人正确的、即为了其诉讼目的适当地进行辩论——称为"释明"，其涉及的是法院的信息义务尤其是教导义务。〔德〕米夏埃尔·施蒂尔纳编《德国民事诉讼法学文萃》，赵秀举译，中国政法大学出版社，2005，第 68～69 页。

果将民事诉讼法第 139 条解释为法官可以操纵当事人的意志并且为此可以采取法官自己认为是正确的措施，那么就侵犯了当事人的处分权……法官应当帮助当事人作出正确的决定，但不应当代替当事人作出决定。"① 因而当事人有权自由处分的范围就是法官进行实质性诉讼指挥的边界。

**4. 落实法院审酌义务，彰显辩论权约束实效**

除了辩论内容的释明与辩论机会的赋予，法院对当事人辩论意见的审酌义务也不断地被强化。法院对于当事人所提出之事实主张、证据与法律意见，原则上皆应于判决理由中说明意见。甚至当事人的主张是在言词辩论终结前才向法院提出（记载陈述之书状送至收发室），除非依法有驳回之理由并经驳回，否则若法院未及时予以斟酌，仍属违法。在德国司法实务上，更多的宪法抗告不是基于未准予当事人为陈述，而是以法院对当事人辩论内容未尽审酌义务而被提起宪法诉愿，主要表现如单纯地忽略当事人所叙述之事实或证据声明，或因失权规定适用不当，未审酌当事人所提出之攻击防御方法等。Schumann 曾就德国联邦宪法法院案例汇编（BVerfGE）第一册至第六十七册予以分析，在 187 件宪法诉愿案中，有 95 件系涉及《德国基本法》第 103 条第 1 项的救济，就侵害类型看，其中 29.5% 是关于陈述权之侵害，27.8% 是对于当事人攻击防御方法提出未予以斟酌的案件。

**5. 明确协力义务，正确适用失权，促进辩论集中化**

从平等保护当事人权利和集中审理目标而言，"到场"也表现为一种诉讼协力或促进义务。在德国民事诉讼中，到场在某些情况下被从"义务"的角度加以规范，对应到场而未到场或到场未参与辩论明确规定了诉讼上的不利益。② 作为"协力义务"的一部分，如不到场，即可以与在讯问期日内不到场的证人一样被处以罚款。但对已派代理人参与辩论且此代理人具

---

① Rudolf Wassermann：《从辩论主义到合作主义》，载〔德〕米夏埃尔·施蒂尔纳编《德国民事诉讼法学文萃》，赵秀举译，中国政法大学出版社，2005，第 380~381 页。

② 如《德国民事诉讼法》第 141 条规定，为释明案件所必要时，法院应命双方当事人到场。当事人一方因距离遥远或其他重大原因不能强使其遵守期日的，法院可令其到场。已命令当事人到场时，应依职权传唤。即使当事人有诉讼代理人，仍应通知当事人本人。这一规定化解了律师诉讼缺乏直接性的困境，成为强制律师制度的必要纠正。参见 Konrad Hellwig《德国民事诉讼法的体系》第一部分，1912，第 418 页，转引自〔德〕米夏埃尔·施蒂尔纳编《德国民事诉讼法学文萃》，赵秀举译，中国政法大学出版社，2005，第 384 页。

有说明案件中的事实、特别是有权和解时，当事人可以不到场。需要强调的是，到场的目的是实现集中辩论，因此《德国民事诉讼法》第 333 条专门明确规定："当事人于期日虽到场而不进行辩论，视为未到场。"

德国民事诉讼法在强化法院实质性诉讼指挥的同时，也对当事人课以诉讼促进义务，尤其是引入时效和失权制度，以及对审前程序重新构造，使当事人的集中有效辩论成为可能，"修正"了传统观念上的辩论权行使。《简化修订法》强化了迟延提交的论点及论据的失权可能性。随后《德国民事诉讼法》的修正中增加了当事人辩论促进义务及勤勉处理诉讼的一般义务的规定。① 德国学者戈特瓦尔特（Peter Gottwald）指出："案件起诉与抗辩的方式、证据的提交等等，应依据合理、细心的当事人标准，尽早在诉讼中提出。"② 对于未及时通知，如果法院认为逾期足以延误诉讼并且当事人有重大过失时，可以予以驳回。"法定听审请求权并不会因为这样的规定而缩减，但是其前提要件总是，当事人对迟延存在过错……另外一个前提要件是，失权规定被正确适用。因为失权的规定确定了听审权利的界限，所以当事人必须能够信赖：这一界限并没有被划得比其能够预见的程度更窄。因此，违反了失权的规定常常也就同时侵犯了听审请求权。"③

那么，辩论权行使中诉讼促进义务的规定会不会带来权利行使的困境，进而在实质上限制甚至侵害了辩论权？因为时效与失权的规定是一把双刃剑，虽有助于促进集中辩论，但对迟延方当事人而言，很有可能失去辩论的机会。但学者莱波尔德观察发现，《简化修订法》引入的民事诉讼审理程序的改革在德国的司法实践中整体上是成功的，对于"这一多少让人担忧的、关于当事人诉讼促进义务的严格要求，经由宪法法院的努力而在许多方面得到软化，其适用结果也并未导致法定听审权的无法接受的损失……

---

① 《德国民事诉讼法》第 282 条第 2 款规定，对于声明以及攻击防御方法，如果对方当事人不预先了解就无从对其有所陈述时，应当在言词辩论前，以准备书状通知对方当事人，使对方当事人能得到必要的了解。

② 宋冰编《读本：美国与德国的司法制度及司法程序》，中国政法大学出版社，1998，第318 页。

③ 《德国联邦宪法法院裁判的官方汇编》第 36 卷，第 92 页，转引自〔德〕米夏埃尔·施蒂尔纳编《德国民事诉讼法学文萃》，赵秀举译，中国政法大学出版社，2005，第 174 页。

经由宪法法院和联邦法院的共同推进，在当事人的诉讼促进义务之外同样需要注意法院促进义务的观念也得以贯彻"①。

### （三）对侵害当事人辩论权的救济

侵害或剥夺辩论权本质上就是对当事人听审请求权的侵害。德国法上对侵害当事人辩论权的救济针对不同的情形，有着不同层阶的救济机制（Rechtsbehelf），包括本审级内部的救济机制与不同审级直至宪法层阶的救济机制。相对于听审请求权的救济，辩论权被侵害的救济更为具体，具体表现为对诉讼指挥和发问权的异议、对缺席判决的异议、听审责问等本审级内部的程序救济机制，以及上诉审救济和宪法抗告。

**1. 本审级内部的救济机制**

①程序异议。程序异议是针对辩论进行中的诉讼指挥和发问违法而进行救济的方式，《德国民事诉讼法》第140条规定："参与辩论的人，如果认为审判长关于指挥诉讼的命令或者审判长或法院成员所提的发问违法而提出异议时，由法院裁判。"

针对缺席判决的异议（Gegenvorstellung，也译为反对意见或申诉），是针对不得抗告的裁定向法院提出的不拘形式地变更某裁判的申请，通过这一异议形式可以对缺席判决进行撤销。② 根据《德国民事诉讼法》第338～340条的规定，受缺席判决宣示的当事人可以在两周的不变期间内，以异议书状的方式对缺席判决声明异议。如异议为合法时，依第342条的规定，原诉讼被提出异议的部分，回复到发生缺席之前的状态。如法院认定违反了诉讼程序中有关诉讼行为方式的规定，特别是违反了法官向当事人释明案件事实的义务（第139条），或是侵犯了当事人的法定听审请求权，法院应当依第156条的规定"对已终结的辩论再开"，在程序内部治愈瑕疵。

②不损害判决拘束力针对特定理由瑕疵的救济。辩论权的充分行使还

---

① 〔德〕迪特尔·莱波尔德：《德国民事诉讼法50年：一个亲历者的回眸》，吴泽勇译，《司法》2009年第4辑。

② 参见〔德〕汉斯－约阿希姆·穆泽拉克《德国民事诉讼法基础教程》，周翠译，中国政法大学出版社，2005，第292页。

表现在判决中所涉及的事实与主张是否正当和完整，如果存在误写、误算等类似的明显疏忽，或者事实需要更正，抑或当事人提出的主请求或附属请求被遗漏，均造成辩论权的不完全行使。《德国民事诉讼》第 319 ~ 321 条规定，在不影响第 318 条所确定的判决拘束力的限度内，准予当事人以书状方式提出申请，并立即指定言词辩论期日，使辩论权行使能够迅速得到满足，使判决在本审级内得到纠正。①

③听审责问。旨在为侵犯当事人基本权的行为提供迅速有效的救济途径，并减轻联邦宪法法院的负担。最初规定于《民事诉讼法改革法》第 321a 条，后因该条将听审责问的救济对象仅限于没有上诉途径或其他法律救济形式侵犯了听审权的一审判决，既无法适用于裁定，也无法适用于不能提起上诉的二审案件，被认为违背宪法意旨。② 2004 年 12 月 9 日立法机关制定了《关于侵犯法定听审请求权之法律救济的法律》（简称《听审责问法》），将适用对象扩大于所有审级中听审权受侵害的情形。除不得声明不服的中间裁判外，在听审权受侵害后两星期的不变期间内，可向原法院提出听审异议。但于裁判送达或公告 1 年后，不得再为听审责问。德国学者福尔考默将听审责问适用的案件大致分为以下四种类型，鉴于辩论权是听审权中最核心的权利，笔者试将其中涉及侵害辩论权的情形作一列举。③

一是"故障"案件，例如法院没有考虑被遗漏的、对方当事人负有义务提出的陈述，利用了包含新的事实的书状而没有保障对方当事人发表意见的机会；法院将对方当事人没有发表意见的事实和证明结果作为裁判的基础；法院忽视了重要的事实陈述、对裁判重要的证据的提出或者是诉讼申请。对于这些出于法官或书记官疏忽而产生的"故障"案件，民事法院通常不会放大错误，而是很愿意自行纠正疏忽。二是失权案件。诉讼上不

---

① 《德国民事诉讼法》第 319 ~ 321 条。
② 联邦宪法法院在 2003 年 4 月 30 日的全席裁定中，根据法治国家原则和法定听审原则要求法院在侵犯当事人法定听审权的情形下在审级内启动法律救济程序，并要求在 2004 年 12 月 31 日之前将这一裁定转化到法律中。
③ 本部分参考了马克斯·福尔考默教授论述中有关辩论权保障的内容。参见〔德〕马克斯·福尔考默《在民事诉讼中引入听审责问》，载〔德〕米夏埃尔·施蒂尔纳编《德国民事诉讼法学文萃》，赵秀举译，中国政法大学出版社，2005，第 254 ~ 267 页。

合法的失权会不正当地缩短当事人表达意见的期间，因而形成对当事人行使辩论权的障碍。主要的案件类型为：由于错误地适用失权而不正当地将当事人的陈述视为迟延而驳回；基于法院不清楚地、充满矛盾地，或者过短地确定期间导致当事人的陈述失权；不正当地驳回证据申请或延期申请等。对失权的误判源自法官的过错，即判断此种情形中责问是否有理由，意味着法官要承认自身职业道德上存在疏忽。三是提示案件。在实质性诉讼指挥中，法院需要依法履行《德国民事诉讼法》第 139 条的释明义务与讨论义务，以使当事人获得有效行使其权利的必要信息，避免出现《德国民事诉讼法》第 278 条第 3 款规定的突袭性裁判。根据联邦宪法法院从《德国基本法》第 103 条第 1 款中发展起来的规则，尽管并没有明确法院原则上有进行法律对话的义务，但如果法院事先没有给予释明或指示，对事实陈述提出要求或者以一个即使谨慎的、有经验的当事人根据到目前为止的程序进展也不需要考虑的法律观点为基础，那么在结果上与阻止当事人进行陈述是相同的。对于是否进行了释明与讨论，立法要求将指示记录于案卷，这样在法律救济程序中就能够审查是否发出了指示，而且必须让当事人对法院的指示作出适当的反应。四是错误案件。当事人只有借助于裁判理由才能审查法院是否了解其所做的事实陈述，以及对该陈述是否存在误解。如果裁判中没有说明理由，则意味着存在严重的程序瑕疵；有时涉及的是绝对的上告理由（如《德国民事诉讼法》第 551 条第 7 项），有时涉及的是无须许可的上诉理由（如《德国民事诉讼法》第 313～313b 条规定了详细的理由强制制度）。法院保障辩论权的义务与当事人对信息的权利是相对应的。法院没有义务在裁判理由中对每一个当事人的陈述都给予说明，但是它必须在理由中对那些重要的、服务于伸张权利或者防御权利的事实主张给予处理。① 具体表现为裁判理由与判决的相悖，主要的案件情形包括：在判决的裁判理由中表明要对被告作出不利的裁判，但是"驳回了所进行的诉讼"；在裁判的事实要件中正确地复述了全部的诉讼申请（包括

---

① 参见〔德〕马克斯·福尔考默《在民事诉讼中引入听审责问》，载〔德〕米夏埃尔·施蒂尔纳编《德国民事诉讼法学文萃》，赵秀举译，中国政法大学出版社，2005，第 253、261～263 页。

附带的理由），在裁判理由中却没有对任何一个申请给予讨论，在制作判决的时候再次忽视了申请，甚至没有听审就否定了该申请。

前述情形较为全面地概括了从形式到实质上侵害辩论权的各种情形，赋予当事人在程序内提出责问的权利。原审法院应对该责问作合法性和有无理由的审查。[①] 合法性审查的内容包括：责问是否提出，以及提出的责问是否符合法定的形式和期限。法院认为责问有理由时，诉讼继续进行，诉讼被恢复到言词审理结束之前的状态，治愈程序所存在的侵害法定听审请求权的瑕疵。如果责问的对象是判决，则该判决在其撤销之前依然有效，但其形式既判力受到阻却，强制执行程序暂停。

**2. 上诉救济**

侵害辩论权的裁判也可以在上诉审中获得救济。表现为，当事人在控诉审或上告审中获得提出攻击防御方法、陈述意见的机会，或者由法院对提出的事实主张、证据申请、法理观点等重新审酌等，本书针对控诉、上告及不许可上告裁判的抗告三种程序分别作出说明。

①控诉程序

根据《德国民事诉讼法》第531条第2款第2项，由于一审程序瑕疵而未能提出新的攻击防御手段，可以在控诉审提出。[②] 违反第128条第1款"当事人应在作出判决的法院就诉讼案件进行言词辩论"规定等，以及违反第139条第2款相关事实的提示义务也属于重大程序瑕疵。严重违反事实阐明义务（第139条）也构成严重瑕疵，例如错误地解释诉讼请求，没有正确判断诉讼资料，例如在合同解释中没有找准争议的核心或者没有促使当

---

① 如果法院审查后发现责问并未提出，或者提出的责问不符合法定的形式和期限，则法院以该责问不合法为由裁定驳回。如果法院经审查认定，法院没有侵害《德国基本法》第103条第1款规定的法定听审请求权，或者侵害法定听审请求权而并未给判决造成重大影响，则该责问无理由，法院也不予受理该责问。听审责问的裁判以裁定形式作出，并简要说明理由，并且不能声明不服。参见蓝冰《德国民事法定听审请求权研究》，博士学位论文，西南政法大学，2008。

② 没有对当事人进行法定听审构成重大程序瑕疵，侵犯法定听审权的情形包括不合法地拒绝延期申请、短期限内进行证据调查并且缺席一方当事人对此提出了反驳、不合法的公示送达、不存在第296条第1款和第2款的前提条件而驳回迟误的陈述。

事人指明证据手段等。[1] 程序瑕疵首先是没有根据第 139 条第 2 款即法院释明规定作出法律要求的，根据第 139 条第 4 款应当记入案卷的指示。[2] 是否存在瑕疵应当根据一审的角度来判断，因为客观的法律适用错误已经包含在第 531 条第 2 款第 1 项[3]之中，即只有当被声明不服的判决是以程序瑕疵为依据，如违反法官指示义务的情形，才允许提出新的陈述，且控诉人必须在控诉理由书中说明。2002 年《民事诉讼法改革法》增设了"非因当事人过失，在第一审中未提出"的规定，意味着立法机关希望以这种方式排除经常被人们所诟病的、通过在一审中不陈述而"逃往控诉"的可能性，并减轻控诉法院的负担。这种排除虽然严厉，却是一审当事人诉讼促进义务的必然结论，并且与提供有效法律保护的要求相一致[4]，也更为合理地界定了当事人控诉救济的边界。

《德国民事诉讼法》第 538 条第 2 款规定，一审程序有重大瑕疵，导致需要广泛调取证据或调取证据将耗费大量时间和努力的，控诉法院认为有再进行辩论的必要，且一方当事人提出申请后，控诉法院在撤销终局判决和有瑕疵的程序以及相关的中间裁判（因第 318 条）之后应将案件发回一审法院重新审理。

②上告程序

"上告许可的条件是案件具有原则性意义，或者是基于发展法律或者保障司法统一的要求。"[5] 程序错误的重要性即许可理由极为重要，"对于程序错误，应当对其重要性进行具体分析并且进一步说明，由此产生的法律错

---

[1] 参见〔德〕罗森贝克、施瓦布、戈特瓦尔德《德国民事诉讼法（上）》，李大雪译，中国法制出版社，2007，第 520 页。

[2] 参见〔德〕罗森贝克、施瓦布、戈特瓦尔德《德国民事诉讼法（上）》，李大雪译，中国法制出版社，2007，第 512 页。

[3] 《德国民事诉讼法》第 531 条："（1）在第一审中依法被驳回的攻击防御方法，不准提出。（2）新的攻击防御方法，准其提出，如果：①一审法院明显忽视或者认为不重要；②由于程序瑕疵，在第一审中未提出；③非因当事人过失，在第一审中未提出。当事人应依法院要求对于上述免责理由加以说明。"

[4] 参见〔德〕罗森贝克、施瓦布、戈特瓦尔德《德国民事诉讼法（上）》，李大雪译，中国法制出版社，2007，第 512 页。

[5] 〔德〕罗森贝克、施瓦布、戈特瓦尔德：《德国民事诉讼法（上）》，李大雪译，中国法制出版社，2007，第 1017 ~ 1018 页。

误构成第 543 条第 2 款规定的许可理由。在责问违反《基本法》第 103 条第 1 款的行为时必须分析，在保障听审的情况下当事人可能陈述什么内容，并且说明这种陈述可能导致不同的裁判。联邦最高法院只审查抗告理由书中分析的许可理由。只说明本案裁判在许可的情况下可能具有原则性意义是不够的，许可理由在联邦最高法院裁判之时（还）必须存在"①。

《德国民事诉讼法》第 547 条规定了可作为绝对上告理由的行为类型。例如，该条第 1 款规定"没有按照规定组成控诉法庭"，将因法庭组成不合法带来的对辩论权的侵害确定为绝对上告事由，即"法官在没有间断的辩论期间短期离席、睡觉、过度疲倦或者做其他事情，则也是没有按规定组成法庭"②。该条第 4 款规定当事人未经合法代理也具备绝对的上告理由，缺乏合法的代理，辩论权就不可能得到有效保障。未经合法代理在实践中往往做扩张解释，非当事人实施诉讼，在程序停滞期间没有上告人的参与而进行审理和裁判，以及根据类推缺乏当事人能力、不存在当事人和程序参与人没有参与等情形也适用此规定。根据《德国民事诉讼法》第 551 条第 3 款第 1 句第 2b 项的规定，因违反程序法而提起上告，应当具体准确地指出产生瑕疵的事实，以及存在违法行为的诉讼过程。同时，只有在控诉程序中已经对一审中程序瑕疵提出过责问，该瑕疵才能在上告中继续责问。这就意味着当事人必须采用积极方式进行辩论及辩论救济。这一规则适用于相同情形下的上告和宪法抗告程序。

③对不许可上告裁判的抗告

根据《德国民事诉讼法》第 544 条的规定，即对控诉法院不许可上告的裁判可以提起抗告（不许可抗告）。这种抗告必须在形式完整的判决书送达后 1 个月的不变期间内以上诉书的方式向上告法院提起，最迟在判决宣示后 6 个月之内提起。并应在规定期限内说明抗告理由，且理由必须对应许可上告的理由进行陈述。根据该条第 7 款的规定，如果控诉法院的裁判侵犯了

---

① 〔德〕罗森贝克、施瓦布、戈特瓦尔德：《德国民事诉讼法（上）》，李大雪译，中国法制出版社，2007，第 521～522 页。

② 〔德〕罗森贝克、施瓦布、戈特瓦尔德：《德国民事诉讼法（上）》，李大雪译，中国法制出版社，2007，第 529～530 页。

抗告人的法定听审请求权（主要是对辩论权的侵犯），上告法院可不适用该条第6款的规定（即法院作出许可的，抗告程序以上诉程序继续），而是在裁定中撤销被声明不服的判决，将案件发回控诉法院以再开辩论重新裁判。

**3. 宪法抗告**

宪法抗告是对包括辩论权在内的法定听审请求权进行有效救济的最后保障。《德国基本法》第93条（五）之一规定："任何人得声请其基本权利或其依第二十条第四项、第三十三、三十八、一百零一、一百零三及一百零四条所享之权利遭公权力损害所提起违宪之诉愿。"法院侵害当事人的法定听审请求权而作出了不得申明不服的裁判时，当事人必须首先穷尽民事诉讼所有救济途径之后，才可以向宪法法院提出宪法抗告，以撤销该裁判的效力。

# 二　法国民事诉讼当事人辩论权保障

法国法上"droits de la défense"与辩论权的内涵相近，但范畴更广。有学者将其译成"辩论权尊重原则"或"防御权利"①（为保持更为准确的翻译，本部分均称为"辩论权尊重原则"）。法国学者普遍认为辩论权尊重原则符合"正义理想"的要求，是个人权利与自由最起码的保证，具有自然权的属性。尽管1806年《法国民事诉讼法典》中并未规定辩论权，但法国最高司法法院民事庭1828年5月7日的判例中就指出，防御（辩护）是一项"自然权利"（un droit naturel），任何人未经传唤并受催告进行辩护，不得受到处罚判决（condamné）。② 从其本质上看，辩论权尊重原则传达了一种思想：应当确保当事人能够捍卫自己的利益。无论法官权限再怎么扩大，仍然要遵守对审主义及尊重辩论权（防御权）原则（Principe des droits de la défense）。

---

① 〔法〕让·文森、塞尔日·金沙尔：《法国民事诉讼法要义（上）》，罗结珍译，中国法制出版社，2005，第608页。

② Cass. civ., 7 mai 1828, S., 1828, 1, 93. 另参见〔法〕让·文森、塞尔日·金沙尔《法国民事诉讼法要义（上）》，罗结珍译，中国法制出版社，2005，第609页。

## （一）　法国民事诉讼辩论权尊重原则的立法溯源

在法国，"辩论权"（droit de la défense）一词的滥觞可以追溯至法国大革命前，甚至启蒙运动时期。[①] 在一国的司法程序中，辩论权相关立法的诞生需要一定社会基础。[②] 而 18 世纪旧制度（Ancien Régime）下阶级色彩浓重的法国，缺乏辩论权立法的必要社会环境。尽管学说中不乏针对辩论权的探讨，有关辩论权的立法却总是受到抵制。1806 年《法国民事诉讼法典》是基于市民社会原理制定的，充分体现自由主义和个人主义。尽管其中并未明确使用"辩论权"，但诸多权利内容在具体条文中得到了体现，并在司法实践中得以运用。1828 年 5 月 7 日，破毁法院（Cour de cassation）[③] 民事部判决的下级司法审判程序（原审）中，原告（公证人）请求被告支付公证费用，被告提出管辖异议。但法院未审理管辖权问题，直接宣布开始口头辩论，后被告败诉。原审被告根据 1806 年《法国民事诉讼法典》第 172 条，向破毁法院提起破毁之诉。破毁法院认为，本案中原审法院应先审理管辖问题，再命当事人进行口头辩论。原审法院违背了辩论权尊重原则，剥夺了被告针对管辖问题进行口头辩论的机会，因此受理了原审被告的破毁上诉请求（以下简称"1828 年判决"）。此后的判例不仅肯定了"1828 年判决"的重要性，在缺乏明文规定的情况下，该判决被作为界定下级法院的诉讼程序是否有侵害诉讼当事人辩论权的判例依据，其运用持续了一个多世纪之久。

---

① François Tricaud, Le Procès de la Procédure Criminelle à L'âge des Lumières, in *Le procès*, *Archives de Philosophie du Droit*, 1995, p. 162. Voltaire, Relation de la Mort du Chevalier de la Barre, Œuvres Complètes de Voltaire, Garnier, 1879, pp. 501 – 516.

② 例如，英国早在 1215 年《大宪章》中已将辩论权纳入市民的基本权利和自由。国家裁判制度也倾向于采用当事人主义诉讼模式，充分尊重当事人在诉讼程序中的意思自治。Cécile Chainais, Frédérique Ferrand, Serge Guinchard, Lucie Mayer, *Procédure civile：Droit Interne et Européen du Procès Civil*, *34ᵉ éd.* L. G. D. J, 2018, p. 572.

③ 我国有关法国法的研究中，对"Cour de cassation"的翻译尚未统一，为避免混淆，本书统一译为"破毁法院"。由于法国采用两元制审判制度，破毁法院是法国司法裁判体系中具有最高决定权的司法法院，与行政裁判体系中的最高行政法院（Conseil d'État）一并构成了法国的最高审判机关。破毁法院仅审理法律问题，不审理事实问题。

20 世纪 70 年代前后，法国立法机关多次出台政令（décret）① 与法令对 1806 年《法国民事诉讼法典》加以修订，这一时期的法国民事诉讼法着力于民事审判程序的效率化和简易化改革。其中与本书研究对象关系密切的是，1971 年 9 月 9 日政令第 71 - 740 号（以下简称"1971 年政令"）。该政令第一次明文规定了"对审原则"②（Principe du contradictoire），遵循对审原则意味着赋予诉讼当事人充分的辩论自由，一方当事人有权获知对方当事人的诉讼请求与证据资料，并参与法庭辩论。此后，为整理归纳 70 年代的一系列法令、政令与单行法规，也为之后的立法提供空间，1975 年 12 月 5 日法令（Décret-loi）第 75 - 1123 号公布了《法国新民事诉讼法典》。③

除此之外，自 1972 年起法国宪法委员会（Conseil Constitutionnel）④ 曾多次提及在诉讼程序中尊重辩论权的重要性。1989 年宪法委员会首次在其公布的两项重要决定⑤中阐明，根据法兰西共和国《宪法》，辩论权具有正当性，并指出应区分辩论权尊重原则与对审原则。可以说，宪法委员会决定已经赋予了"辩论权"宪法上的价值。此后的 1995 年 6 月 30 日，破毁法院大法庭判决⑥中也进一步明确了这一点。自此，法国的辩论权不再仅仅是

---

① 在我国有关法国法的研究中，对"décret"一词有不同的翻译方式。《法国第五共和国宪法》第 34 条规定，新的裁判制度以及实体法上的法律关系等由法律规定。而同法第 37 条规定，法律事项之外的内容具有命令的特征，必须在听取最高行政法院（Conseil d'État）意见后，以"décret"的形式发布。因此，"décret"是具有行政属性的命令，本书将"décret"译为"政令"，"décret-loi"译为"法令"。此外，后文中会提到的"arrêté"是由法国的行政机关就某一特殊事项发布的具有执行力的行政决定，相当于我国的行政规章，本书译为"行政决定"。

② "principe du contradictoire"也称"principe de la contradiction"。在我国一般译为"对审原则"，也译为"两造审理原则""对席原则"。本书统一译为"对审原则"。

③ 1975 年 12 月 5 日法令第 1123 号统一整理了此前的一系列立法成果，并宣告了《法国新民事诉讼法典》的生效，于 1976 年 1 月 1 日开始施行。在此后 30 多年，1806 年《法国民事诉讼法典》与《法国新民事诉讼法典》并行。2007 年 12 月 20 日，法令第 2007 - 1787 号正式废除了 1806 年《法国民事诉讼法典》。

④ 宪法委员会（Conseil Constitutionnel）是法国最高宪法事项审判机构，其主要职能在于审查某一立法或修正是否符合法国《宪法》与 1789 年《人权宣言》。

⑤ 这两项决定分别是：（1）关于金融市场安全性和透明度的 1989 年 7 月 28 日决定第 89 - 260 号（Décision n° 89 - 260 DC du 28 juillet 1989, considérant 44, Rec. 71.）；（2）有关今后如何运用 1990 年金融法的 1989 年 12 月 29 日决定第 89 - 268 号（Décision n° 89 - 268 DC du 29 décembre 1989, considérants 56 à 60, Rec. 110.）。

⑥ Cass. Ass. Plén., 30 juin 1995, n° 94 - 20.302.

自然法中的概念，而是一个具有宪法价值的概念。即使没有明文规定，法院也必须在诉讼中尊重当事人的辩论权。有关辩论权的一系列法律规则则对包括行政法院在内的所有司法机关都具有直接约束力。

### （二）法国民事诉讼辩论权尊重原则的主要理论学说

"辩论权"一词在不同语境下具有不同含义。有关"被告权益保护"与"辩论权"的讨论最初见于刑事诉讼法的判例与学说中。19世纪50年代前后，在民事诉讼法领域基于"辩论权"概念也形成了一套较为完整的理论体系，即辩论权尊重原则（principe du respect des droits de la défense）。被誉为法国近代民事诉讼法奠基人之一的亨利·莫图尔斯基在1961年的论文[①]中强调，辩论权不仅可以运用于刑事诉讼中，在民事诉讼中也具有不可替代的价值和作用。事实上，法国的辩论权尊重原则不仅适用于诉讼程序，也适用于非诉程序、审前准备程序，而且《法国新民事诉讼法典》中创设的诸多条文均是以该原则为基础发展而来。

莫图尔斯基关于辩论权的学说在法国被奉为圭臬，奠定了法国民事诉讼法中"辩论权尊重原则"的理论基础。辩论权尊重原则首先意味着必须遵循两造审理原则，即"对审原则"[②]。换言之，通过树立相互对立的审判模式，确保当事人能够在法庭辩论中充分陈述并进行攻击防御。其次关于如何保障和尊重当事人的辩论权，可以分三个角度进行说明。其一，对诉讼当事人而言，一方当事人有义务向对方当事人传达有关诉讼程序开始的通知，使当事人能够出庭并尽可能确保程序公正。其二，对法官而言，有义务制裁各方当事人侵害辩论权的行为，严格遵守中立原则，并能够解释

---

① Henri Motulsky, "Le Droit Naturel dans la Pratique Jurisprudentielle: le Respect des Droits de la Défense en Procédure Civile", *Études et Notes de Procédure Civile*, 2009 éd, DALLOZ 2009, p. 175.

② "辩论权尊重原则"与"对审原则"在实际运用中不可避免地相互关联、共同作用。有关二者的地位和优先关系，大多数学者认为辩论权属于上位概念，其中最具代表性的学者是莫图尔斯基，他认为，作为民事诉讼指导原则，辩论权尊重原则不仅包含对审原则，还体现在许多其他民事诉讼基本条文中。对审原则仅仅是辩论权尊重原则的一个侧面，但构成了辩论权尊重原则最核心的部分。也有少数学者认为对审原则是"辩论权尊重原则"的上位概念，因为尊重当事人的辩论权是保障审判能够对审地进行的重要条件。

和阐明其判决的正当性。其三,对立法者而言,尊重辩论权意味着必须构建一个合理的救济制度为当事人提供程序上的保障。

综上所述,法国的辩论权尊重原则是一个融合了多方面内容的上位概念。具体而言,包含两个方面。一方面,《法国新民事诉讼法典》第 14 ~ 17条规定的"对审原则"(principe de la contradiction)构成了辩护权尊重原则的核心。另一方面,《法国新民事诉讼法典》第 18 ~ 20 条规定的关于诉讼当事人的"辩论自由原则"(principe de la libre défense)也体现了辩论权尊重原则对当事人的保护。以莫图尔斯基的理论为框架构建起来的法国辩论权尊重原则,从当事人、法官、立法者多个角度出发,形成了一个多维立体的辩论权体系。

从功能与效用角度,可以将辩论权尊重原则的主要内容概括为以下三个层次。其一,辩论权尊重原则的积极作用在于,法官在审理过程中不得遗漏当事人请求。围绕这一要求,为辅助当事人辩论,帮助法官获知当事人的诉讼请求与事实真相,《法国新民事诉讼法典》第 14 ~ 15 条规定了当事人的陈述权、被依法传唤权及文书传达义务。以"对审原则"为核心衍生出的其他辅助规定(例如缺席判决)充实了辩论权尊重原则的内涵。其二,辩论权尊重原则的消极作用在于,法官不得以当事人未主张的事实或未提交的证据作为判断依据。这一内容界定了辩论权尊重原则的外延。为此《法国新民事诉讼法典》第 16 条辩论权尊重原则对法官规定了一系列义务,也彰显当事人辩论权对法官职权的制约。其三,辩论权尊重原则作为具有宪法价值的基本原则,还约束立法机关的立法活动。

## (三) 法国民事诉讼辩论权尊重原则的制度体现

### 1. 保障当事人的受通知权

《法国新民事诉讼法典》第 14 条规定"任何当事人未经听取其陈述(entendre)① 或传唤(appeler),不受判决约束"。该条被认为是对审原则的

---

① "entendre"一词在法语中的原意为"听",我国的法国法研究中多将其直译为"被听取其陈述的权利",参见罗结珍译《法国新民事诉讼法典(上)》,法律出版社,2007。在日本也有研究将"entendre"意译为"被审问权"。为与先行研究保持统一,本书采前者翻译方式。

直接体现，是诉讼当事人一切权利义务的来源，也为辩论权尊重原则这一自然法上的原则提供了实定法根据。其适用范围不限于一审诉讼程序，也包括再审及刑事附带民事诉讼程序。

为确保当事人能够到庭陈述意见并接受询问，法院书记科或法院秘书处应通知当事人出庭为自己辩论。传票中应明确记载法院名称、请求的目的及理由，并告知不出庭的后果。原则上传票应直接送达至当事人本人，无法送达本人的，可以留置在本人住所或将副本交付给住所内的其他家庭成员（《法国新民事诉讼法典》第655条）。但离婚诉讼中，留置在当事人住所中或交付给家庭成员的，也属于违反辩论权尊重原则。[①] 如果法院传票未能送达至被告本人，被告因此未出庭的，法官得依据原告请求或依职权再次要求被告出庭（《法国新民事诉讼法典》第471条）。法国民事诉讼法贯彻自由主义、当事人主义，因此民事诉讼程序原则上由当事人主导，但紧急情况下，经当事人请求法院院长也可依职权指定期日传唤被告（《法国新民事诉讼法典》第788条）。

**2. 当事人的诉讼文书传送义务与法院的诉讼促进义务**

《法国新民事诉讼法典》第15条规定，各方当事人必须及时相互传送（亦有学者译为"传达"）各自的诉讼请求、所依据的事实上的理由、即将提出的证据材料及援引的法律上的理由，以便双方当事人能够组织辩论。因此，当事人之间相互负有传送诉讼文书，告知诉讼理由的义务（以下简称"文书传送义务"）。法国民事诉讼理论认为，规定这一义务能防止诉讼突袭，也体现了辩论权尊重原则的要求。诉讼文书未能事先传送给对方当事人的，不得提交法院。主要保护以下两部分内容。其一，要求当事人之间相互送达[②]起诉状或答辩状。1806年《法国民事诉讼法典》奉行当事人主义，现行法也继承了这一理念。如原告的起诉状是由原告委托法院执达

---

① 参见 Cass. civ. , 19. 12. 1973, JCP. 1974, IV, 45, Rev, trim, dr. civ. , 1974, 454。

② 关于起诉状的送达，法国的送达制度与大部分国家的送达相比存在特殊之处。主要分为两种，一种是当事人为了通知对方当事人而发送起诉状或答辩状的程序，属于一般送达程序，称为"notification"；另一种是法院执达吏（huissier）负责的送达程序，称为"signification"（《法国新民事诉讼法典》第615条）。

吏进行送达，无须先提交至法院再由法院依职权送达。① 因此，向被告送达起诉状的义务归于原告。其二，文书传送义务还意味着双方当事人应相互传送与案件有关的文书，包括记载了诉讼理由和诉讼证据的文书。具体而言，有关事实主张与诉讼资料，应以书面形式传送给对方当事人。而法律上的诉讼理由，当事人必须明确记载于起诉状或答辩状中，以便双方能够准备法庭辩论。另外需要传送的证据资料，又分为辩论中当事人主动提交的诉讼文书或书证②与法官依职权令当事人提交的证据。贯彻对审原则须确保当事人双方对以上两种证据资料都知情。

现代法国民事诉讼法中，特别是 20 世纪 70 年代的诉讼法改革后，维持当事人主义基本框架的同时，法官的职权也在不断扩大，对遵循"对审原则"的法官而言，在保障当事人辩论权的同时，还需促进诉讼的进行。"文书传送义务"是保障程序公正不可或缺的前提，如果一方当事人违反传送义务未将起诉状或答辩状送达至对方当事人致使诉讼请求无法明确的，经对方当事人请求法院可以裁定不予受理（fin de non-recevoir）（《法国新民事诉讼法典》第 122 条）。一方当事人未能自行传送诉讼文书的，法官可以基于对方当事人的请求，责令当事人传送文书（《法国新民事诉讼法典》第 133 条）。③ 在法典新增的审前准备程序中，准备程序专职法官也有义务督促当事人履行文书传送义务（《法国新民事诉讼法典》第 763 条第 2 款）。此外，诉讼程序宣告结束后法官应确保当事人能够收到判决书或裁定书。

### 3. 法院应正确适用缺席审判

在法国民事诉讼中，一方当事人及其诉讼代理人未能出庭的，有可能违反对审原则。如法律规定必须进行口头辩论的案件，仅提交书面材料不构成当事人出庭。可见，当事人不出庭并不必然导致请求不予受理，法院视情形

---

① 除送达至被告的起诉状外，原告还必须向法院提交一份请求书，请求书的内容与起诉状保持一致，也必须载明诉讼的主要事实、请求、金额、时效等内容。

② 这里书证的传达（communication de pièces）不同于文书的提交（production de pièces）。后者意味着向法院提交相关证据材料，而前者只是保障对审原则的实现，无须获得对方当事人的信服或法院的认可。

③ 这里所说的当事人的请求不受任何限制，只要一方当事人联系法院，法院即可依职权责令对方当事人传达诉讼文书。可以将该条理解为与我国及德日民事诉讼理论中的"文书提出命令"相似的规定。

可选择缺席判决。下文依原告缺席和被告缺席两种情形分别作出说明。

《法国新民事诉讼法典》第468条规定了原告缺席的一般情形。原告无故缺席的，被告可以主张特殊情形下法院判决符合对审原则，也可以请求法官仅针对事实作出判断（第468条1款）。法官也可依职权重新确定口头辩论的期日（同条一款但书）。而关于传票的效力，第469条规定，一方当事人缺席的，经对方当事人请求法院可以宣告传票失效。但原告缺席被告亦未积极主张的，法院可直接依职权宣告传票失效（第468条第2款前段）。① 可见，《法国新民事诉讼法典》充分贯彻当事人主义的同时，也积极调整和扩充法官职权。由于程序是由原告向被告送达起诉状时启动②，立法者对原告缺席与被告缺席有不同的考量，根据上述第468条第2款，原告无故缺席的，法官可直接依职权宣告传票无效，被告无故缺席的，原告仍有机会将程序继续推进下去。根据莫图尔斯基的理论，当事人一方缺席的，立法者采取怎样的应对措施直接关系到当事人诉讼权益能否获得保障，也体现出对审原则对立法者的要求。③

被告缺席如何保障当事人辩论权，是对审原则要解决的主要问题。理论上，缺席判决的实质在于"没有被告的情况下，法官通过职权弥补程序使其满足对审原则"④。因此，法国民事诉讼法提出了两个程序要求：其一，应尽量避免因一方当事人缺席导致的司法程序瘫痪；其二，通过设计救济方案确保对审原则的实现。根据第一个要求，被告缺席导致程序在形式上无法满足对审原则，法律必须设置例外规定保护原告的辩论权（第472条第1款）。⑤ 根据第二个要求，被告缺席不构成被告对原告请求的承认或自

① 《法国新民事诉讼法典》第468条2款规定，原告未能在15日有效期限内及时提出合理解释的，法官可另传唤当事人出席其他庭审。

② 在法国民事诉讼程序中，一般以原告起诉状送达至被告为基准，宣告诉讼程序的开始（《法国新民事诉讼法典》第54条、第750条）。

③ 参见 Cécile Chainais, Frédérique Ferrand, Serge Guinchard, Lucie Mayer, *Procédure civile*: *Droit interne et européen du procès civil*, 34ᵉ éd. L. G. D. J 2018, n°849, ets, p. 600。

④ C. Chainais, F. Ferrand, S. Guinchard, L. Mayer, *op. cit.*, (*note32*), p. 602.

⑤ 《法国新民事诉讼法典》第472条第1款规定："被告不出庭的，法官可以仅根据本案事实作出判决。"关于这一点，以下论文中也有详细讨论。S. Jobett, La connaissance des actes du procès civil par les parties, thèse dactyl., paris 2, déc. 2016, LGDJ, à paraître, p. 561.

认。法院不能未经检验就认可原告的主张，尤其在被告非因主观原因缺席的情形下更是如此。因此，法官必须从以下三个方面来审查：当事人的诉讼请求是否符合规范（régulière）；是否是可受理的（recevable）；是否穷尽攻击防御理由（bien fondée）（第 472 条第 2 款）。

另外，法律还规定了被告不出庭时的缺席判决，以及可以视为对审判决的几种特殊情形。例如，虽被告未出庭但判决不是终审判决或传票已送达至被告本人的，则判决可以视为符合对审原则（第 473 条）。具有同一诉讼目标的多数当事人诉讼中，其中至少一人未出庭的，只要判决不是终审判决或未出庭的被告本人已经收到传票的，则该判决可以视为对审判决（第 474 条）。另外，值得关注的是，第 479 条规定，以居住在国外的当事人为被告作出的缺席判决或可视为对审的判决，法官应确保有充足的证据证明已向被告送达诉讼文书和判决，这一条更直接地体现了辩论权保护的理念。

**4. 法院裁判应建立在审酌当事人辩论的事实、证据与法律观点之上**

法官在任何情况下都必须服从并自我遵守对审性原则[1]，意味着法官不仅要保障当事人能够行使辩论权，也应将裁判建立在当事人所提出的事实、证据及法律观点之上。

关于事实，法官原则上无权以当事人未主张的事实为基础进行判断（《法国新民事诉讼法典》第 7 条第 1 款），但第 8 条规定，法官认为对于解决纠纷必不可少的事实，可以责令当事人对此进行说明。符合第 8 条所规定之情形的，法官仍需遵守上述第 16 条第 2 款。换言之，关于当事人未援引的事实，法官依职权令当事人提交的诉讼资料仍必须经过证据交换及法庭辩论，才能成为法官的判决基础（第 7 条第 2 款）。关于证据，在法院主导的证据调查程序中法官必须恪守对审原则，尊重辩论权的行使。如程序开始时，双方当事人或诉讼代理人未能到场的，因此获得的证据不应成为法官的判断依据。有关这一问题的争议，常出现在需要鉴定人等司法专家出庭作证的案件中。

关于判决理由，无论是事实认定还是纯粹的法律适用，或者事实与法

---

[1] 《法国新民事诉讼法典》第 16 条第 1 款："在任何情形下，法官应当督促对审原则得到遵守；并且，法官自己也应当遵守对审原则。"周建华译，厦门大学出版社，2022，第 3 页。

律牵扯不清的情形下，法官都必须确保判决是在切实地传唤和通知了各方当事人，并听取了当事人的对审辩论后方得出的结论。

**5. 法官应依职权防止当事人滥用辩论权**

法官不能毫无根据地在判决中援引当事人的一切主张。当事人提交的诉讼文书或理由，只有能够在法庭进行对审辩论，并切实经过口头辩论和法庭询问后才能成为判决的依据（《法国新民事诉讼法典》第 16 条第 2款）。诉讼文书未能在有效期间内传送的不符合对审原则，法官有权排除（第 135 条）。原则上，口头辩论终结后当事人不得提交新的解释说明或证据材料（第 445 条）。审前准备程序也是如此，审前准备程序终结命令作出后提交的起诉状或证据，法官得宣告不予受理。但是，有关延迟证据的效力问题，法官并非仅根据法条进行判断，根据对审原则，法官在审查当事人是否依法传送起诉状/答辩状或证据资料时，不仅要审查客观有效性，还要考量时间上的有效性，以确保每个当事人收到诉讼文书后能够有机会进行辩论。法官还必须在传唤与开庭之间预留足够的时间，以便被传唤的当事人能够充分地准备辩论（第 486 条）。

## （四）对侵害辩论权的救济

在法国民事诉讼理论中，对辩论权受侵害的被告提供救济措施也属于辩论权尊重原则的作用范围，此处辩论权尊重原则作为一种事后救济发挥作用。首先，《法国新民事诉讼法典》第 17 条规定："紧急情况下可以采取特别措施。但当事人因此遭受损害的，可以向法院主张程序救济。"例如，某一诉讼程序未传唤当事人即作出判决的，不仅形式上违反对审原则，当事人也有可能蒙受损失，但只要该举措是紧急情况下法官认为有必要而为之的，法律承认其正当性。具体而言，当事人可以主张的程序救济包括缺席异议、无效上诉及第三人撤销之诉。

**1. 缺席异议**

当事人缺席且缺席判决已生效的，一般有两种救济途径。其一，当事人可以提出撤回缺席判决之异议，除非有特殊规定（第 476 条）。当事人的缺席异议被认可的，法院撤回原判（第 571 条）。其二，如果因判决不是终审判决而依法被视为对审的缺席判决，6个月内判决书未能送达至当事人的，该判决视为自始未作出（第478条第1款）。但是，前诉程序的传票原件又重新送达至当事人的，判决效力可以恢复（第478条第2款）。简言之，对于第一种情形（缺席判决），当事人主动提出异议的，法院可以将原判发回重审。而第二种情形中，由于被视为对审的缺席判决并不违反辩论权尊重原则（参见第473、474条），当事人无法提出缺席异议，只能通过上诉/再审寻求救济。此时，对于缺席当事人来说，原审判决书主文决定当事人能在什么范围内提起上诉/再审，因而对当事人辩论权保护起到至关重要的作用。如判决书未能送达至当事人，则限制了当事人寻求上诉再审的权利，违反辩论原则。

**2. 上诉**

一般而言，当事人认为已生效的判决有违反辩论权尊重原则的，可以向上级法院提起上诉[1]，主张前诉判决无效（appel-nullité）（以下简称"无效上诉"）。[2]《法国新民事诉讼法典》并未明文规定"无效上诉"，学说和实践中通常根据破毁法院的判例法理[3]进行界定。一般而言，只有当法官违反法律规定或对审原则、超越破毁法院大法官划定的权限、超越当事人争议事项的界限作出判决的，才可以认定法官行为构成"越权"（excès de pouvoir），破毁法院才会受理无效上诉。无效上诉属于《法国新民事诉讼法典》第604条规定的破毁之诉的一种。破毁法院认可当事人基于辩论权提起的无效上诉，可以撤回原判。

**3. 第三人撤销之诉**

前述《法国新民事诉讼法典》第14条设想的是，一方当事人能够准确定位对方当事人，法院传唤的是与本诉讼争议有关的当事人。但因法院疏忽传唤了错误被告的，判决生效后真正的被告可以就程序问题提起第三人

---

[1] 参见《法国新民事诉讼法典》第462条、463条：对于判决内容有误或者有遗漏的，当事人可以请求法院进行更正，但是对于已生效的判决，只能通过上诉寻求救济。

[2] 法国民事诉讼法不允许任何一方当事人以损害对方当事人的利益为目的，以违反对审原则为由恶意提起的为无效上诉（适用"权利滥用"法理）。

[3] 例如1985年破毁法院社会庭判决中，当事人因法官超越权限而提起破毁上诉，破毁法院裁定可以受理。Soc. 3 oct. 1985, Bull. civ. V, n° 440.

撤销之诉（une tierce opposition）。①

法国的第三人撤销之诉，与上诉、再审都属于特殊的程序救济。但是，与上诉、再审不同，前诉的当事人或当事人的诉讼代理人不能提起第三人撤销之诉。② 其中与本书研究对象直接相关的是《法国新民事诉讼法典》第583条第3款：以非诉事项③为对象提起第三人撤销之诉的，只能是未收到法院判决书或裁决书的有利益关系的第三人；或法院虽通知了第三人但该决定已是终局判决。该规定后段充分体现了法国民事诉讼法维护当事人辩论权的努力。因为，若法院判决是终局判决，即使法院履行了通知义务，第三人也无法通过上诉或再审获得救济。立法者规定第三人撤销之诉作为对第三人辩论权的程序救济具有现实意义。但缺席判决中无故缺席的原告或被告不能成为第三人，因为无故缺席意味着对辩论权的放弃。

## 三　日本民事诉讼当事人辩论权保障

就辩论权研究的深度与广度来看，日本学者的研究更具有典型意义和对中国法的借鉴价值。从理论上看，日本学者在对非讼程序和民事诉讼程序的比较检讨时较早提出了辩论权概念，而后出现了作为判决效力正当化根据的辩论权学说，以及以宪法为根据的辩论权学说等，笔者试对上述理论发展作一简要梳理，而后对立法与实践中的辩论权保障作一展开。

### （一）日本民事诉讼辩论权的理论源流

#### 1. 诉讼当事人和非讼当事人权利比较而提出的辩论权学说

山木户克己教授就诉讼当事人应有的权利并与非讼当事人应有的权利

---

① "tierce opposition" 在我国的法国法研究中译为 "第三人撤销之诉"，参见巢志雄《法国第三人撤销之诉研究——兼与我国新〈民事诉讼法〉第56条第3款比较》，《现代法学》2013年第3期。但严格来说，在构成要件和审级等问题上，法国的tierce opposition与我国第三人撤销之诉存在一定差异。

② 简言之，原则上只要不是前诉当事人或当事人的诉讼代理人的，所有与前诉判决结果有利害关系的第三人都可以提起第三人撤销之诉（第583条第1款）。另外，前诉一方当事人的债权人或其他权利义务的继承人有正当理由的也可以其权利被侵害为由提起第三人撤销之诉（第583条第2款）。

③ 例如认领养子、协议离婚、变更夫妻共同财产等事项属于 "非诉事项"。

进行比较时，较早提出了辩论权，并将其定义为在裁判前接受裁判者就案件能够辩解的权利即提出裁判资料的机会应得到保障，当事人主要事实陈述及口头辩论中出现的间接事实、当事人提出的证据等拘束裁判所。

辩论权的内涵分为狭义与广义，狭义的称为争辩权，即前文所述的诉讼中口头辩论终结前当事人攻击防御方法的提出及其对法院的约束效果。为了保障争辩权，还需要保障当事人的到场权和记录阅览权，即广义的辩论权。从到场权的保障看，不论传唤是否符合规定，当事人没有出席而被判决败诉，如不存在可归责于当事人的事由时，则当事人的辩论权被剥夺可以通过上诉、再审撤销该判决。①

在这一基础上，山木户克己教授认为诉讼程序中辩论权具有积极与消极的效果。辩论权的积极效果是指当事人得提出属于诉讼资料的事实和证据，换言之，是指当事人陈述的主要事实、申请的证据，裁判所在裁判时应予斟酌。辩论权的消极效果是指，应仅以当事人提出的诉讼资料作为裁判的基础加以采用，即裁判所不得依职权收集诉讼资料。为保障裁判程序中当事人的主体地位，而置重点于排除来自裁判所的职权介入，辩论权的消极效果便成为辩论主义的根据，这显示了意欲完全排除依裁判所职权收集诉讼资料可能性的姿态。②

### 2. 辩论权保障是判决效力正当化根据的辩论权学说

该说将辩论权定义为，被平等赋予就诉讼请求口头辩论，就案件事实问题和法律问题陈述自己的利益主张、见解等且被听取的机会，不得依未赋予该机会的资料作出裁判的权利，这一意义上的辩论权也被称为程序保障。辩论权保障具有两方面功能，即作为获得客观真实的手段和作为裁判的正当性保障的功能。新堂幸司教授是这一学说的代表，他指出，败诉的当事人虽然不利益地承受了既判力，但保障了其居于当事人地位、程序上对等地就诉讼标的即权利关系的存否进行辩论并进行诉讼追行的权能和

---

① 参见山木户克己《訴訟における当事者権》，载《民事訴訟理論の基礎的研究》，有斐閣，1961，第 59~63 頁。

② 参见山木户克己《弁論主義の法構造》，载《民事訴訟法論集》，有斐閣，1990，第 3~24 頁。

机会，因而可获得让当事人不利益地承受既判力的正当化根据。民事诉讼法准备了实质保障当事人双方辩论机会的结构，以此为程序保障，居于当事人地位者当然被赋予辩论权，同时，当事人期待着充分利用这一地位和机会，而就怎样现实地利用赋予的地位和机会，民事诉讼法委以当事人意志。以此为基础，裁判所作出的结果，当事人应当自负其责，所以当事人权利越广泛，当事人主体性越强固，判决的拘束力越能获得稳固的基础。新堂幸司教授还进一步指出，辩论权等当事人权利，通过宪法上的接受裁判的权利、平等原则、对审及审判公开的权利等受到宪法保障。

**3. 以宪法为保障根据的辩论权学说**

该学说最具代表性的学者是山本克己教授，其在检讨辩论主义的过程中提出了以宪法为辩论权保障依据的学说。山本克己教授指出辩论主义的命题中有两个与辩论权有关，即"当事人有提出事实及申请证据的权能"及"当事人无表达意见的机会的诉讼资料不得作为裁判基础"。前者为辩论权的积极效果，后者为辩论权的消极效果，表现为"不意打击禁止"。其表现形式和山木户克己教授的观点相同，但是，两者辩论权的消极效果并不相同。山木户克己教授强调"仅以当事人提出的诉讼资料作为裁判的基础加以采用"，而山本克己教授则认为，"以当事人提出的诉讼资料以外之物为裁判基础时，就此诉讼资料以外之物应给予当事人表达意见的机会"。山本克己教授将辩论权视作"宪法上被保障的权利"，认为"宪法第三十二条不仅保障接近裁判所的权利，而且也保障裁判程序的适正，构成其程序适正保障的核心是辩论权"。辩论权应"置于辩论主义和职权探知主义两概念之外"。对两者的关系，山本克己教授认为，辩论主义的命题中不包括"当事人有提出事实及申请证据的权能"，同时，辩论主义虽然以辩论权为前提，但是和辩论权基于不同思想的审理原则，其标志性的表达是"辩论权是当事人主体性原理的表现，辩论主义则是当事人主导性原则的表现"①。还有一种学说是中野贞一郎教授提倡的以保障诉讼当事人审寻请求权为宪

---

① 关于山本克己教授的前述观点参见山本克己《弁論主義論のだぬの予備的考察》，载《民事訴訟雜志》39 号，1993，第 170～177 頁。

法要求的学说，其观点被认为"是为谋求由山木户克己教授导入的辩论权的宪法化"。与一直以来的辩论权相比，其使得各种程序中辩论权被侵害时以宪法为理由声明不服成为可能。① 以宪法为根据予以保障的辩论权学说的重要意义在于，使辩论权真正成为当事人权利的核心，并使当事人获得了更为有效的救济。

另外，值得一提的是程序保障"第三波"② 也提出了"论争乃至对话的程序保障"中的辩论权学说，对辩论权有了一些突破性的观点。程序保障"第三波"最大的特征是将"当事人间的相互作用为中心的程序过程"置于核心地位。③ 其产生的主要原因在于对内在于程序保障"第二波"理论中的程序保障手段化、形骸化的担心和反省④，以及对程序自身具有确保裁判正统性功能的认识以及作为纷争处理程序之一，和其他纷争处理程序关系的思考。"第三波"理论将辩论权的本质理解为是当事人依据"适宜于特定纷争的当事人间的行为责任分配规则"尽自己被课加的行为责任的一种义务，因此极其强调当事人的主体性和自我责任，从两当事人的关系上把握诉讼程序，并将它视为协同作业。

日本学界对于辩论权的理论研讨不仅体现了辩论权发展的历史脉络，也展现出人们对辩论权权利本质的认识变迁。辩论权本质上是国家对当事人诉讼主体地位的保障。当事人有权以陈述的方式主张事实、提出证据，且对法院裁判产生拘束力。对辩论权的保障是当事人程序保障的核心内容，并为判决既判力提供正当化依据。尤其是山本克己教授提出的以宪法为保障依据的辩论权学说，将辩论权保障视作当事人主体性原理使然，有力地

---

① 参见山木户克己《訴訟における当事者権》，载《民事訴訟理論の基礎的研究》，有斐閣，1961，第85頁。

② 程序保障第一波是指由山木户克己教授从诉讼程序和非讼程序的比较检讨中提出的当事人权利理论；第二波以新堂幸司教授为代表，提出的将程序保障作为保障判决正当性的理论。参见井上治典《手続保障の第三波》，载新堂幸司編著《特別講義民事訴訟法》，有斐閣，1988，第81~82頁。

③ 参见井上治典《手続保障の第三波》，载新堂幸司編著《特別講義民事訴訟法》，有斐閣，1988，第85頁。

④ 一般认为程序保障"第三波"对"第二波"的反省和担心是指以"为纷争一次性解决"的诉讼哲学为基础，来考虑作为判决正当化根据的程序保障时，程序保障有可能成为广泛失权的正当化依据。

区分了辩论权与辩论主义，对侵犯辩论权予以宪法救济，使辩论权作为当事人核心权利的地位得以彰显。"第三波"理论则启示我们，还应考虑程序应为当事人提供对等的论争场域，强化当事人的主体性和自我责任，关注辩论中当事人各方针对对方辩论权实现而应承担的辩论协力义务。从法院对当事人辩论机会的保障、辩论意见的审酌以及辩论实效性的保障三重维度出发，才能全面把握现代意义上的辩论权。

## （二）日本民事诉讼立法中的当事人辩论权保障

1947 年《日本宪法》第 32 条明确规定了接受裁判权："任何人在法院接受审判的权利不得剥夺。"依据宪法，裁判程序承认双方当事人为程序主体，并承认相应的主体权利，这些权利被统称为"程序权"，"程序权"成为今天日本民事诉讼法学核心、基础和关键的概念之一，核心是"听审（审问）请求权"①。第 82 条强调裁判应基于公开辩论的规定，"法院的审理及判决应当在公开的法庭进行"。接受裁判权和公开辩论的规定是辩论权保障的根本依据。平成时期开始了《日本民事诉讼法》最大规模的修改，1996 年完成，1998 年 1 月 1 日正式实施，2003 年、2004 年又再度修改，并提出了完善审理工作，为受裁判权利提供实质保障，扩充了最高人民法院违宪审查功能等修订目标。主要包括加强通知权保障以保障辩论机会、为提高诉讼效率充实辩论，推进计划审理；行使释明权防止裁判突袭；要求法官开示法律见解等。辩论权的保障在多次修改后更为完备。

### 1. 保障当事人的到场权和辩论能力

当事人的到场权保障是行使辩论权的前提，证据调查中辩论权的保障体现为出席证据调查并对证据发表意见的权利。为了保障当事人的到场权，法院应当向当事人告知证据调查的期日及场所，并向其发出通知。② 但是，到场权的保障只是机会的保障，而且应平衡保障对方当事人及其他诉讼参

---

① 参见张卫平教授所写序言，《日本民事诉讼法典》，曹云吉译，厦门大学出版社，2017，第5 页。
② 《日本民事诉讼法》第 94 条、第 240 条，《日本民事诉讼规则》第 104 条。

与人的利益。即如果受到适法传唤的一方或双方当事人没有出庭，法院仍可以在可能的范围内实施证据调查。① 当这种当事人不出庭的证据调查完成时，基于自己责任原理，原则上不能再提出实施证据调查的申请，除非在随后的期日中，该当事人又与证人一道出庭，且未对诉讼造成迟延并获得证人的同意。当委托调查的结果作为证据使用时，法院也应当在口头辩论中将其提出，并赋予当事人陈述意见的机会。②

为保障辩论权的实现，立法中还规定了对当事人辩论能力的保障，《日本民事诉讼法》第154条第1款规定了翻译权，对陈述辩论能力不足，明确规定了相应的后果与救济方式。第155条规定，法院对于不能使诉讼关系明了所必要之陈述的当事人、代理人或辅佐人，可以禁止其陈述，并为继续进行口头辩论而重新指定期日。在根据本条前款规定禁止陈述的情况下，法院认为必要时，可以命令增补律师。通过充实辩论能力使当事人的辩论权得以实现。

**2. 完善辩论准备制度**

为使当事人知悉相对方的主张和攻击防御方法，得以迅速实施且毫无遗漏地穷尽辩论，以便做好准备进入口头辩论，充分发表自己的辩论意见。《日本民事诉讼法》修改中设置了"准备书面"（亦有学者译为"准备书状"）和"争点及证据整理程序"制度。

"准备书面"③ 中规范了辩论准备的内容、准备书面的交换与效力。④ 在诉状及上诉状中，除其必要记载事项⑤以外的攻击防御方法，也具有准备书面的性质。准备书面的记载形式是法定的，如果形式不完备但在实质上具有准备的目的，也可以视为准备书面。为了谋求期日中整理争点及证据的效率化，并在改善原有诉讼运作基础上提升辩论的实效，《日本民事诉讼法》对准备书面的记载事项及方法等做了详细规定。即一般要求当事人对

---

① 《日本民事诉讼法》第183条。
② 参见最高裁判所第一小法庭昭和45年3月26日判决。
③ 所谓准备书面，是指在口头辩论前预先告知对方辩论内容的书面中，记载攻击防御方法以及针对对方攻击防御方法应答内容之部分。
④ 《日本民事诉讼规则》第79、83条。
⑤ 《日本民事诉讼法》第133条第2项。

主要事实与间接事实予以区分主张，并要求当事人就需要举证的事由逐一记载证据。在答辩书中，除了记载针对请求趣旨的答辩，还需要具体地记载针对诉状记载事实的否认及抗辩事实，而且，被告应当就每个需要举证的事由，逐个记载与之相关联的重要事实及证据。当被告因不得已的原因无法记载时，应当在提出答辩书后及时提出前述事项的准备书面。①

口头辩论中的准备应通过当事人交换准备书面来进行。当事人要在期日前的合理的时间内将准备书面"直送"给对方当事人，并向法院提出。收到准备书面直送的对方当事人，除了向对方直送记载已经受领之内容的书面外，也应当同时向法院提出。审判长也可以预先指定期间以敦促当事人提出书面。② 准备书面的法律效力与口头辩论密切相关，分为两个方面。一方面，就提出而言，准备书面的记载并不等于辩论的内容，只有当事人在口头辩论中作出陈述后，才构成判决的基础。当事人缺席最初的口头辩论期日，裁判所可将记载于其所提出的诉状或答辩状以及其他准备书状中的事项视为其陈述，使出庭的相对方予以辩论。③ 在被告提出有关本案的准备书面后，原告的撤诉需要经过被告的同意。④ 另一方面，不提出准备书面会产生如下法律后果。其一，相对方未出庭进行口头辩论时，出庭一方当事人不能主张未在准备书状中记载的事实⑤，原因在于缺席将产生拟制自认的效果，进而终结审理，相对方当事人完全被剥夺了知悉对方主张、证据和进行辩驳的机会，无法保障其辩论权。其二，当相对方当事人出席口头辩论时，即便是准备书面未记载的事实，当事人也可以提出主张。但因为未让对方当事人预先知悉，也就无法期待其立即作出回应，因此需要再开续行期日，在这种情况下，即便对方当事人最终获得胜诉，法院也可以命令其承担因再开续行期日所产生的诉讼费用。⑥

"争点及证据整理程序"又细分为准备性口头辩论、辩论准备程序和书

---

① 参见〔日〕新堂幸司《新民事诉讼法》，林剑锋译，法律出版社，2008，第347～348页。
② 《日本民事诉讼法》第162条。
③ 《日本民事诉讼法》第158条、第170条第5项、第277条。
④ 《日本民事诉讼法》第261条第2项。
⑤ 《日本民事诉讼法》第161条第3项。
⑥ 《日本民事诉讼法》第63条。

状准备程序共 3 款 15 条①内容。准备性口头辩论是在口头辩论期日之中为整理争点和证据，在裁判所认为必要时进行的准备程序。而辩论准备程序则在口头辩论期日之外，受诉裁判所或者受命法官主持的双方当事人均到场以圆桌会议方式、在平和的氛围下进行对话的争点整理程序。准备性口头辩论是在公开的法庭上以口头辩论的方式进行，要求双方当事人及其代理人参加并对准备书状进行陈述和对物证进行证据调查，根据案件的复杂程度可以由法官与双方当事人多次进行。辩论准备程序表现为裁判官召集当事人双方在非正式、非公开的场合就双方争点和各自出示的书证等进行调查。但为了加强当事人的程序保障，如果双方当事人都要求取消辩论准备程序时，裁判所必须立即停止使用这一程序，恢复到一般的口头辩论阶段。② 书面准备程序是修正的民事诉讼法中新设的程序，在当事人居住较远或者其他法院认为适当的情形下，法院在听取双方当事人意见的基础上，可以作出适用书面准备程序的决定。在程序终结时，与准备的口头辩论一样，法院可以让当事人提出概要记载争点及证据整理结果的书面，而且，在该程序终结后的口头辩论中，法院应当向当事人确认在其后证据调查中应证明的事实，并让法院书记官将获得确认的事实记载于口头辩论笔录中。

**3. 实效化辩论权的行使**

（1）推行计划审理

1996 年《日本民事诉讼法》新设第 182 条，规定"对证人及当事人本人的寻问，应尽量在争点及证据的整理结束之后集中地予以实施"，将整理争点及证据的阶段与证人及当事人本人的寻问阶段进行了功能区分，前一阶段旨在提出攻击防御方法，后一阶段旨在对证人及当事人本人进行集中

---

① 《日本民事诉讼法》的体例模式不同于中国法的"章、节、条、款、项、目"，而是采用"章、节、款、目、条、项、号"，本书为保持日本法的原貌，借鉴曹云吉博士的做法，采日本法体例。

② 在辩论准备程序中，受诉法院可以对证据申请作出裁判，包括文书提出命令、提出检证物命令的申请，而且可以对文书等实施证据调查。在一方当事人居住较远情况下，法院认为妥当时，在听取当事人意见的基础上，可以在期日通过电话会议的方法（即同步声音传输方式）实施程序，但该情形只限于一方当事人在期日出席的情形。未出席方参与了电话会议程序，则视同出席。

寻问，从而改变口头辩论一体性①传统下的随时提出主义。争点整理与集中证据调查制度的改革，被认为是 1996 年《日本民事诉讼法》修改的核心，并产生了一定的实效。②但在实践中仍然存在诉讼效率不高、当事人权利保障实效性不足的问题，"日本司法改革审议会于 2001 年 6 月 12 日发表了司法制度改革的最终报告《司法制度改革审议会意见书——支撑 21 世纪日本的司法制度》。在这一意见书中，提出了要建立国民更易接近的，能够满足多样化需求的，能让国民信赖的、具有参与诉讼进行辩论，增加诉讼的可预测性，进而确定审理的大致期限，妥当、迅速和实效性的司法救济制度的愿望"③。《日本民事诉讼法》的修正体现了这一改革理念，2003 年《日本民事诉讼法》在第二编第二章新设"计划审理"第 147 条之 2、第 147 条之 3，第三章设"口头辩论及准备"第 157 条之 2，对计划的制定、计划事项、计划的实施等作了全面的规定，使当事人能够实效性地提高诉讼效率。随后引入了起诉预告通知制度、创设诉前证据收集方法以及专门委员会，进一步充实与促进了案件审理。④无论是争点整理与集中证据调查制度提高裁判效率，还是计划审理带来的程序透明性与可预见性的提升，从当事人程序权保障的角度看，都使当事人更为有效地参与辩论，既消除了法院职权运作给当事人带来的不利益，也增强了当事人对法院的信赖。

（2）通过释明保障当事人充分辩论

当法院恰当地行使释明权时，可以修正机械化适用辩论主义产生的不合理性，防止裁判突袭的发生，进而有助于法院作出适正的裁判。日本有学者从当事人权利保障的角度主张应将释明制度与辩论主义相对分离，"释

---

① 口头辩论一体性指将分期日进行的口头辩论视为同时进行，后面的期日以先行期日为前提，不管到哪个阶段，辩论作为判决资料而言，原则上都具有同样的效果。参见〔日〕新堂幸司《新民事诉讼法》，林剑锋译，法律出版社，2008，第 322～323 页。

② 根据日本最高裁判所统计资料显示，改革后民事案件一审平均审理期限较改革前减少了 2 个月左右时间。参见唐力《有序与效率：日本民事诉讼"计划审理制度"介评》，《法学评论》2005 年第 5 期。

③ 并提出了两项措施：第一，作为原则规定，法院负有就所有案件为制定审理计划而与当事人进行协议的义务，进一步推进计划审理的实施；第二，为使当事人得以早期收集证据，包括诉讼提起前的阶段，必须扩充当事人收集证据的手段。参见孙谦、郑成良主编《司法改革报告——有关国家司法改革的理念与经验》，法律出版社，2002，第 92～95 页。

④ 参见〔日〕新堂幸司《新民事诉讼法》，林剑锋译，法律出版社，2008，第 324～329 页。

明制度的目的不是修正和补充辩论主义，而是为了更好地实现口头辩论原则或对审构造，如果从辩论权的角度来看待释明权可能更具有建设性"①。日本司法实践也出现了从充实辩论权角度来理解释明制度的判例立场。进入昭和40年代后（1965年），最高裁判所判例显示，在当事人未适当地提出申请或主张时，法院应当积极地向其提示和指出，否则将以不行使释明权为由撤销原判决，释明义务从消极的释明模式（即对于当事人提出的不明确的申请或主张等进行发问）向积极的释明模式转变。②

法院与当事人之间进行富有效率且充分的信息交换成为促进、充实审理并谋求争点整理以及证据调查程序合理化的关键，在这种信息交换中，释明义务从法律层面认可了法院向当事人进行的信息传递，是争点整理及证据调查程序顺畅进行不可或缺的要素。在这一层面上，"释明义务应被理解为法院谋求审理充实化、促进化及公平审理实质化的手段"③，是法院的职责。从事案解明的意义看，释明制度以追求真实，还原真实为存在目的。适当行使释明可以促进当事人提出更合理的诉讼主张、补充案件审理所必需的证据，从而促使当事人展开更具针对性的辩论。就释明的方式而言，必须赋予双方当事人对等参与辩论的机会。④

（3）规定法官法律观点开示义务

法律观点开示义务，也称为法的观点指出义务，其出发点在于通过法

---

① 〔日〕竹下守夫：《案例解说》，载新堂幸司、青山善充主编《民事诉讼判例百选》，有斐阁，1996，第169页；〔日〕高桥宏志：《重点民事诉讼法讲义》，有斐阁，2000，第379、340页，转引自张卫平《民事诉讼"释明"概念的展开》，《中外法学》2006年第2期。

② 参见〔日〕新堂幸司《新民事诉讼法》，林剑锋译，法律出版社，2008，第316页。回顾日本民事诉讼中释明的历史，经历了从职权主义的积极释明模式到古典辩论主义的消极释明模式再到程序保障型的积极释明模式的发展阶段。而以程序保障为依据，通过法官与双方当事人之间活跃的信息交流以获得法律上的讨论为目标的积极释明已成为指导司法的基本理念。为了实现促进诉讼和集中审理的改革目标，审前程序中的释明也受到重视。

③ 〔日〕新堂幸司：《新民事诉讼法》，林剑锋译，法律出版社，2008，第314页。

④ 为避免法官与当事人的单方接触，应主要通过书面方式进行，就重要的释明，法院应通知对方当事人。新《日本民事诉讼法》规定，法官释明的内容涉及事实的追加或变更及促使当事人追加证据等攻击防御方法的重要变更时，应将释明的内容通知对方当事人。除上述释明外，凡是双方当事人未到场的释明，法院均应将释明内容记载于笔录，以便当事人查阅。而传统中通过电话形式与一方当事人对话的释明方式基本得到控制。参见熊跃敏《民事诉讼中法院的释明：法理、规则与判例》，《比较法研究》2004年第6期。

院开示法律观点促使当事人就法律适用表达自己的意见。尽管《日本民事诉讼法》并没有直接规定法律观点开示义务，但实务中的主流观点认为，修正当事人与法院法律见解的差异是理所当然的。事实上，《日本民事诉讼法》修改之前，实务审判中法院也时常依释明权的规定进行法律观点的开示。① 实务中的做法是当法官从证据资料中推测当事人可能忽略了某一法律问题或者法院所判明的法律观点与当事人不一致时，在当事人对席的情况下，法官将自己所考虑的法的评价向当事人开示，与有关事实的释明同样，就法的评价促使当事人补充新的主张、进行辩论。1996 年《日本民事诉讼法》实施后，从赋予当事人充分提出诉讼资料的机会、免受来自法院裁判突袭的程序保障观点出发，这种法律观点开示义务得到了进一步强调。②

（4）尊重并审酌当事人的辩论意见

对辩论意见的尊重首先体现在对直接审理主义的贯彻中，《日本民事诉讼法》明确规定判决应当由参与口头辩论的法官作出，只有参与听审的法官才能将裁判建立在当事人辩论的基础上。同时立法对法官更替的各种情形进行了明确规定，当辩论终结前发生法官更换时，必须让当事人对原来的口头辩论结果进行陈述（即辩论的更新）。③ 在辩论终结后、判决内容确定前，法官发生更换的，除已预先让该法官参与了言词辩论外，应当重开辩论。④

对当事人辩论意见的尊重还体现在立法对判决书的要求上。一审以事实审为中心，因而在判决书中展开的说理论证也应把对事实问题的说明作

---

① 如日本最高裁判所 1960 年曾经作出了一个判例，该判例便是按释明权的规则来判断法院应否承担法律观点开示的问题。最高裁判所认为：释明制度是对辩论主义适用中所存在的不合理情形的修正，以使诉讼关系予以明了，尽可能地揭示案件真相，真正解决当事人之间的纠纷为目的。作为一种权能，事实审法院根据不同情形以发问的形式向当事人提示具体的法律构成使其准确把握其含义的做法是妥当的。参见新堂幸司、青山善充主编《民事诉讼判例百选》，有斐阁，1996，第 202 页。

② 德田和幸：《辩论主義與民事訴訟法》，《法學教室》1999 年第 4 期，转引自熊跃敏《民事诉讼中法院的释明：法理、规则与判例》，《比较法研究》2004 年第 6 期。

③ 《日本民事诉讼法》第 249 条第 1、2 项。

④ 《日本民事诉讼法》第 153 条。

为中心。①"事实"与"理由"的表述②一方面与具体案件中当事人围绕主张和证据进行的实际对抗过程紧密相关，另一方面又由一套事先存在的法律概念框架体系③所规定。④判决的作出建立在双方当事人辩论的基础上，而将具体的证据分别与一个个争点直接联系起来加以说明则是判决说理的要求。法学界一直认可这种判决书的结构的完整和说理的透彻，并将其奉为司法研修的基本内容。但进入20世纪80年代后，因与民事诉讼程序结构本身进行改革的进程紧密相关，再加上判决书因面面俱到和以专业性很强的法律框架作为基本结构带来的冗长和难以为普通民众理解的问题，司法实务界展开了对判决书样式的改革，将"事实"和"理由"两部分合并，细分为"原告的请求""案件事实的概要""对争点的判断"等具体内容。⑤围绕"争点"来展开诉讼进程，判决书中对"对争点的判断"便用来说明法院的判断认定及其理由。新样式的判决书保持了对辩论意见的尊重，在事实认定中仍以具体的证据与事实主张相结合的方式进行判决说理，但更加强调对于关键争点，就证据与法官认定判断之间的逻辑关系的说明尽可能地清楚详细，这一变化与《日本民事诉讼法》对程序展开过程的修改密切关联。判决书不仅对辩论权的保障"中心突出"，也更为"简约"。

---

① 参见王亚新《对抗与判定——日本民事诉讼的基本结构》，清华大学出版社，2002，第300页。

② 《日本民事诉讼法》第253条明确规定了法官必须记载于判决书中的主要内容包括"主文、事实和理由"。其中"事实"包括原告请求及被告答辩在内的双方当事人主张及陈述的案件情况。"理由"则是对主文表达的结论所做的说明，其特点为按照实体法律规范的要件事实结构和双方当事人围绕这种结构展开对抗的层次关系逐个确定有争议的事实，这种确定是与当事人列举的具体证据结合起来进行的，必要时还要求对证据与认定事实的逻辑关系作出进一步说明。

③ 从日本民事司法实务看，在辩论主义之下，判决书的记载内容及方式一直受结构性框架的制约或规定，所以具体的判决书尽管可以因案件特点和作为起草者的法官个性而呈现种种不同，但仍能够形成某种一般或基本的判决书样式，根据负责民事司法实务培训的司法研修所编写的《民事判决起草指南》即可以看出，1958年出版第1版，到1996年《日本民事诉讼法》修订，已经进行了8次修订。尽管随着司法改革推进，民事诉讼修正中设立了以争点为中心展开计划审理的结构，判决书中事实和理由部分结合，但尊重当事人辩论权，回应主张与辩论传统，判决书的基本结构并没有发生明显的改变。

④ 参见王亚新《对抗与判定——日本民事诉讼的基本结构》，清华大学出版社，2002，第285～286、301～302页。

⑤ 参见王亚新《对抗与判定——日本民事诉讼的基本结构》，清华大学出版社，2002，第301～302页。

需要特别说明的是，在日本民事诉讼中规定了笔录制度，以其证明法院在辩论阶段是否保障了当事人的辩论权。日本民事诉讼中明确规定了除笔录已灭失，"关于口头辩论所定的程序之遵守，专以笔录证明之"。辩论笔录具有法定证明效力，是证明辩论程序、方式、内容及其合法性的重要证据。对笔录的制作在《日本民事诉讼法》和《日本民事诉讼规则》中均有明确要求，《日本民事诉讼法》第 160 条专门规定了辩论笔录的制作、当事人的异议以及笔录的证明力①，辩论准备程序中也应当对当事人的攻击防御方法之陈述、对对方请求及防御方法的陈述作出记载，尤其需要对证据申请作出明确记载。在通过电话会议进行的情况下，亦应当在笔录中对此作出记载，并应当记载通话场所的电话号码，也可以对场所作出记载。② 上述诉讼进行过程中形成的笔录，是对当事人辩论权行使情况和法院保障情形的固定，具有证明作用和法律效力。

同时，我们也注意到立法在保障当事人程序权利的同时，也明确了自我责任原理并为当事人规定了诉讼协力义务。《日本民事诉讼法》第 2 条规定："法院必须努力促进诉讼公正、迅速地进行，当事人必须根据诚实信用来实施诉讼行为。"诚信原则的引入成为规范法院与当事人行为以及制定具体规范的基础。法院对诉讼程序的运作须负公正、迅速进行的促进义务，而当事人必须负担诚实信用地实施诉讼行为的义务。因此，《日本民事诉讼法》通过明确计划审理中承担"协议义务"、规定攻击防御方法提出的具体顺序和时间，禁止"突然袭击"、规定真实义务、事证解明义务、对迟延提出争点和证据的"辩论懈怠"予以失权等程序制约，保证诉讼公正与效率目标的实现。对当事人协力义务的履行，法院具有监督性质的诉讼指挥权。如根据《日本民事诉讼法》第 156 条规定，"攻击和防御方法，应当按照诉讼进行状况的适当时期提出"。"适时"是指在审判长规定期间内提出③，或

① 《日本民事诉讼法》第 160 条：法院书记官在口头辩论中，应当对每个期日分别制作笔录。当事人或其他关系人对所记载的陈述笔录有异议时，应当在笔录上附记其异议。关于口头辩论所定的程式之遵守，专以笔录证明之。但是，笔录已灭失时，不在此限。
② 参见《日本民事诉讼规则》第 88 条。
③ 《日本民事诉讼法》第 162 条：审判长可以指定应提出答辩状或记载主张有关特定事项的准备书状或者应申请有关特定事项证据的期限。

者是在争点或证据整理程序内提出；对迟延提出，根据不同情形规定了相应的程序治理机制。如第 157 条规定了驳回攻击和防御方法①、第 158 条规定了以诉状拟制陈述②、第 159 条规定了拟制自认③等内容，以应对原告和被告的辩论懈怠。

## （三） 对侵害当事人辩论权的救济

日本民事诉讼立法对辩论权的救济体现为民事诉讼程序中具体权利的救济。从表现形式上看，包括控诉、上告和再审救济，从内容上看主要以剥夺辩论机会和未审酌辩论意见为辩论权救济的核心。

### 1. 控诉审中的辩论权救济

根据《日本民事诉讼法》规定，对于地方法院作为第一审法院作出的终局判决或简易法院的终局判决，可以提起控诉或者附带控诉。原告或被告因第一审判决而遭受不利益时产生控诉权，也就是说当控诉人在第一审本案申请全部或部分地被排斥时，控诉人方具有不服利益。当存在原判决判断不当（第 305 条）、因原判决成立过程违法而导致其成立本身存在疑问（第 306 条）、原审程序存在重大瑕疵进而不能作为控诉审判之前提的控诉（第 308 条第 2 项）情形时，控诉法院可以撤销原判决，同时作出自判或者

---

① 《日本民事诉讼法》第 157 条：对于当事人因故意或重大过失而提出的延误时机的攻击或防御方法，法院认为其目的是由此致使诉讼终结延迟时，根据申请或依职权，可以裁定驳回。对于意图不明确的攻击或防御方法，当事人不作必要的阐明，或者应进行阐明的期日不出庭时，也同样适用本条前款规定。

② 《日本民事诉讼法》第 158 条：原告或被告在最初应进行的口头辩论的期日不出庭，或者虽出庭但不为本案的辩论时，法院可以将其所提出的诉状或答辩状或其他的准备书状所记载的事项，视为其作出的陈述，命令出庭的对方当事人进行辩论。

③ 《日本民事诉讼法》第 159 条：当事人在口头辩论之中，对于对方当事人所主张的事实不明确地进行争执时，视为对该事实已经自认。但是，根据辩论的全趣旨，应认为争执了该事实时，则不在此限。对于对方当事人所主张的事实，已作出不知的陈述的，则推定为争执了该事实。本条第一款的规定，准用于当事人在口头辩论的期日不出庭的情况。但是，对该当事人以公告送达进行传唤的，不在此限。〔辩论的全趣旨指的是作为证据资料的证据调查结果之外的，在审理过程中出现的一切现实情况。通常包括当事人陈述的内容，提出攻击防御方法的形式与态度等。参见兼子一等《条解民事诉讼法》（第 2 版），东京弘文堂，2011，第 1327～1329 页；参见《日本民事诉讼法典》，曹云吉译，厦门大学出版社，2017，第 55 页。〕

发回重审的处理。① 侵害辩论权的控诉理由包含在上述情形中，以程序法令的违反为例，日本法上包括程序上的错误和判断上的错误。其中程序上的错误，指原审程序违反诉讼法规定的情形。如"原审法院采用当事人未主张的事实、证据调查程序违法或送达违法等"②。法院在确定事实的方法或资料收集上违法，也构成违反程序。

**2. 上告审中的辩论权救济**

上告，是针对控诉审终局判决提起的法律审上诉。在绝对的上告理由中，《日本民事诉讼法》第 321 条以列举的方式规定了重大的违反程序的情形。"绝对的上告理由"意味着只要存在这些事由，不论其是否影响判决，上告审均应废除原判决。其中第 2 款第 4 项对法定代理权、诉讼代理权或者代理人进行诉讼行为欠缺必要的授权，第 5 项违反公开口头辩论的规定以及第 6 项判决未附理由或者所附的理由相互矛盾，都可以归为对辩论权的侵害。凡具备上述情形之一，当事人可以当然提出上告。理由不备既包括完全无理由的情形，也包括"因影响判决的重要事项之判断发生遗漏或审理不尽，而导致该事项无理由的情形"③。其中"审理不尽，较为有利的学说认为，是指法官解释或适用法律错误、理由不备或理由龃龉、法院不行使释明权构成显著不当等情形。另外，一般认为民事诉讼法第 312 条第 2 项中未被列举的再审事由（第 338 条），在实质上也应当被理解为绝对的上告事由"④。需要注意的是，对违反任意性规定的行为，在当事人放弃责问权的情况下，不构成上告理由。

**3. 再审程序中的辩论权救济**

再审是当事人以诉讼程序存在重大瑕疵或作为判断基础的诉讼资料存在异常缺陷为由，针对确定的终局判决提起的，要求撤销该判决并重新审判的非常救济方法。《日本民事诉讼法》第 338 条规定了再审事由，其中

---

① 参见〔日〕新堂幸司《新民事诉讼法》，林剑锋译，法律出版社，2008，第 631～633 页。
② 〔日〕新堂幸司：《新民事诉讼法》，林剑锋译，法律出版社，2008，第 640 页。
③ 《最高裁判所民事判例集》第 76 卷第 2 号，第 392 页。
④ 最高裁判所第二小法庭昭和 38 年 4 月 12 日判决，载《最高裁判所民事判例集》第 14 卷第 7 号，第 1304 页，转引自〔日〕新堂幸司《新民事诉讼法》，林剑锋译，法律出版社，2008，第 642 页。

"欠缺法定代理权、诉讼代理权，代理人欠缺作出诉讼行为的必要授权"以及"对影响判决的重要事项未予判断"两项事由是对辩论权的保障。后者亦称为"判断遗漏"，是指当事人提出了攻击防御方法，且该攻击防御方法对判决结论产生影响，但法院未在判决结论中作出相应明示的情形。①

## 四　英美法系主要国家民事诉讼
## 当事人辩论权保障

英美法系国家以对抗制为基本结构，当事人主导是其程序建构的传统和基石，相较大陆法系国家，两者在辩论权保障上有共性，但在发展方向和制度设置上也有着明显的区别。本书以英、美两国为代表，探讨辩论权保障在英美法系国家的主要表现与发展趋势。

### （一）英国民事诉讼当事人辩论权保障

在英国民事诉讼②中，当事人"陈述和被倾听的权利"被认为是一项自然权利，是正当程序理论发展的基石。在当事人进行主义传统下的英国民事诉讼中，对抗制的诉讼结构使当事人的程序主体权得到凸显，当事人辩论权的实现一直是程序塑造的核心。

而对当事人主义的过度倚重，带来了诉讼费用高昂、程序迟缓及当事人不平等一系列弊端。1999 年沃尔夫勋爵主导的"以对案件进行有效管理为目标"的民事司法改革体现了对当事人辩论权行使的"规范"与"型塑"。所谓"型塑"，意味着对当事人双方的"辩论"要求有更强的目标性和计划性，如在案件审理之初即识别确定争点、鼓励当事人在诉讼过程中进行合作、确立审理争点的顺序。所谓"规范"，则意味着立法中增加了对当事人诉讼协力义务的规定及对滥用辩论权的制裁。如在事实主张层面，应承担披露责任（duty of disclosure），即当事人双方都有权知悉即将在法庭

---

① 参见大审院昭和 7 年 5 月 20 日判决，载《大审院民事判例集》18 卷，第 1083 页，转引自〔日〕新堂幸司《新民事诉讼法》，林剑锋译，法律出版社，2008，第 667 页。

② 本书所涉及的英国民事诉讼主要指英格兰和威尔士的民事诉讼制度。

上出示的案件材料。披露程序既包括标准的披露，也包括特定的披露。前者在一切案件中属于强制性要求，也是案件管理会议上法院作出指示的重要内容，包含集中审理的目标，即法院应指示当事人，使其按照被识别的争执点作出披露。① 对法院来说，有权力为保障案件审理迅速、效率地进行而作出指令。② 《英国民事诉讼规则》明文规定了违反协力义务的法律后果，如未履行开示义务的当事人，不得提出未开示书证为证据；法院所有指令均载明不履行义务应给予自动及相关的制裁。制裁应遵循比例原则，即与违反义务的程度相均衡，避免因为随意制裁可能带来的高成本派生程序。对辩论权的"规范"与"型塑"着眼于整个诉讼制度和全体诉讼当事人，正如《英国民事诉讼规则》第1条的规定，案件管理的实施以确保案件公正、以合理的成本得到解决为目标，学者克拉克指出："规则第3.1条规定，法院应致力于确保赋予每一个案件的资源不超出合比例的司法资源和当事人资源份额；确保由法院和当事人识别集中纠纷的实质争点；确保诉讼案件被迅速地解决。"③ 法院对案件的管理不仅体现在案件进程上，还同样体现在通过管理专家证据和决定书证披露的性质和范围上，以及由法院来决定当事人庭审时提交的证据的性质和范围上。④ 当事人的辩论权被充分保障的同时，通过增加协力义务的制度安排，配合对方遵循法院指示以促

---

① 参见《英国民事诉讼规则》，徐昕译，中国法制出版社，2001，第1页。

② 《英国民事诉讼规则》（1998）第1.4条第2款第1项规定法院管理案件的职责。（1）法院须积极管理案件，推进本规则基本目标的实现。（2）积极的案件管理包括：（a）鼓励当事人在诉讼程序的进行中相互合作；（b）在案件初期阶段识别系争点；（c）及时确定需进行充分调查和开庭审理的系争点，并相应以简易方式审理其他系争点；（d）确定审理系争点的顺序；（e）如法院认为适当，可鼓励当事人采取可选择争议解决程序（ADR），并促进有关程序的适用；（f）协助当事人对案件进行全部或部分和解；（g）确定案件管理日程表等事项，控制案件进程；（h）考虑采取特定程序步骤的可得利益，是否与实施成本相适应；（i）尽可能在同一场合审理更多的案件系争点；（j）无须当事人出庭，径行审理案件；（k）运用科技手段；以及（1）为保障案件开庭审理迅速、效率地进行而作出指令。参见《英国民事诉讼规则》，徐昕译，中国法制出版社，2001，第4页。

③ A. Clarke, *The Supercase-Problems and Solutions*: *Reflections on BCCI and Equitable Life* (29<sup>th</sup> *March 2007*) *Annual*, KPMG Forensic Lecture cited in English National Report, John Sorabji, Managing Claims, IAPL 2017.

④ 参见英国司法部网站，http://www.justice.gov.uk/courts/procedure-rules/civil/rules/part35，http://www.justice.gov.uk/courts/procedure-rules/civil/rules/part31，最后访问日期：2021年10月10日。

进诉讼，能确保当事人有效地规划诉讼，进而从一开始就能高效地、合比例地提起诉讼。①

## （二）美国民事诉讼当事人辩论权保障

美国民事诉讼中的辩论权保障源于正当程序理论的发展，包含程序性正当程序和实质性正当程序。程序性正当程序是指"其任何权益受到判决结果影响的当事人，都享有被告知和陈述自己的意见并获得听审的权利"②。程序性正当程序孕育了人们对当事人听审请求权（包含辩论权）的认识，即当事人就其案件有在审判者面前呈示证据、提出自己的意见和主张并反驳对方意见的机会，即有听审的机会。③ 1789 年通过的《美国宪法修正案》第 5 条适用于联邦范围，规定任何人"未经正当法律程序不得剥夺任何人的生命、自由和财产"。1868 年通过的《美国宪法修正案》第 14 条则将适用范围扩张于州，"各州不得未经正当的法律程序，即行剥夺任何人的生命、自由和财产"。当事人的程序基本权保障已经成为一项宪法性权利。美国学者富勒曾指出："审判区别于其他秩序形成原理的特质在于，承认裁判直接影响的人将能够获得一种特殊的方式参加审判，即承认他们具有为了得到有利裁判而提出证据，并进行理性说服和辩论的权利。"④

从美国独立到 19 世纪中叶，各州曾长期适用英国殖民时代普通法法院和衡平法法院的诉讼程序制度。随着美国工业化社会的不断发展，原有的法院程序制度缺陷越来越明显，纽约州等几个州开始了诉讼程序的法典化运动。这得益于大卫·达德利·菲尔德（David Dudley Field）长期的成文法运动推动，纽约州在 1848 年率先制定了《民事诉讼法典》，也被称为"菲尔德法典"⑤，对美国其他各州的民事程序立法产生了重大影响。在 1938 年

---

① 参见英国司法部网站，http://www.justice.gov.uk/courts/procedure-rules/civil/rules/part03，最后访问日期：2021 年 10 月 10 日。.
② H. C. Black, *Black's Law Dictionary*, West Publishing Co., 1979, p. 1083.
③ 参见〔美〕诺曼·维拉《宪法公民权》（影印本），法律出版社，1999，第 40 页。
④ Lon Fuller, "The Forms and Limits of Adjudication", *Harvard Law Review*, 1978（92）.
⑤ 菲尔德法典对普通法和衡平法案件适用相同的诉讼程序、摒弃令状和单一争点诉辩程序、一定程度地扩展合并当事人和诉讼请求的能力，以及规定发现程序（discovery）等对美国其他各州的民事程序立法产生了重大影响。该法典自被美国大约半数左右的州所采纳。

以前，联邦法院在诉讼程序上适用《准照法》规则①，联邦法院所在州的普通法程序与英国大法官法院的衡平法程序并行，引发了诸多问题。正是为解决这一问题，统一联邦法院适用的程序法，国会于 1934 年通过了《授权法案》（Enabling Act），授权最高法院颁布适用于联邦地区法院普通法案件的民事诉讼规则，联邦最高法院将起草规则的任务交由时任耶鲁大学法学院院长的查尔斯·克拉克（Charles Clark）教授为首的由学者、律师和法官组成的规则起草委员会。1938 年 9 月 16 日，联邦最高法院向国会提交的《美国联邦民事诉讼规则》正式生效，这意味着美国联邦初审法院的民事诉讼程序从此获得了统一。"美国联邦民事诉讼规则，尽管自生效时起已被修订多次，但仍然是今天调整联邦法院审判民事案件的诉讼规则……在美国的 50 个州中，共有 26 个州的民事诉讼在很大程度上也采纳了联邦规则的模式……所有的州都受到了联邦民事诉讼规则的极大影响。"② 有鉴于此，以下以《美国联邦民事诉讼规则》为核心，结合判例，相对广泛地探讨美国民事诉讼中对当事人辩论权的保障。

（1）充分保障当事人的受通知权

在《美国联邦民事诉讼规则》及州的制定法中均有对发出通知或提供听审机会的规定。"诉讼书状的送达不仅满足了通知的要求，而且提供了一个听审机会，因为它包含了向被告的指令，涉及被告为避免缺席判决其必须何时以及如何答复。"③ 对于受通知权的保障，明确了宪法标准。这一标准最初由马兰诉中央汉诺威银行（Mullane v. Central Hanover Bank & Trust Co.）的判决确立，即"综合各种因素以确定诉讼通知的合理性"。随后有更多的联

---

① 1789 年美国国会第一次会议通过一项名为《准照法》的成文法的规定，规定位于各州的联邦审理法院应当适用该州的普通法程序制度。但该规定在衡平诉讼中行不通，有些州并无独立的衡平诉讼程序。立法规定在衡平诉讼中，联邦法院应遵从衡平法院传统上使用的程序，即英国大法官法院的诉答与证据程序。参见〔美〕杰弗里·C. 哈泽德、米歇尔·塔鲁伊《美国民事诉讼法导论》，张茂译，中国政法大学出版社，1998，第 26～27 页。

② 〔美〕史蒂文·苏本、玛格瑞特（绮剑）·伍：《美国民事诉讼的真谛：从历史、文化、实务的视角》，蔡彦敏、徐卉译，法律出版社，2002，第 71～72 页。

③ 〔美〕理查德·D. 弗里尔：《美国民事诉讼法》（上），张利民、孙国平、赵艳敏译，商务印书馆，2013，第 147 页。

邦最高法院判例强调对能够获得受送达人的姓名和地址的被告不应采用登报公告送达，而应通过邮寄或其他直接送达的方式通知，"适当通知的要求不仅服务于告知当事人的功能目标，而且发挥重要的仪式功能。通知由国家的司法机关提供的，国家必须依规矩行事"①。在琼斯诉弗劳尔斯案②（Jones v. Flowers）中，联邦最高法院再次表明考虑现有的重要事实，充分保障当事人受通知权的必要性。在该案中，州政府向房屋所有权人发送了经证明的信件，告知其拖欠了不动产税，但信件因"无人认领"（unclaimed）而被退回了州政府，之后其并未采用其他措施进行通知。联邦最高法院认为：明知土地所有权人未收到信件却未采取其他措施发送通知的不作为，违反了正当程序。至于被告是否实际得到了这一通知并不是绝对重要的。如在 2002 年的杜森贝利诉美国案（Dusenbery v. United States）中，杜森贝利先生被判刑并被关进联邦监狱后，联邦调查局启动了没收汽车和现金归政府所有的听证程序（administration proceedings）。根据可适用的联邦法律，联邦调查局通过经证明收悉的邮件（certified mail）向联邦监狱中的杜森贝利先生发出了书面通知，告知其进行中的没收程序以及如何反对没收，后因其一直未对通知作出回应，财产就被没收了。5 年后，杜森贝利先生宣称没有收到通知并寻求司法救济。联邦最高法院审理后并没有支持其主张，而是认为："即使杜森贝利先生从来没有实际收到通知，该通知之送达仍然是合理筹划的，这就意味着，正当程序不要求政府必须提供实际的通知（actual notice），但要求政府必须努力提供实际的通知。"③ 在受通知权的保障上，实践中鼓励法院适应社会的发展采用电子送达方式，如第九巡回法院在 2002 年里奥财产公司诉里奥国际连锁案（Rio properties, Inc. v. Rio Intl. Interlink）中就支持了电子邮件送达的合宪性，指出"将联邦

---

① 〔美〕理查德·D. 弗里尔：《美国民事诉讼法》（上），张利民、孙国平、赵艳敏译，商务印书馆，2013，第 151 页。

② 《美国联邦最高法院判例汇编》第 547 卷，第 234~239 页，2006。转引自〔美〕理查德·D. 弗里尔《美国民事诉讼法》（上），张利民、孙国平、赵艳敏译，商务印书馆，2013，第 154 页。

③ "actual notice"指使当事人实际知悉某一特定事实、请求、程序等的通知。

法院从送达文书的旧习俗枷锁解放出来，而允许它们参与技术的繁荣"①。另外，为了保障当事人的受通知权，许多州的立法还在作出缺席判决后，给予被告一定的法定期间对没有接到实际通知但准备了实质性抗辩的情形提出救济。

（2）保障辩论权是保障听审请求权的核心

从《美国联邦民事诉讼规则》的规定以及学者的研究来看，听审请求权最具代表性、最为核心的内容大都围绕辩论权展开：包括陈述意见表明系争的行动该不该采行的权利，提出证据和要求传唤证人的权利，知悉不利证据的权利，交叉询问证人的权利，聘请律师的权利以及裁决机关对呈现的证据应作成书面记录，裁决应当按照所呈现的证据作出，利用书面形式叙明事实与理由以作出裁决等。② 在辩论权的保障中要求法院应承担的义务包括："其一，法官必须认真倾听当事人的陈述和主张；其二，法官必须认真审酌当事人的主张，并对自己作出决定的根据进行充分的说明；其三，法官作出的决定必须建立在当事人提出的证据和辩论的基础上，并与此相对应。"③

（3）不断完善诉答程序以便利当事人合理提出主张和证据

诉答程序（Pleadings），即原告起诉和被告答辩的程序，对诉答程序的变革也可以从一个侧面体现美国民事诉讼中当事人辩论权保障的发展。19世纪中叶之前，各州的诉答程序是以英殖民地时期的令状制（writs）为基础。每种令状体现为包括请求的实体理由和获得救济的程序的一种诉讼形式（form of action）。诉答程序要求原告首先在申诉状（declaration）中提出相应的诉讼形式，以获得令状并启动诉讼。被告针对原告的申诉状进行答辩，原告可以提出反驳，被告再行复辩，如此反复。最终提出全部争点并归结为符合某种诉讼形式的单一争点。诉答程序中实体问题往往被忽略，

①　《联邦判例汇编第三辑》第 284 卷，第 1007～1017 页（第九巡回法院，2002）。转引自〔美〕理查德·D. 弗里尔《美国民事诉讼法》（上），张利民、孙国平、赵艳敏译，商务印书馆，2013，第 154 页。

②　参见汤维建《美国民事司法制度与民事诉讼程序》，中国法制出版社，2001，第 65 页。

③　Melvin A. Eisenberg, "Participation, Responsiveness, and the Consultative Process: An Essay for Lon Fuller", *Harvard Law Review*, 1978 (92).

律师的诉答技巧直接决定了起诉能否进入法庭审理，很显然，诉答程序的形式主义与僵化使当事人的实体权利无法得到应有的司法保护。当事人的辩论权只是表现为律师在诉答阶段的诉讼形式之争。纽约州《民事诉讼法典》正是针对这些弊端进行了诉答程序法典化变革，需要注意的是其变革的基础除了回应上述制度机能的失调之外，观念层面的推进也极为重要。法典化改革是与美国人观念极为相投的启蒙运动与功利主义哲学的产物。在启蒙时代，人的主体性观念以人的理性为基础建立，强调法律应当简明易懂，可以为普通智力所理解，并为每一公民所知晓。启蒙哲学要求程序建立在对人类自身的理性分析基础之上。而"诉答程序"一词本身即表明新的规则以诉讼请求的陈述为中心，陈述以及申请应当使用简明、直接的法律语言，废除原来的陈旧格式。单一的民事诉讼程序制度取代了普通法令状与衡平法诉讼，便利当事人在一案中提出因当事人双方的交易纠纷而产生的所有诉讼请求。① 法典式诉答的功能，由原来单一争点的公式化确定（formulation）转变为事实展示（fact revelation）。② 纽约州《民事诉讼法典》对诉答程序与发现程序（Discovery）的规定，实现了对民事诉讼制度的实质性变革，当事人的程序主体地位得到了实质性的凸显，辩论权的行使不再停留于表面的诉讼形式之争，而以当事人的实体权利主张为核心。但纽约州《民事诉讼法典》确立的法典式诉答也存在不能克服的弊端，诸如如何判断所有请求与"同一标的"有关，或者如何确定作为案件事实问题的"诉讼原因"以及这种事实主张是"最终事实"还是"证据事实"等，法典式诉答均不能很好地解决。为解决这些问题，又产生了"事实"与"结论"之间复杂的技术性区分，实质上给辩论权的行使带来了新的困扰。

《美国联邦民事诉讼规则》则在吸收"法典式诉答"合理因素的基础上，建立了一种更为自由的、简便的诉答程序。除了强调所有类型的民事诉讼都适用同一种诉答程序之外，不再使用"事实"和"诉讼原因"等容易引起争议的词汇，而仅仅要求原告在起诉状中"提供一个关于请求的简

---

① 参见〔美〕杰弗里·C.哈泽德、米歇尔·塔鲁伊《美国民事诉讼法导论》，张茂译，中国政法大学出版社，1998，第 22～24 页。

② 参见吴如巧《美国联邦民事诉讼规则的新发展》，中国政法大学出版社，2013，第 32 页。

短和清楚的陈述，以表明请求者是有权获得救济的"。将诉答程序的功能定位于"诉讼通知"，即明确起诉状的具体内容、格式以展示足够的诉讼信息，便于被告了解他为何被起诉，并且能够据此作出相应的答辩，为进一步的攻击防御做好准备。在程序中还允许原告提出选择性的和不相一致的诉答，不局限于同一争点。《美国联邦民事诉讼规则》① 中从第 7~16 条详细列举了允许提出的各种文书的内容及其格式，以及相应的法律效力。如第 7 条详细列举了允许提出的诉答文书、申请书和其他文书的格式，第 8 条明确且详尽地规定了诉答文书的一般规则，包括：（a）对救济的请求；（b）抗辩、自认和否认；（c）积极抗辩；（d）诉答应当简明直接、选择性主张或抗辩、前后不一致；（e）诉答文书的解释。在"（a）对救济的请求"中明确规定，提出救济请求的诉答文书应当包括：（1）简明地陈述该法院管辖权的依据，但法院已经具有管辖权并且该请求不需要新的管辖权依据支持的除外；（2）简明地陈述表明诉答者有权获得请求的救济；（3）诉答者所要求的救济判决的请求。在"（b）抗辩、自认和否认"中，首先对所有抗辩作出一般规定。针对对方当事人所提出的诉答文书，一方当事人应当以简短明确的措辞对对方当事人提出的每一个请求作出抗辩；或者自认、否认对方当事人的事实主张。强调"否认应对实体作出回应"，并详细列举一般的和特定的否认、对部分事实主张的否认、不知道或缺乏信息、不否认的效果等各种情形。这些规定对当事人辩论权的行使有着明确的指引功能。同时诉答书状的送达、修改与补充，不仅发挥了诉讼通知的功能，也发挥着争点整理的功能。但诉答程序在给予当事人充分的事实主张机会与指引的同时，也给了滥用程序巨大的空间。因而，1983 年和 1993 年联邦最高法院两次依据命令对规则第 11 条进行了修改，通过诚实信用原则在民事诉讼中的贯彻，强化对当事人滥用权利的约束。具体表现为要求当事人和律师必须在诉答书状上签名，以确保提交的诉答书状内容的真实性和诉讼行为的非轻率性，并对滥用诉答程序的行为进行制裁。

---

① 参见《美国联邦民事诉讼规则》，白绿铉、卞建林译，中国法制出版社，2000，第 12~39 页；吴如巧《美国联邦民事诉讼规则的新发展》，中国政法大学出版社，2013，第 163~196 页。后者增加了 2007 年 12 月 1 日生效的修订内容。

（4）强化对发现程序的管理以保障辩论权行使的实效化

美国民事诉讼制度呈现非常复杂的制度形态，从 1938 年《美国联邦民事诉讼规则》确立发现程序时起，不同时期的价值取向便影响和推进着改革的进行。最初广泛的事实发现被视为是实现正义的基础，并且法官应恪守中立，尽量不介入发现程序，因此改革集中于建构更开放、更包容、更自由的程序。但 1980 年代以后，发现程序的滥用，迫使改革趋向于加强法官对程序的管理和监督。① 从辩论权行使的角度看，辩论权的行使从散漫化逐渐走向集中化和实效化。

从美国律师协会的报告书看，1980 年联邦最高法院曾创设了当事人会议制度，对违反发现命令和拒不出席当事人会议的当事人给予制裁。1983年对发现程序再次进行了修正，一是赋予处于不当发现之中的当事人可以申请法院颁发保护命令；二是要求律师和当事人都必须在所有文书上签字，强化诚实信用原则在发现程序中的应用，以防范恶意和不正当的开示活动；三是修改第 16 条创设审前会议制度，以制约发现程序的滥用。

1993 年，联邦最高法院对《美国联邦民事诉讼规则》又进行了更大规模的修改，对当事人的辩论权行使进一步"塑型"。第一，创建了证据开示制度（Disclosures），通过修改第 26（a）条，要求一方当事人无须等待对方提出发现请求，应主动向对方当事人开示所掌握的重要基本证据信息。② 这一义务规定将传统"请求—回应式"的发现程序做了根本性改变。第二，对证据开示适用"适时提出主义"，即双方律师应当尽早，至迟应当在法官召开日程安排会议的 14 日前见面协商，就各方主张、见解、防御以及和解的可能性进行协商，准备或开始最初开示，并为此制定计划。发现程序与审前会议实现了协调。第三，限制当事人过度利用或重复进行发现程序，如使用质询书提出的问题不得超过 25 个、庭外笔录证言的次数不得超过 10次等。第四，规定了更为严格的制裁措施。第 37 条规定一方当事人拒绝履行第 26（a）条规定的证据开示义务时，对方当事人有权申请法院颁发命令

---

① 参见吴如巧《美国联邦民事诉讼规则的新发展》，中国政法大学出版社，2013，第 38~41 页。

② 包括证人的姓名、住址、联系电话等基本情况，文件、电子储存的信息以及有体物的复制品或分类和存放地点，可能在法庭上使用的专家的基本情况等。

强制其开示，同时规定了证据失权①，除非这种不作为是适当的或者是无害的。此外，法院根据申请并在给予听审的机会后，还可以采取制裁措施。②2000 年 12 月生效的《美国联邦民事诉讼规则修正案》主要针对辩论的散漫化进行治理，法院管理模式下的发现程序逐渐形成。主要体现在以下规则的变化。一是首次要求所有地区都要实施自动开示规则。二是进一步限制发现程序的过度使用或滥用，如在笔录证言的时间上，除非法院另有规定、当事人另有约定，一次笔录证言限制在一天内的 7 个小时。三是明确发现的范围，约束律师权利滥用。根据修正案，除非由法院命令改变，发现的范围是当事人可以获得不受特权保护的，与任何一方的主张或者抗辩事项相关。如有充足的理由，法院可以命令对于诉讼标的事项相关的任何事项进行发现。

前述变化恰恰体现出无论是诉答程序还是发现程序，都凸显法官"管理"的强化。在具体的审理中，法官要尽量预测案件审理中可能出现的实体问题和程序问题，而不是消极等待当事人或者律师提出；法官要制定合理的审理计划，避免当事人和律师钻牛角尖，避免过多地拘泥于案件细节而走向歧途，以将当事人及其律师的诉讼思路引导到真正的争点上来。当然，法官管理的强化并没有在根本上改变当事人主义的民事诉讼结构，程序的启动仍然要由当事人主导，法官在整理争点和行使阐明权时必须秉持客观、公正、不偏不倚的中立立场。③

可见，无论美国还是英格兰与威尔士，对抗制的诉讼传统实质上使当事人的辩论权行使成为诉讼的核心。1960 年代以来美国最先开展的"管理者法官"的实务改革，甚至给每个法官制定备审案件时间表和目录表，赋予法官更多的指示权来实行非常有力的案件管理。《美国联邦民事诉讼规则》新的修订进一步强化了对法院和当事人相互合作的要求，表现为在法

---

① 即法院有权禁止该当事人将没有开示的信息或证人在申请、听审或开庭审理中当作证据使用。

② 主要表现为：①可以命令支付因不作为而支出的合理费用，包括律师费；②向陪审团告知该当事人没有按规定进行开示；③可以实施其他适当的制裁（比如视为自认、视为撤回请求）等。

③ 上述内容主要参见王福华《民事案件管理制度评析》，《法学论坛》2008 年第 2 期。

院强化程序管理、保障并指引当事人行使辩论权的同时，要求当事人履行诉讼协力义务，共同致力于经济、快速、合比例地实现实质正义的目的。[①] 程序管理的强化一定程度上改变了传统的诉讼文化，促成改变的原因在于对"消极的法官/积极的当事人"模式造成的民事诉讼成本过高和过于拖沓的反思，旨在以实现实体正义为首要目标的基础上，促进正义的分配，确保有限的司法资源在整个民事司法系统内可被利用，而不局限于一个具体案件中的正义实现。当事人的辩论权被充分保障的同时，也增加了协力义务的要求，目的在于通过法官的指引帮助当事人有效地规划诉讼，促进诉讼，使辩论权的行使自始便被"引导"或"校正"。

## 五　国际公约中的当事人辩论权保障：以《欧洲人权公约》为例

《欧洲人权公约》第 6 条第 1 款明确规定了听审请求权（Right to a fair hearing）的概念，而后，欧洲人权委员会和欧洲人权法院依据对司法实践的提炼总结，提出了听审请求权的诸多基本原则，其中包含辩论权保障的内容。具体包括：当事人有出席对抗性口头听审的权利、武器平等权、免于自证其罪的自由、法律帮助权、公平地提出证据的权利、交叉询问证人的权利、要求判决附理由的权利。[②] 可见，对公平听审权的保障体现为两个维度：一个维度是应为辩论权的实现提供充分的保障，而对剥夺或限制辩论权则应进行及时充分的救济，以阻止侵权或有效遏制进一步侵权；另一个维度则强调程序的运行应依公平合理的原则，且不应是毫无必要的烦琐、费时，也不应受不合理的时限及无保证的延迟的约束。

《欧洲人权公约》建立的欧洲人权法院，其重要特点是对个人申诉案件的管辖权是自动的和强制的。欧洲人权法院的典型判例可以看出辩论权保障的上述维度。笔者试结合典型判例作一说明，并对其中体现的新的发展

---

① John Sorabji, Managing Claims, IAPL 2017.

② See Richard Clayton and Hugh Tomlinson, *Fair Trial Rights*, Oxford University Press, 2001, pp. 98 – 105.

趋势进行分析。

## （一）保障当事人的辩论权获得有效行使

首先，当事人能够向法官提出主张进行辩论是程序保障的核心。有判例认为，《欧洲人权公约》第 6 条第 1 款描述了民事诉讼中当事人被赋予的程序保障，旨在确保当事方的利益以及司法权的正当行使。[①] Fayed 等案件中明确指出"民事诉请必须能够被提交给法官"[②]，辩论权保障是对抗性程序权利的核心。欧洲人权法院的多个判例中指出，享有对抗性程序的权利主要意味着民事案件的参与方有机会对所有旨在影响法院判决的被采纳的证据或被提交的答辩进行了解并作出辩论[③]，且不得基于节省时间、加快诉讼进程而违背这项基本原则。[④]

其次，当事人必须能够进行有效辩论。如 H. v. Belgium 案不仅要求当事人有辩论的机会，而且进一步要求诉讼当事人必须在其案件中作出有效辩论。[⑤] 对何为"有效"的权利，案例中形成了一定的共识，即辩论权利的保障不仅仅是向法官陈述主张，更重要的是有权要求法官听取和斟酌辩论意见。如在 Kraska 案中要求，诉讼参与方有权将其认为相关的发现提交给法庭。仅当其发现被现实地听取，即被受理法院合法地考量之后，该权利才能被认为有效。[⑥] 对未经沟通的相关材料，即便当事人并无异议或者率先查看了案件材料，都不能被认为有效地行使了权利。[⑦]

最后，辩论权主要通过知悉权与意见表达权的保障获得实现。一方面，必须保障当事人的知悉权。诉讼参与一方必须有知悉法院收到的证据的可能性，以及在适当时间内通过适当形式对证据的存在、内容以及可信度予

---

① Nideröst-Huber v. Switzerland，§ 30.

② Fayed v. the United Kingdom，§ 65.

③ Ruiz-Mateos v. Spain，§ 63；McMichael v. the United Kingdom，§ 80；Vermeulen v. Belgium，§ 33；Lobo Machado v. Portugal，§ 31；Kress v. France【GC】，§ 74.

④ Nideröst-Huber v. Switzerland，§ 30.

⑤ H. v. Belgium，§ 53.

⑥ Kraska v. Switzerland，§ 30；Van de Hurk v. the Netherlands，§ 59；Perez v. France，§ 80.

⑦ Kerojärvi v. Finland，§ 42.

以评价的可能性①，必要时可延期行使。② 诉讼参与方应当有为了胜诉而将任何证据予以公开的机会。③ 另一方面，必须保障当事人独立表达意见的权利，由争议的当事方单独决定是否对另一方提供的文件或目击者提供的证据作出评论。诉讼当事人对司法运作的信任基础是他们有机会对任何文件，包括法院自己获得的文件表达意见。④

## （二） 辩论权保障应当是诉讼各方"平等武装"基础上的平衡保障

法院负有保障当事人平等参与诉讼的责任，"平等武装"即意味着当事人各方享有平等的攻击防御机会，因此辩论权必须获得平衡保障。这意味着诉讼各方均必须享有合理的机会呈现其案件中的主张和证据，且不得因此而被置于相对于其他当事方实质上不利的境地。⑤ 例如不允许一方向法院提交意见却未告知对方因而导致对方丧失答复的机会。⑥ 再如，两个关键证人中仅有一位被准许出庭作证⑦，或者在辩论能力上拒绝向诉讼一方给予法律援助，从而剥夺了他们面对一个富有的对手时有效地参与诉讼的机会。⑧

## （三） 法院负有辩论意见审酌义务

欧洲人权法院的判例中明确指出，《欧洲人权公约》第 6 条第 1 款规定了法院有义务对其作出的决定给予充分的理由。⑨ 因为一个经法官充分论证的决定将向诉讼各方表明，他们的案件受到了切实地审理。法院给出理由的义务，将因该决定的性质不同而在程度上有所差异⑩，但一方的观点对诉

---

① Krčmář and Others v. the Czech Republic, §42；Immeubles Groupe Kosser v. France, §26.
② Yvon v. France §39.
③ Clinique des Acacias and Others v. France, §37.
④ Nideröst-Huber v. Switzerland, §29；Pellegrini v. Italy, §45；K. S. v. Finland, §22.
⑤ Dombo Beheer B. V. v. the Netherlands, §33.
⑥ APEH Üldözötteinek Szövetsége and Others v. Hungary, §42.
⑦ Dombo Beheer B. V. v. the Netherlands, §§34 – 35.
⑧ Steel and Morris v. the United Kingdom, §72.
⑨ H. v. Belgium, §53.
⑩ Ruiz Torija v. Spain, §29；Hiro Balani v. Spain, §27.

讼结果具有决定意义的，则要求对其有具体和明确的答复。①

当然，判例中也明确指出，对第 6 条第 1 款要求法院为其决定出具理由，不能理解为要求法院对所有论点都作出详细回答，如上诉法院仅通过直接适用特定法律规范驳回毫无胜诉希望的就法律要点提出的上诉请求，未作出进一步解释的，第 6 条第 1 款并不要求其提供更多的详细论证。②

综合上述典型判例的分析可以看出，《欧洲人权公约》第 6 条同时强调双重维度当事人辩论权的保障，使得"权利有效保护"不仅指向当事人有参与法院审理获得听审保障，进而通过审理使实体权利得到保护，而且包括当事人有请求法院富有效率地进行审理推进程序的权利，即当事人的辩论权保障与适时审判请求权应当达致平衡。当事人既享有辩论权，也对对方当事人辩论权的行使和诉讼的迅速进行负有协力义务，法院在权衡保障当事人的辩论权与适时审判之间形成了如下标准："其一，事件之范围与难易程度：此涉及系争案件中有待解决之法律上争议的类型、数量、必要之证据调查、当事人之人数、诉讼标的及其价额为何；其二，事件之意义及迅速需求性：亦即，程序进行之结果对当事人之意义愈重大，愈需要迅速裁判。其三，当事人于诉讼进行期间所承受之精神上或财产上负担为何：尤其是非财产损害赔偿案件，宜较为迅速处理；其四，如已行数审级，则需斟酌全部程序已进行之时间以及各审级间的关系。"③

---

① Ruiz Torija v. Spain，§30；Hiro Balani v. Spain，§28.

② Burg and Others v. France，；Gorou v. Greece（No. 2）【GC】，§41.

③ Schlette，Der Anspruch auf gerichtliche Entscheidung in angemessener Frist，1999，S. 32 ff. 转引自沈冠伶《诉讼权保障与裁判外纷争处理》，北京大学出版社，2008，第 37 页。

# 第六章　我国民事诉讼当事人辩论权
# 保障的基本路径

2009 年 4 月我国首份《国家人权行动计划（2009 – 2010 年）》发布，第 2 项"公民权利与政治权利保障"部分明确规定了当事人有获得公正审判的权利，强调"依法保障诉讼当事人特别是受刑事指控者获得公正审判的权利"。2012 年 6 月，《国家人权行动计划（2012 – 2015 年）》公布，再次明确了民众有"获得公正审判的权利"，并聚焦于《民事诉讼法》的修改，特别强调保障当事人的诉讼权利。党的十八届四中全会审议通过了《中共中央关于全面推进依法治国若干重大问题的决定》，明确要求"加强人权司法保障。强化诉讼过程中当事人和其他诉讼参与人的知情权、陈述权、辩护辩论权、申请权、申诉权的制度保障"。在 2021 年 9 月最新发布的《国家人权行动计划（2021 – 2025 年）》再次要求将这些内容以制度和权利的形式落实到"获得公正审判的权利"中。"只有将司法权与普遍意义上的公民权利甚至政治权利相联系起来，也只有使司法机构更加有效地为那些受到其他国家权力侵害的个人权益提供救济，司法权的存在和介入才是富有实质意义的。"[1] 党的十九届四中全会审议通过的《中共中央关于坚持和完善中国特色社会主义制度　推进国家治理体系和治理能力现代化若干重大问题的决定》指出："健全社会公平正义法治保障制度。坚持法治建设为了人民、依靠人民，加强人权法治保障……努力让人民群众在每一个司法案件中感受到公平正义。"党的十九届五中全会审议通过的《中共中央关于制定国民经济和社会发展第十四个五年规划和二〇三五年远景目标的建议》

---

[1] 陈瑞华：《问题与主义之间——刑事诉讼基本问题研究》，中国人民大学出版社，2003，第10 页。

再次明确了"促进人权事业全面发展"。在宏观层面，辩论权已经明确成为我国人权司法保障中当事人公正审判权的核心内容。在推进全面依法治国的今天，回应人民日益增长的司法需求，必须重新审视辩论权保障。

# 一　当事人辩论权保障共通性规律的探索

无论从我国人权保障理念的发展，立法与司法的现实需求，抑或从域外各国辩论权保障的立法司法实践而言，当事人的程序主体观念都已得到普遍的认同和尊重。保障当事人实效性地进行辩论成为贯彻当事人主体性的制度选择。对辩论权的保障不仅要考虑听审请求权保障的要求，亦要考虑适时审判请求权保障的要求；既要考虑具体个案当事人的基本程序权保障，也必须虑及整个民事司法系统的资源配置、程序适正与分配正义。因此，各国立法与司法实践尽管发展进路不同，但双方当事人从"对抗"走向"对话"，法官从独白式的"判定"走向更多的"听取"与"讨论"，更多引导当事人围绕争点规划诉讼、促使双方协力以充实辩论成为辩论权共通性的发展趋势。

## （一）　将辩论权保障定位为公正审判权中听审请求权保障的核心

从前述主要法治国家、地区及国际组织的法律性文件与司法实践中可以看出，当事人的程序主体观念已经得到普遍认同，体现一种新的发展趋势，即对"民事诉讼为谁而设"的追问有了更符合人性发展的共同观点。以当事人的程序主体性为基础实现纠纷的公正、高效、妥当解决已成为现代诉讼制度的基本目标。保障当事人实效性地参与诉讼成为彰显当事人主体性的制度选择，包含提出主张与抗辩，提供证据，参与证据调查，发表质证意见，就事实、证据与法律问题进行争辩等程序参与内容的辩论权也就成为听审请求权的核心权利。可以说，当事人主体性的张扬及对诉讼效率的追求是现代各国诉讼制度变革的两种相生相成的最主要的内生力量。正是把握了当事人程序主体性这一基点，我们可以坚信并不会因为必要的"矫正"而改变当事人主义的本质，主体性的张扬足以使职权探知被"抑制"。在当事人平等的基础上，听审请求权保障向公平听审权保障方向进一步发展，即不仅在一方当事人和法院的关系上把握听审权，而且要从当事人平等以及与适时审判请求权相平衡的角度关注辩论权①，程序公正与诉讼效率之间的平衡引导着辩论权保障的发展。英美等国纷纷对过去的绝对的当事人主义进行了改造，加强了法院对案件的管理权；德日等国则在完善当事人程序基本权保障的同时强化了法官的实质指挥与集中审理。但各国民事程序变革中不断推进的案件管理制度，从外观看是法官的程序主导权或程序塑造权在扩大，当事人需要承担诉讼协力义务，职权进行的因素在扩大，但实质上法官与当事人的程序作用界分并没有改变，辩论主义、处分权主义等当事人主义的核心得到了恪守，决定法院管理权行使边界的恰恰是能否实现对双方当事人辩论权的保障，能否达到双方当事人权利平等保护和纠纷解决目标的平衡。

### （二）辩论权保障的内容包含影响裁判形成的各种重要事项

辩论权的对象也可称为辩论的标的②，根据对主体权利影响的重要性来确定。是否影响裁判的形成，以及是否影响诉讼主体的基本程序权实现是决定辩论权保障内容的判断基准。主要包括案件事实、证据材料、法律问题以及影响程序基本权实现的重要程序事项。

就案件事实而言，主要指系争案件的实体事实，具体包括法律要件事实、间接事实与辅助事实。这些事实在民事诉讼中必然需要提出主张、抗辩或者反驳，进而提出证据进行证明，而这一过程都是行使辩论权的结果。即使不需要当事人提供证据加以证明的免证事实，如众所周知的事实、推定的事实、预决的事实等，也并非不具有可争辩性，均应保障当事人对这些事实提出异议并进行争辩的权利，因而这些免证事实也属于辩论的对象。就证据材料而言，既包括当事人自行提供的证据材料，也包括法院职权调查收集到的证据材料。而对证据材料的合法性、关联性、客观性以及证明

---

① 欧洲人权法院也要求当事人间……武器平等，并且因此在 1993 年 10 月 27 日的判决中认为，当民事法院仅就一方当事人进行了私人谈话式的听审，却因为该当事人的观点而拒绝讯问另外一方当事人时，就违反了《欧洲人权公约》第 6 条第 1 款的规定。

② 参见刘敏《民事诉讼中当事人辩论权之保障——兼析〈民事诉讼法〉第 179 条第 1 款第 10 项再审事由》，《法学》2008 年第 4 期。

力大小，必须赋予当事人双方充分的辩论机会，必要时由法官行使释明权，以使当事人的辩论更具针对性，助益于案件事实的解明与法官心证的形成。就法律问题而言，原则上法官具有适用法律的权力，但"法官知法"并没有禁止当事人对案件所涉及的法律问题也有辩论的权利。因为，如法官对实体问题或程序问题的法律择取未使当事人充分了解，当事人无法预测法官的法律观点，进而充分发表辩论意见，极易造成法律适用上的突袭，既影响当事人权利的实现，也使裁判失去公信力。但区别于案件事实与证据材料，当事人对法律适用的辩论意见并不能约束法官适用法律的行为，重在使当事人能够知悉法官的法律见解并具有提出意见的机会，而是否采纳当事人的意见则由法官决定。

## （三）辩论权保障首先应完善辩论权实现体系

### 1. 明确审判权与辩论权的程序作用界分

法官与当事人、审判权与辩论权之间的关系影响着诉讼结构与辩论程序的模式及其发展，当事人作为程序主体具有处分权，决定着程序是否启动与终结，也决定着法院裁判的对象与范围。在事实、证据与法律观点的提出上，基于证成主张的需要，法律赋予当事人陈述辩论的权利，辩论权必然成为当事人权利中与法院审判权直接发生关系的最为核心的权利。在程序作用上，辩论权的行使意味着当事人在形成裁判基础的事实与证据上的主导权。审判权则在事实证据的审核认定、程序运行的指挥与法律适用上拥有主导权。从民事诉讼制度的发展看，主导并不意味着单方负责或"独裁"，而更多凸显对发现真实基础上有计划、低成本地公正解决纠纷的追求。法院与当事人的关系表现为：一方面，法官的管理权限并不限于形式意义的程序指挥，而更多地扩张至事实发现中，其原因正如学者 Rech-berger 所指出，在识别法律争点以及与这些争点相关的证据类型和形式方面，如果缺失法院协助，当事人会"处于非常不利"的地位；另一方面，当事人有义务尽可能详尽地提交事实陈述，在规定环节提交证据，并有一系列的措施保障这些义务的履行。而对当事人放弃或怠于行使辩论权利，则应负自我责任。如当事人有事实主张和陈述的权利，也必须及时真实且完整地提出与案件有实质关联的事实情况，如果案件的某一方被明显地忽视或误认为不重要时，法院有责任进行提醒。从前文的分析可以看出，各国民事诉讼的发展体现出目标上的趋同。如德国，法院的职责既包含形式上对诉讼进程的指挥，如启动言词辩论、推进程序、结束言词辩论、宣示法院裁判等权力，又发展出对诉讼的实质指挥，即法院在必要的范围内与当事人就案件的背景、事实以及纠纷双方之间的关系，从事实问题与法律问题层面进行讨论。法院会努力确保纠纷双方在规定时间内尽可能完整地对所有重要事实作出陈述，并通过释明引导当事人对事实主张与证据提供上的不完整进行补充，主审法官还应确保案件得到充分的讨论且辩论在不打断的情况下持续至结束。[①] 从日本与我国台湾地区的民事诉讼中也可以看出类似的发展轨迹。奥地利民事诉讼法则认为"事实发现程序（构成诉讼程序的核心部分）的根本主旨在于寻求当事人（以及各自的律师）和拥有自由裁量权的法官之间高效且积极的合作"[②]。再从当事人程序自治程度更高的英美两国来看，赋予法院诉讼管理职责，增加程序的计划性和效率，亦已成为共同的发展主题。《英国民事诉讼规则》与《美国联邦民事诉讼规则》的最新修订都体现出追求经济、快速、合比例地实现实质正义的价值目标，法官与当事人的诉讼角色变得积极，通过加强诉讼进程和事实发现中的法院案件管理，规定当事人的协力义务，实现对辩论权的平衡保护和高效行使。提高诉讼效率或促进诉讼也为《欧洲人权公约》和《非洲人权宪章》等国际条约所肯定。在欧洲人权法院的案件审理中也体现出同样的发展走向：法院负有保障当事人"平等武装"参与诉讼的责任，诉讼各方均必须享有合理的机会呈现其案件中的主张和证据，且不得因此而被置于相对于其他当事方实质上不利的境地。[③]《跨国规则》亦从公平合理地运行程序的维度，明确要求法院应在合理的时间内解决纠纷，而各方当事人就日程安排则有合作的责任和被合理征求意见的权利。

---

① John Sorabji, Managing Claims, IAPL 2017.

② W. Rechberger, Round Table, Maastricht, 10 February 2015. 转引自 John Sorabji, Managing Claims, IAPL 2017。

③ Dombo Beheer B. V. v. the Netherlands, §33.

**2. 构建系统的辩论权保障实现程序**

本书所指的程序实现主要指一审民事诉讼程序中，各国和地区为保障当事人有机会和条件行使辩论权而确立的基本原则与制度体系。各国主要从以下三点规范辩论权保障的实现路径。其一，不仅在宪法或基本法中规定听审请求权的保障条款，还在民事诉讼法典中实现辩论权规范的体系化。各国法典或实践中规定或贯彻了辩论原则、直接审理原则、言词审理原则、公开审判原则，并在这些基本原则的指引下，形成了具体的当事人辩论权利体系，通过对知悉权、辩论能力保障、庭审辩论权到意见受法院审酌权等具体权利规定，使辩论权具象化。其二，完善使辩论权实效化的具体诉讼制度。如从当事人维度，针对辩论权行使中存在的问题与困难，完善诉讼代理制度与辩论程序保障机制；从法院维度，明确案件审理中应承担的辩论权保障职责。尤其是在事实解明机制中，以当事人辩论权实现为核心，强化当事人对形成裁判基础的各种事实、证据、适用法律的意见表达机制，并辅以法院必要的事实调查与释明规定。其三，辩论权优化的重心聚焦于完善准备程序与辩论程序。通过准备程序，法官与各方当事人进行沟通、确定争点，围绕争议事实收集证据，进行举证、质证，重整与活化辩论程序，使言词辩论更具计划性和实效性，有利于解决言词辩论散漫化或空洞化问题。

## （四）区分侵害辩论权的不同类型，建构层阶化的救济体系

从前文的域外研究可以看出，根据限制与剥夺辩论权的不同情形，德国、日本等大陆法国家和地区已形成了侵犯辩论权的救济体系。以英美等为代表的英美法系国家，更重视通过明确诉讼目标，强化诉讼管理，以正当程序中的听审请求权保障来统一涵盖对辩论权的救济。从损害后果来看，限制和剥夺辩论权最常见有两种类型：一为辩论机会的直接限制与剥夺，二为裁判突袭。辩论机会的保障具有外显性和形式性，而裁判突袭则具有隐蔽性和根本性，其后果是对辩论权实质上予以了剥夺，并直接体现于裁判之中。

损害程度决定救济方式，如对机会的剥夺还可以通过重新赋予辩论机会进行程序内的治愈，而无法赋予机会或依据当事人未提出的主张和证据作出裁判，均构成对辩论权的根本性剥夺，需要赋予当事人上诉或申请回

复原状等再审救济。大陆法主要国家与地区已建构了相对清晰的多层阶的辩论权救济体系。例如：在一审程序进行中未给予当事人庭审辩论的机会，则赋予当事人即时异议权，一审法院对当事人的异议进行审查成立后，在后续程序中赋予辩论机会，即治愈了辩论权保障机会上的瑕疵。如辩论机会的剥夺已经无法在同一程序阶段治愈，如送达违法、违法缺席判决、未通知到场、未依法选任代理人、未允许当事人在证据调查或言词辩论中提出证据表达意见等，造成判决未建立在当事人辩论的事实、证据与法律适用上，则构成对辩论权的根本性剥夺，根据所处的不同审级，分别赋予当事人上诉或再审回复原状的救济机会。作为当事人的程序基本权，向宪法法院或最高审级法院提出宪法抗告或诉愿，则属于对辩论权的最高救济，性质上属于非常救济，在用尽其他救济手段后方可适用。需要特别提出的是，辩论权的保障以当事人的主体性为基础，作为程序权利主体，当事人必须适时适式地行使辩论权，必要时还需要主动为自己求得行使辩论权的机会，而明知应当行使辩论权而不行使，或者应为救济而不提出，则将因自我责任而无法实现辩论权的价值。

结合上述从比较法研究中寻求的基本规律，结合前述我国辩论权保障的立法与司法现状及其形成机理，构建适合我国国情的辩论权行使实现机制，优化辩论权行使并活化辩论程序，完善辩论权被侵害甚至剥夺时层阶性救济体系，将成为我国辩论权保障制度的基本逻辑。

## 二 完善我国当事人辩论权行使的实现机制

保障公正与平衡效率的诉讼结构一直是民事诉讼的建构理想。随着当事人程序主体性的强化与多元利益需求的发展，审理计划性的要求与法院审判管理的强化，传统的"权力与权利博弈"方式探讨诉讼构造的理论进路已经发生了转变，以"审判权与辩论权"的关系重整为基调，实现法院裁判系统与当事人攻防系统的良好对接[1]，重塑一种更为理想的诉讼结构越

---

[1] 参见许可《职权干涉与裁判突袭》，《清华法学》2008 年第 6 期。

来越成为一种更适宜的选择。笔者试从这一思路出发，结合前文实践考察中存在的问题，首先展开对我国辩论权保障立法论的思考。我国《民事诉讼法》第 12 条所规定的辩论权并不同于公正审判权中的听审请求权，身居"高位"的"辩论权"对法院的审判行为并没有约束力，"你辩你的，我判我的"在我国民事审判中并不鲜见。民事诉讼程序立法一直以法院为主导（比如审判程序立法绝大多数法条都以"人民法院"为主语，对当事人的规定则大多是"应当"），注重安排审理的"环节和顺序"[1]，而对当事人在庭审中如何行使权利，法院应负何种责任，如何保障当事人权利几乎没有规定。虽然 2012 年修法时增加了裁判文书说理的要求，但并没有要求说理要回应当事人的辩论内容，换句话说，即使法院判决不采纳当事人的辩论意见、不说明理由仍然没有任何关系。因此，在没有对现行法律进行全面修订前，"为保障当事人的听审请求权，我们有必要对该条中的辩论权作合宪性解释，将其视为听审请求权这一宪法性权利的重要内容，作为实现和保障听审请求权的重要手段"[2]。对于侵害当事人辩论权的救济，鉴于我国没有设立专门的宪法救济机制，最便捷有效的方式依旧是遵循一元化的"诉讼内程序救济"[3]，直接通过完善《民事诉讼法》来丰富侵害当事人辩论权的救济途径。

基于制度设计所追求的目标不同，辩论权保障在不同程序中的要求必有差异，故本书仅选取辩论权保障最为完整的普通诉讼程序进行分析。

## （一）完善当事人的辩论能力立法

辩论权的实现首先是对当事人具有话语能力的保障，这是当事人参与

---

[1] 《民事诉讼法》第 140 条规定："开庭审理前，书记员应当查明当事人和其他诉讼参与人是否到庭，宣布法庭纪律。开庭审理时，由审判长或者独任审判员核对当事人，宣布案由，宣布审判人员、书记员名单，告知当事人有关的诉讼权利义务，询问当事人是否提出回避申请。"第 141 条规定："法庭调查按照下列顺序进行：（一）当事人陈述；（二）告知证人的权利义务，证人作证，宣读未到庭的证人证言；（三）出示书证、物证、视听资料和电子数据；（四）宣读鉴定意见；（五）宣读勘验笔录。"第 144 条："法庭辩论按照下列顺序进行：（一）原告及其诉讼代理人发言；（二）被告及其诉讼代理人答辩；（三）第三人及其诉讼代理人发言或者答辩；（四）互相辩论。法庭辩论终结，由审判长或者独任审判员按照原告、被告、第三人的先后顺序征询各方最后意见。"

[2] 刘敏：《民事诉讼中当事人辩论权之保障——兼析〈民事诉讼法〉第 179 条第 1 款第 10 项再审事由》，《法学》2008 年第 4 期。

[3] 王福华：《辩论权利救济论》，《法学》2020 年第 10 期。

诉讼的基础，意味着当事人对庭审法定语言能够"听懂会用"，但语言的地域性、法律语言与日常语言的差异性、个体认知与表达能力的不同都有可能使当事人的辩论能力受到影响，而辩论能力的强弱必然影响到辩论权有效行使的程度。在这一点上，我国立法与理论研讨更多关注诉讼代理、司法救助及翻译权保障，而并未关注完整的话语能力保障体系。从现有立法看，使用本民族语言文字进行诉讼，既是当事人重要的宪法权利，也在《民事诉讼法》第 11 条中得到了明确，成为当事人具体的诉讼权利，为不通晓当地通用的民族语言当事人提供翻译成为法院的诉讼职责。《民事诉讼法》第 269 条进一步规定了涉外民事案件中的申请翻译权。翻译权保障的目的旨在使各方能够了解对方当事人的主张、证据及法院的审理情况，实效性地进行辩论、参与诉讼。从立法目的与实践需求来看，为当事人提供翻译仅仅是最基本的要求，是否真正保障当事人准确了解案情信息、保障其具有话语能力才是问题的关键。而在翻译权保障上也存在一些基本问题没有解决，如就申请翻译的主体而言，是否只包括不同民族的中国公民和外籍人？聋哑人能否获得翻译帮助？对具有话语能力的保障要不要明确法定的审判语言？客观上我国存在多个方言语系，如果本地法官使用当地方言进行审判，外地当事人无法听懂，能否要求法官用普通话进行审理？在前文比较法研究中，一些国家和地区将具有话语能力保障作为听审权保障的重要内容，赋予当事人在不懂审理所用语言时有权聘请翻译，参与辩论人如为聋、哑人，法院应用通译，也可以以文字发问或使其以文字陈述等。[1] 这一做法不仅从使用本民族语言文字的角度，而且从当事人参与诉讼进行辩论的角度理解和保障翻译权，值得借鉴。

　　辩论能力表征当事人能否理解诉讼与参与诉讼，尤其是进行辩论的资格。德国法中没有使用"辩论能力"这一概念，但"自我代理能力"表达了相近的认识，所谓"自我代理能力，即当事人在法院前能够自己有效实

---

[1]　如《德国法院组织法》第 185 条规定："当事人在普通民事诉讼中有权在言词辩论阶段延请翻译人员。"在德国联邦法院的判例中已经明确"不懂审理所用语言的当事人以及无法在诉讼中与他方进行交流的情形出现时，应赋予当事人聘请翻译的权利，这是法定听审请求权的要求。"

施诉讼行为的能力，这种表达来自普通诉讼，它原来是指律师在言词辩论中陈述的权限"①。日本法上有对辩论能力的研究与立法，如新堂幸司教授认为："辩论能力是当事人在法庭上实际实施的诉讼能力，尤其是进行辩论的资格，该制度谋求的是程序的顺畅健康运行，即便是具有诉讼能力的当事人，如果欠缺这种资格，那么也将无法在法庭上实际实施辩论。"② 高桥宏志教授认为："辩论能力是在法庭中现实的实施诉讼行为，尤其是辩论之行为的资格。"③ 韩国孙汉琦教授的理解更为具体："当事人辩论能力，是指当事人出席法庭实施有效辩论的能力，它包括实施出庭申请、主张、立证等诉讼行为的能力（陈述能力）。"④ 我国台湾地区将辩论能力表述为"陈述能力"。

为强化当事人辩论能力保障，德国法上规定了强制律师代理制度。1950年联邦德国展开了一场分段、持久的司法改革，进一步阐述了强制律师代理的制度价值。"改革筹备委员会报告书指出：强制律师代理制度有助于公平对待双方当事人，抑制由于一方无代理人而导致的诉讼突袭问题；有助于从关键争点出发认定法律事实，实现法官与当事人的垂直交流，从而为法院高效裁判提供参考；有助于缩短裁判周期，促进当事人利益保护的实现，从而提高民众对司法的信赖。"⑤ 原则上，在强制律师代理的诉讼中，当事人本人不能实施诉讼行为，包括请求、认诺和舍弃都没有效力。"但在言词辩论中，如果当事人与律师同时出庭，经当事人申请，法庭应当允许其与律师一同发言。此时，当事人不仅可以对自认及律师的其他事实性表示进行立即撤回或更正，也可以自己提出主张和作出自认。"⑥ 可以说，强制律师代理制度着眼于对当事人诉讼能力尤其是辩论能力的提升，实现当

① 〔德〕罗森贝克、施瓦布、戈特瓦尔德：《德国民事诉讼法（上）》，李大雪译，中国法制出版社，2007，第283页。
② 〔日〕新堂幸司：《新民事诉讼法》，林剑锋译，法律出版社，2008，第113页。
③ 〔日〕高桥宏志：《民事诉讼法：制度与理论的深层分析》，林剑锋译，法律出版社，2003，第172页。
④ 〔韩〕孙汉琦：《韩国民事诉讼法导论》，陶建国、朴明姬译，陈刚审译，中国法制出版社，2010，第120页。
⑤ 丁启明：《德国民事诉讼中的强制律师代理制度》，《人民法院报》2015年9月18日，第8版。
⑥ 丁启明：《德国民事诉讼中的强制律师代理制度》，《人民法院报》2015年9月18日，第8版。

事人双方攻防的实质平等,并发展成为"谋求诉讼程序顺利且迅速进行进而期待司法制度健全运作的公益性制度"①。日本虽然未确立此制度,但对当事人不具有辩论能力的,法院有责任禁止其辩论,并以诉讼代理弥补辩论能力的不足,如《日本民事诉讼法》第155条第1款规定:"被法院认为是无辩论能力之人不得进行陈述。在当事人、代理人或辅佐人对于案件事实的解明不能充分的辩论,或者对于法院的释明不能进行响应时,也应禁止其陈述。"《法国新民事诉讼法典》第441条对辩论能力作了更丰富的规定:"即使在代理诉讼属于强制性的情况下,有代理人协助的各方当事人本人仍可自己作口头陈述。如当事人情绪冲动,或者没有经验,不能以恰如其分的态度或必要的清晰条理说清理由时,法庭有权取消其发言。"② 我国台湾地区"民事诉讼法"第208条规定了陈述能力:"当事人欠缺陈述者,法院得禁止其陈述,前项情形,除有诉讼代理人或辅佐人同时到场者外,应延展辩论期日;如新期日到场之人再经禁止陈述者,得视同不到场。"

具有话语能力与辩论能力的规定,从根本上说,都体现了尊重和实现当事人程序主体性的目的,使当事人能够了解诉讼信息并实效性地参与诉讼,因而评判民事诉讼中是否需要翻译权保障,不应局限于宪法的基本规定,而应从诉讼当事人的辩论需求出发。同样,应否限制当事人辩论,并非从法院审理的顺畅性出发,而在于更多考虑能否实现诉讼权利保障的目的。构建系统的具有话语能力保障体系,并规定当事人的辩论能力,完善诉讼代理人和辅助人制度③,使其在得到当事人授权后能够有效行使辩论权,有助于最大化地实现对当事人辩论权的平等保障。

## (二) 保障当事人受通知权

### 1. 送达的内核是当事人受通知权与法院通知义务的结合

受通知权是作为程序主体的当事人知悉诉讼进程与案件信息的前提,

---

① 〔日〕高桥宏志:《民事诉讼法:制度与理论的深层分析》,法律出版社,2003,第172页。
② 《法国新民事诉讼法典》,罗结珍译,中国法制出版社,2000,第89页。
③ 值得肯定的是2019年《民诉证据规定》第83、84条对专家辅助人出庭制度作了进一步的细化完善。但立法尚未形成完整的话语能力保障体系。

法院负有发出通知的义务，合法送达是受通知权最重要的实现方式。因此送达不仅仅是程序运行的"技术性链接"，也是当事人了解诉讼进程和知悉对方主张与证据的基础。送达的完成，包含法院履行通知义务和当事人接受通知两个要素。就既往立法与实践看，送达完全以"法院职权"① 的面目出现，上述两要素的完成均由法院负责，以诉讼推进和案件审理为最主要目标。由此带来的后果是，送达由法院"包揽"，而作为接受送达的当事人则可以根据自身需求甚至喜恶"任性"决定对"送达"的态度。近年来经济高速发展，社会面临转型，而户籍管理制度滞后，社会诚信缺失，部分行政管理失准，再加上法院登记立案制的推行和员额制改革的启动，"人案"矛盾突出，裁判压力加大，送达在实践中便表现出相互悖反的两大"怪象"。一方面，法院"粗疏送达"②、"无视"当事人权利，或送而不"达"。如法官并未遵循法律规定的送达顺序，越来越倾向于选择能够减少工作量的"性价比"更高的送达方式，一些法院不问当事人意愿，将直接送达改为电话通知当事人到法院领取诉讼文书，甚至以这种模式大幅度地替代法院到当事人住所地的"直接送达"③；或者改变立法规定把邮寄送达

① 送达凸显法院职权主义在学者们的研究中有初步涉及，如王福华《民事送达制度正当化原理》，《法商研究》2003 年第 4 期；廖永安《在理想与现实之间：对我国民事送达制度改革的再思考》，《中国法学》2010 年第 4 期；陈杭平《"职权主义"与"当事人主义"再考察：以"送达难"为中心》，《中国法学》2014 年第 4 期等。

② 学者陈杭平在充分调研的基础上将粗疏送达具体化为"粗疏"的邮寄送达、直接送达和公告送达，并作了重点分析，参见陈杭平《"粗疏送达"：透视中国民事司法缺陷的一个样本》，《法制与社会发展》2016 年第 6 期。

③ 如有法官调研指出，在总计 1074 次的直接送达方式中，共计有 690 次为当事人前往法院接受直接送达，占比达 64%，一般原告居多。实践中许多案件使用电话直接通知或由原告方带口信告知被告，到庭后再补签送达回证。参见冉崇高、赵克《理论厘清与制度重构：关于民事送达难的实证分析》，《法律适用》2017 年第 9 期。学者廖永安选择了 103 件样本案件，统计了总送达次数为 1685 次，也统计出相近的结论。参见廖永安《在理想与现实之间：对我国民事送达制度改革的再思考》，《中国法学》2010 年第 4 期。尽管《民诉法解释》第 131 条规定了"人民法院直接送达诉讼文书的，可以通知当事人到人民法院领取。当事人已到达人民法院，拒绝签署送达回证的，视为送达。审判人员、书记员应当在送达回证上注明送达情况并签名"，但通知义务作为法院保障当事人辩论权的一项义务，在不征求当事人意愿的情况下，直接转为当事人的诉讼"负担"，其合理性与合法性值得商榷，司法解释对法律的超越及正当性的缺失更值得警惕。这种方式即便确实实现了送达的目的，但在当事人支付司法成本的前提下转嫁诉讼负担，是否有利于对当事人辩论权和双方平等权的保障也值得探讨。

作为首选方案①，邮寄不成再采用直接送达或其他送达方式；最突出的问题是不严格审核公告送达的条件，滥用公告送达②，造成有些法院的公告送达率明显偏高③等。前述"粗疏送达"虽然有着经济形势与社会诚信方面的客观原因，但重复送达造成诉讼效率降低，违背当事人意愿增加讼累，邮寄不当、滥用公告送达导致当事人直至收到缺席判决或进入执行阶段才知悉涉诉。一旦有证据表明法院存在送达瑕疵，当事人将因辩论权被根本性剥夺而提起上诉或申请再审，巨大的错误成本不可避免。另一方面，对当事人形形色色的"规避送达"，法院又往往"无能为力"。实践中常见的是直接送达、邮寄送达遭遇"送而不达"的困境④，公告送达甚至"不可思议"地变成了原告滥用诉权或者被告规避债务履行的"共用的有效计策"⑤。从前文对司法实践的考察可以看出，送达对诉讼进程与裁判结果发生深刻的影响，也直接造成司法权威和诉讼效率的下降，而如何应对送达难，完善

---

① 陈杭平：《"粗疏送达"：透视中国民事司法缺陷的一个样本》，《法制与社会发展》2016 年第 6 期。另参见扬州市中级人民法院课题组《破解民事诉讼"送达难"的调查报告——基于扬州法院系统民事诉讼送达现状的分析与思考》http://fy. yangzhou. gov. cn/yzszjrmfy/fxyj/201705/b1530 ebffa5c403589b9f6842ad75b4b. shtml，最后访问日期：2018 年 7 月 1 日。这种情形非常常见，本书不做更多列举。

② 公告送达的适用条件是受送达人下落不明，或者用其他方式无法送达。对于怎么理解与证明"下落不明"以及如何判断用其他方式无法送达，法律没有明确规定。实践中个别法官仅因被告逃避送达便采用公告送达的方式，或者在当事人提供的或查找的材料无法证明受送达人"下落不明"，未穷尽其他送达方法即直接采用了公告送达等。参见陈杭平《"粗疏送达"：透视中国民事司法缺陷的一个样本》，《法制与社会发展》2016 年第 6 期。

③ 如黑龙江哈尔滨市道里区人民法院民一庭、民二庭、民三庭自 2015 年度 1 月至 9 月受理的民事案件共计 4591 件，直接送达的案件为 1759 件，约占案件总数的 38.3%；公告送达案件为 1588 件，送达率为 34.6%，接近直接送达的比例，其中民间借贷案件公告送达率更高达 50% 以上。参见王亚男《民事送达实务研究》，硕士学位论文，黑龙江大学，2015。笔者在 J 省 Y 市的调研中也发现，2017 年 Y 市各基层法院民事公告送达率平均占总送达量的15%，每一个一审案件至少要公告 2 ~ 3 次，历时 4 ~ 6 个月。

④ 如不少当事人明知法院送达文书却千方百计不予配合，有的故意避而不见，有的明明在家但就是不开门，有的则接听电话时听说是法院送达立即挂断。受送达人故意拒收邮件或在回执上故意作不实签名，同住成年家属等等有代收责任的主体以各种方式和理由，诸如不认识受送达人、不知其下落、其已经离职或搬走、单位禁止其签收诉讼文书等理由拒绝代收，法院送达人员此时往往不敢以拒绝签收为由留置诉讼文书。出现上述情形时，法院不得不补充、核查当事人信息后反复送达甚至改为公告送达。

⑤ 如原告隐瞒、虚构被告的住址及联系方式骗取公告送达，并在缺席判决中获得胜诉。如被告以规避送达使诉讼程序无法顺利进行，在法院采用留置送达或公告送达等方式进行送达后，又提起上诉或再审，拖延判决债务的履行等。

送达机制几乎成了最高人民法院的"心病"①。

细究上述"困境"，将送达定性为法院职权，把"送"与"达"的责任均归法院承担，没有从体现当事人程序主体性、保障受通知权的角度，在送达程序的建构与实践运行中明确当事人应具有的程序权利与自我责任，忽视了对双方当事人的平等保护与诉讼促进义务。送达的价值不仅在于推进程序的进行，更重要的是保障当事人受通知权，进行实效性行使辩论权的机会和可能。② 送达的完成既需要法院充分履行通知义务，也需要当事人行使受通知权，两者缺一不可，也不能互相替代。一方面，法院通知义务的履行使当事人具备了解诉讼进程和案件信息的条件和可能。另一方面，当事人接受了通知，才能充分行使辩论权等诉讼权利，实效化地参与诉讼，进而最大化地实现自己的实体权利。通过法院与当事人的共同参与，使程序得以推进。因此，在"标准版的送达程序"中，送达并非单方行为，而是法院与当事人共同作用的"场域"。法院快速、准确和妥当地履行通知义务是根本，即法院应当选择最快最有效的方式将诉讼信息传递给当事人，而作为享有受通知权的一方，当事人应为权利的实现做必要的协助，即原告、被告等诉讼法律关系主体负有提供准确的接收地址（亦称申报送达地址）、地址变更时及时告知以及指定必要情况下的代收人等协力义务，即履行诉讼促进义务。

**2. 法院通知义务的适当履行**

（1）强化通知义务履行的层次性

通知义务的履行以广义直接送达为主体，代替送达为补充，推定送达

---

① 最高人民法院关于送达的司法解释主要包括：《关于适用简易程序审理民事案件的若干规定》（法释〔2003〕15 号），《关于以法院专递方式邮寄送达民事诉讼文书的若干规定》（法释〔2004〕13 号），《关于依据原告起诉时提供的被告住址无法送达应如何处理问题的批复》（法释〔2004〕17 号），《关于进一步推进案件繁简分流优化司法资源配置的若干意见》（法发〔2016〕21 号）。最高人民法院、司法部《关于开展公证参与人民法院司法辅助事务试点工作的通知》（司发通〔2017〕68 号）规定在自 2017 年 7 月起，选择在北京、内蒙古、黑龙江、上海、江苏、浙江、安徽、福建、广东、四川、云南、陕西 12 省（区、市）开展公证参与司法辅助事务试点，试点期限为 1 年。2017 年 7 月 19 日发布了更具影响力的《关于进一步加强民事送达工作的若干意见》（法发〔2017〕19 号）。

② 参见曲昇霞《民事送达的目的观转向与制度修正——从偏重通知义务履行到保障受通知权的并重》，《法律科学》2020 年第 5 期。

为例外。法院通知义务主要通过实施送达行为来完成,通知义务的履行以保障当事人的受通知权为根本目的。在未进入信息高速发展的时代,直接送达(亦称交付送达)相较其他方式都更能实现送达的目标,无可争议地成为各国的制度首选。由送达人将诉讼文书直接送达受送达人被认为是"送达的范本",而实际上,无论是客观不能、不巧、不便,还是当事人故意规避送达,送达人送而不"达"的情形都是非常常见的。从通知权保障与诉讼促进义务相结合的角度看,现今的民事诉讼立法越来越重视的是能否让受送达人实际知悉案情,即了解诉讼的进程和具体的诉讼材料,从而保障其参与诉讼进行辩论的机会。因此,人们越来越认识到信息传送更为重要,送达人与受送达人是否直接会面、是不是由受送达人直接接收并不是问题的关键,信息能够更快捷地到达才是直接送达的根本。因而法定代理人和诉讼代理人可以接受送达,向当事人指定的送达接收人或受领人送达都是直接送达。[1]

作为直接送达的补充,各国大都规定了"补充送达"[2](也译作"代替送达"),即将送达书状交给受送达人之外的一定范围内的其他人,该其他人接收送达书状与受送达人接收书状产生同样的法律后果。在德国,"当事人、他的代理人或者他的'领导'因为没有找到、拒绝接收或者事实上不能接收而不能成为送达受领人,则根据第 178 条以下进行补充送达……补充送达非常常见,超过 70% 的送达都是通过补充送达进行的。"[3] 德国 2001 年6 月的《送达改革法》扩展了补充送达的范围,取消了在营业场所内送达的营业时间的限制,并扩展了接收人的范围。[4] 这样的规定既考虑了生活实

---

[1] 如日本法便明确规定,当事人、法定代理人或诉讼代理人,在受诉法院所在地没有住所、居所、营业所或事务所的,应当指定在该法院所在地接受送达的受领人。我国《民事诉讼法》第 88 条直接送达中同样规定,受送达人有诉讼代理人的,可以送交其代理人签收;受送达人已向人民法院指定代收人的,送交代收人签收。

[2] 如《德国民事诉讼法》第 178~181 条规定了代替送达,如"在住所、居所、营业所和事务所未遇见受送达人的,可以将应送达的文书交给具有相当辨别能力的雇员、其他职员或者同居人。在就职场所未遇见受送达人的,对受领文书具有相当辨别能力的雇主或其法定代理人、其他雇员、职员不拒绝接受的,可以向上述人员交付应送达的文书"等。

[3] 〔德〕罗森贝克、施瓦布、戈特瓦尔德:《德国民事诉讼法(上)》,李大雪译,中国法制出版社,2007,第 505 页。

[4] 参见《德国民事诉讼法》,丁启明译,厦门大学出版社,2016,第 43 页注①。

际，也"避免了过分强调必须由受送达人亲自接收，而使受送达人可以轻易阻碍送达的顺利进行。补充送达的底线是必须保障受送达人正常获悉相关情况，而不会消减受送达人的听审权"①。美国法上亦规定直接（交付）送达为最基本的送达方式，但受送达人并不限于当事人本人，也包括法人或者团体的高级职员以及当事人指定或者法律规定的接受送达的代理人等。留置送达实质上是直接送达的延伸，对受送达人以及受送达人住所内具有辨别能力的雇员、其他职员或者同居人，无正当理由拒绝接受送达的，送达人可将文书留置在应送达的场所。② 日本法上同样规定交付送达是原则，约会送达、补充送达、留置送达是直接（交付）送达的变形。③

特别需要说明的是民事诉讼信息化已经成为世界性潮流，电子送达方式已经在诸多国家进入了立法和司法实践之中。我国也在 2012 年修正《民事诉讼法》时增设了电子送达，在推进繁简分流改革试点工作中，进一步将电子送达的适用客体扩大到了判决书、裁定书、调解书等裁判文书。④ 同时为保证发挥好电子送达的便捷性和安全性，最高人民法院完善了中国审判流程信息公开网，并建立了全国统一送达平台。笔者认为，电子送达的本质仍然是直接送达，其基本结构同样是由送达人将诉讼文本交与受送达人，只是采用了电子邮件、短信、网络平台等能够确认收悉的电子媒介方式。随着现代信息技术的发展，电子诉讼必将深刻影响民事诉讼制度的发展，由"人"到"人"为特征的传统送达在电子送达到来后可能发生根本性变化，传统直接送达的优势地位也将被取代。笔者认为，尤其在人口多、流动大、户籍管理不畅的当下中国，打破公安、法院、工商、银行等部门间的"信息壁垒"，实现身份信息、信用信息、通信信息等必要的共享将成为必然的发展趋势。无论从诉讼效率还是赋予当事人送达方式的选择权上，

① 〔德〕奥特马·尧厄尼希：《民事诉讼法》（第 27 版），周翠译，法律出版社，2003，第411 页。
② 参见谭秋桂《德、日、法、美四国民事诉讼送达制度的比较分析》，《比较法研究》2011年第 4 期。
③ 参见〔日〕三月章《日本民事诉讼法》，汪一凡译，五南图书出版公司，1997，第 357 页。
④ 参见 2017 年《民事诉讼法》第 87 条，2020 年《民事诉讼程序繁简分流改革试点实施办法》第 25 条。

电子送达极有可能成为"首选"和"优选"。

（2）在尊重当事人选择权基础上确立适合文书性质的送达方式

在法院履行通知义务时，为实现当事人权利保护与诉讼效率的平衡，一些国家在尊重当事人主体性的基础上，区分不同的诉讼文书并确定了不同的送达方式。如日本法明确区分了"送达"与"送付"，需要采取法定的送达方式来传递的文书种类主要限定在能够在程序上产生重大效果的范围内，其他文书则采用较简易的"送付"方式传递，而对采用传真或电话等信息技术实施送付，新《日本民事诉讼法》做了更为宽松的规定。此外，对许多涉及双方攻击防御的书面文件，还要求在提交裁判所的同时，当事人之间相互直接送付。① 在美国法中同样对不同文书送达作了区分，虽然以当事人主义送达为主，但传票和其他令状不能由当事人自己交付送达。

我国目前立法所确认的送达方式多样，包含直接送达、留置送达、电子送达、委托送达、邮寄送达、转交送达和公告送达。② 其中，委托送达方式得到进一步发展，最高人民法院同司法部联合开展将公证机构也纳入受委托主体范围的试点工作。③ 电子送达方式的采用需要经过受送达当事人的同意，体现了对当事人选择权的尊重。与此相反，《民诉法解释》第131条将法定的直接送达补充规定"可以通知当事人到人民法院领取"，这不仅没有尊重当事人的选择权，而且将当事人从原本的"接受送达"转为"被要求自取"，当事人权利被附加了"负担"。如果赋予当事人在接受送达方式上的选择权，其自愿到法院领取或当事人约定了受送达的地点是法院，则可以圆满其正当性。④

以上多样化法定送达方式的设置旨在强化当事人受通知权的保障，让当事人尽可能实际知晓到案件具体情况，从而充分行使辩论权。然而，多样化法定送达方式中的"送达人"都局限于法院这一单独主体，同时也欠

---

① 参见王亚新《对抗与判定——日本民事诉讼的基本结构》，清华大学出版社，2002，第35页。
② 参见《民事诉讼法》第87~95条。
③ 参见最高人民法院、司法部《关于开展公证参与人民法院司法辅助事务试点工作的通知》。
④ 参见曲昇霞《民事送达的目的观转向与制度修正——从偏重通知义务履行到保障受通知权的并重》，《法律科学》2020年第5期。

缺对文书性质这一因素的考量。现行各项法定送达方式基本都可对所有性质的文书进行送达①，并未针对不同性质的文书进行细化。为减轻法院"案多人少"的现实压力，促进诉讼效率的提升，未来可以针对在程序上不会产生重大影响的文书设置更加简便的送达方式，如对当事人之间攻击防御内容的文书可以由当事人尤其是代理律师之间"互送"。

（3）完善送达证明的作出方式与效力

"送达的目的要求，不仅送达对象要获知待送达的书状，而且送达人也要能够通过证书证明正好送达了该书状。"② 送达证明包括送达回证或送达证书。《德国民事诉讼法》第 182 条规定了职权送达中的送达回证，回证应以相应的格式制成，须记载下列事项：受送达人的名字；接受移交文书人的名字；授权送达的应附委托书；代替送达需记明原因与送达的具体方式；拒绝受领送达的，应记明拒绝接受的事实，以及把应交付的书状留置送达处所或寄回寄件人的事实；送达的地点、日期，书记科认为必要的，注明送达的时间；送达人员署名。日本法上同样规定送达人完成送达后，应制作记载有关送达事项的送达证书。送达证书属于公文书证，适用公文书证证明力推定规则，即"对于其中所记载的事实，提供完全的证明"，但允许反证推翻，"对文书所记载的事实，准许提出证据证明其不正确"③，在日本法中也认为"送达证书系有关送达的公文，具有其证据力，但并非绝对唯一的证据"④。

德国法中对非法院职权送达，则规定了不同的送达证明方式。当事人申请法院执行员进行的送达，交付书状时应当注明要求送达人的名字，并

---

① 电子送达方式立法上被限制不得适用判决书、裁定书、调解书，但《民事诉讼程序繁简分流改革试点实施办法》规定在试点法院解除了该限制。在 2021 年 12 月 24 日修订的《民事诉讼法》中将第 87 条改为第 90 条，修改为："经受送达人同意，人民法院可以采用能够确认其收悉的电子方式送达诉讼文书。通过电子方式送达的判决书、裁定书、调解书，受送达人提出需要纸质文书的，人民法院应当提供。采用前款方式送达的，以送达信息到达受送达人特定系统的日期为送达日期。"电子送达已可适用于各种需送达的法律文书。

② 〔德〕罗森贝克、施瓦布、戈特瓦尔德：《德国民事诉讼法（上）》，李大雪译，中国法制出版社，2007，第 499 页。

③ 《德国民事诉讼法》，丁启明译，厦门大学出版社，2016，第 102 页。

④ 〔日〕三月章：《日本民事诉讼法》，汪一凡译，五南图书出版公司，1997，第 358 页。

附上由执行员认证的送达证书副本，或者由执行员在交付的书状上记明送达日期。邮寄送达的，执行员应在待送达书状上注明要求送达的人，并在待送达书状的原件或移交的附表上注明邮件已交付邮局，并注明受送达人的地址、法院执行员的名字及书状文号。邮局应立即将送达回证交回法院执行员。双方都有律师代理的，由律师将书状转交给另一方律师。向律师的送达，应由受送达的律师出具受领证书，上面载有署名和日期，作为送达证明。委托送达的，由受委托的官厅或者官员出具已送达的证明书。

我国《民事诉讼法》第 87 条规定，"送达诉讼文书必须有送达回证，由受送达人在送达回证上记明收到日期，签名或者盖章"。该条明确了送达回证的重要性，但将法院送达是否完成、何时完成系于受送达人的"一纸签名"，不免透露出对送达人的不信任与程序管控的强烈愿望。这一立法违背了送达回证的公文书属性与证明力规则，也使法院送达应有的权威性受到贬损，更悖论的是送达立法中并没有关注当事人的主体性，但需有受送达人签名送达方能完成，使受送达人"反转"成为决定送达完成与否的"主宰"，这是法院"送达难"产生的主要原因之一。为了应对当事人故意规避在送达回证上签字的情形，《民诉法解释》第 131 条规定了以拍照、录像等方式记录送达过程来表明送达完成。这在一定程度上缓解了"送达难"的问题，但并未体现出法院作为国家审判机关的公信力和权威性。笔者认为，法院公职人员进行送达时，确应通过送达回证进行证明，但送达回证只要包含受送达人的姓名、案由、送达地址和时间，由送达人员制作并署名，即为完整的送达证明，而无须再通过其他方式对送达回证所记载内容的真实性进行重复证明。

### 3. 当事人受通知权保障与诉讼促进义务的平衡

法院履行通知义务的目的与正义评价标准密不可分。新的司法哲学观对于正义的评价由正确性（真实维度）的一维评价体系转变为正确性＋效率性（时间维度）＋适宜性（成本维度）三维评价体系①，当事人的受通知权保障有着明确的权利边界。在新的司法哲学观之下，进入诉讼的当事

---

① 参见〔英〕阿德里安 A. S. 朱克曼主编《危机中的民事司法》，傅郁林等译，中国政法大学出版社，2005，第 4 页。

人将结果控制权交给了裁判者，裁判者不仅有义务作出正确的裁判结果，而且必须在合理的时间内、以适宜的成本作出裁判。而效率和成本的控制目标只有通过裁判者掌握过程控制权才能实现。这是近年来西方各国纷纷强化法官在程序推进方面的权限的社会基础和理论基础。① 而与过程控制权相关联的不是将当事人客体化，而是强化其为诉讼目标达成应承担的"协力"。在享有受通知权的同时，当事人必须为送达的完成承担诉讼促进义务，即告知送达的准确地址。而对法院而言，"找对人、找对地方"是完成通知义务的关键，正基于此，受通知权保障与诉讼促进义务的连接点便是对民事送达地址的确认。对当事人受通知权的保障与送达地点的适当性直接相关，在域外的规定或实践中，送达地址的范围通常比较广泛，且在不同的送达形式中规定不同，如《日本民事诉讼法》第 103 条规定的送达场所主要包括受送达人在日本国内的住所、居所、营业所或者事务所，不知前述场所或向该场所送达遇到障碍时，可向工作场所送达。第 104 条规定了送达场所的申报义务。第 107 条规定的邮寄送达地址包括"受送达人的住所、居所、营业所或者事务所；受送达人申报的送达场所；由邮局业务人员送达时的邮局"。德国法上送达地点包括住所，且不同于民法中规定的住所地，而是送达之时实际利用的空间，尤其是用于睡觉的空间，范围更加广泛，甚至包括故意给出的假住所以及营业场所、共同场所甚至初级法院、邮局等留置场所。② 我国台湾地区规定的送达地址包括了"应受送达人之住居所、事务所或营业所，会晤处所，以及就业处所"③。另外，住所的确定决定能否适用直接送达，如"住所不明"则需要采用其他方式。在"住所不明"的认定上，德国民事诉讼法上将其明确解释为"指质询德国当地居民管理局之后仍然无法确认当事人住所的情形"，因为"德国的居民管理局

---

① 参见傅郁林《新民事诉讼法中的程序性合意机制》，《比较法研究》2012 年第 5 期。
② 参见〔德〕罗森贝克、施瓦布、戈特瓦尔德《德国民事诉讼法（上）》，李大雪译，中国法制出版社，2007，第 505 ~ 507 页。
③ 台湾地区"民事诉讼法"第 136 条规定：送达于应受送达人之住居所、事务所或营业所行之。但在他处会晤应受送达人时，得于会晤处所行之。不知前项所定应为送达之处所或不能在该处所为送达时，得在应受送达人就业处所为送达。应受送达人陈明在其就业处所收受送达者，亦同。

和住所登记制度保障了这一程序的权威性……住所登记管理是几乎所有日常事务的前提——例如领取所得税税卡、幼儿园等社区基础设施的享用，办理银行卡和手机号等都需要住所登记证明，所以如果不申报住所，基本的生活在当地都寸步难行。因此，一旦居民管理局不能确定当事人的住所，那么住所不明的状态基本可以确定"①。

我国《民事诉讼法》并没有对送达地址及其法律效果作出明确规定，受送达人住所地被推定为唯一送达地址。这一基础性制度的缺失带来了实践中最令法院头疼的"首次送达难"，即无法按原告提供的地址找到并完成向被告的第一次送达。最高人民法院充分认识到送达地址对实现送达的深刻影响，也注意到当事人在送达程序中应负有的促进义务，以及突破"当事人住所地"作为单一送达地址的必要所在，在2004年出台的《关于以法院专递方式邮寄送达民事诉讼文书的若干规定》中便将原来只适用于简易程序的送达地址确认以及推定送达规定扩展适用于整个民事送达程序。2017年出台的《关于进一步加强民事送达工作的若干意见》强化了送达地址确认制度，通过"当事人确认"和"不确认时推定"，增加当事人在送达中的促进义务，以保障民事送达的完成。送达地址确认制度实质上遵循了"先找到人—再明确地址"的送达逻辑，可见，采用当事人申报送达地址和法定送达地址并行的立法格局应成为最适宜的制度完善之选。

**4. 对辩论权保障的影响应成为判断送达瑕疵的标准**

送达的目的在于使当事人知悉诉讼进程与案件情况，仍然固守原有的送达方式，以文书是否被当事人"签收"为标准来认定送达是否成就，难以实现诉讼的推进和当事人权利的维护。将送达瑕疵与当事人知悉权保障相联系来评价送达瑕疵更有意义。送达的完成是法院通知行为与当事人接受通知行为的结合，送达是否合法应以当事人有机会知悉诉讼资料与诉讼进程、知悉权能够获得保障为判断标准。在我国立法上，送达是法院的职

---

① 因德国的住址申报制度规定，在保障公民迁徙自由的前提下，新到一个地方建立住所的公民有义务在一个星期内到住所管理局依法登记。建立第二住所的，也同样应当依法按时登记。该法在德国当地实施情形表明，绝大多数居民的所有住所都得到了及时有效的登记。参见张陈果《德国民事送达改革研究——写在德国〈民事送达改革法〉颁行十年之际》，载《民事程序法研究》2014年第2期，第142~156页。

权行为，因此法院必须主动履行通知义务，从前述域外借鉴与我国的司法实践发展来看，合理确定送达地址，从最有可能的角度、最适宜的方式使当事人获知通知，成为送达改革的基本要求。如法院未依法定方式及时通知，致使当事人无法知悉则构成送达瑕疵。送达瑕疵可分为一般瑕疵和严重瑕疵，一般瑕疵是指送达行为虽有不当或并未完成，但有证据证明已采用其他方式进行了弥补，使当事人对送达文书的内容已经知悉，该瑕疵实际不影响当事人继续进行诉讼的权利。如开庭传票中开庭时间或地点写错，但法官已在庭前电话再次通知过。对这种一般瑕疵不宜认定为违法送达。严重瑕疵是指送达不当造成了客观上当事人无法了解送达文书的内容，当事人丧失了举证或答辩等参与机会，足以影响法院对案件的审理和实体判决的形成，应予纠正的情形。一般瑕疵属于对辩论权的侵害，只有属于严重瑕疵，造成了当事人重大的不利益，才构成对当事人辩论权的根本性剥夺。根据对辩论权影响的程度与所处的程序阶段判断瑕疵的类型，进而确定具体的救济方式是更为适宜的辩论权保障进路。

## （三）保障当事人诉讼记录查阅权

从域外国家及地区的立法来看，诉讼记录查阅权保障原则上包括查阅所有对于判决形成具有基础作用的诉讼记录材料，即证据交换、庭审笔录、鉴定笔录等各种证据材料和文件等，以使辩论富有针对性与实效性。只有经当事人就诉讼记录的完整性和合法性发表意见后，法院才能确定其对裁判的意义以及对后续程序的价值。尤其是法院是否回应了当事人的各种申请、是否对当事人进行了释明或法律观点的开示等。在我国民事诉讼中，查阅权并未得到重视，查阅权的规定中至少存在两个问题：一是对查阅权主体规定"本末倒置"，以诉讼代理人的查阅保障置换了对当事人查阅权的保障；二是缺乏规范的诉讼记录制度，现有的"法庭记录"无法完全回应当事人的各种程序请求事项，难以完整地为诉讼当事人的程序参与及意见陈述提供有分量的"留痕"与证明，完善当事人的查阅权应从解决上述问题出发。

首先，应落实当事人诉讼资料与法庭记录查阅权。《民事诉讼法》第52条第2款明确赋予了当事人查阅与复印权，并指出查阅、复制本案有关材料的范围和办法由最高人民法院规定。但直至 2020 年最高人民法院修正《关于诉讼代理人查阅民事案件材料的规定》均没有改变，第 10 条仍然规定："民事案件的当事人查阅案件有关材料的，参照本规定执行。""参照"这一司法解释技术是对较少的特殊情形的一种简单规范。笔者认为，这种司法解释有本末倒置之嫌，因为当事人才是诉讼主体，法律赋予当事人查阅权，旨在帮助其了解案情有效参与诉讼，而诉讼代理人只是基于授权或法律规定才分享了当事人的查阅权。因此，司法解释理应首先明确当事人如何行使查阅权，而后规定诉讼代理人"参照"，而不是置当事人于从属地位优先保障诉讼代理人的查阅权。比较《德国民事诉讼法》第 299 条、《日本民事诉讼法》第 91 条的规定就可以看出其间的明显差异。此二者均在立法中明确规定了当事人的查阅权，而没有对诉讼代理人的查阅权作出单独规定。我国台湾地区的"民事诉讼法"第 242 条更是在首先规定当事人查阅权及相应救济方式后，授权"司法院"制定"民事阅卷规则"，对当事人、诉讼代理人、参加人及其他经许可的第三人阅卷的申请方式、阅卷程序及保障作出规定。无论从原理分析还是比较法层面的考察来看，我国司法解释重点关注诉讼代理人而非当事人的查阅权存在明显的观念偏误与立法疏漏，不经意间反映出对当事人程序主体性保障的阙如。对查阅权立法规定的不足，也使下列疑问无从解决，如法院未依规定保障当事人查阅权，不允许当事人查阅的诉讼资料，能否作为裁判的基础？值得肯定的是，2018 年 3 月发布的《关于人民法院通过互联网公开审判流程信息的规定》第 11 条将查阅权明确赋予了当事人，规定"当事人及其法定代理人、诉讼代理人、辩护人申请查阅庭审录音录像、电子卷宗的，人民法院可以通过中国审判流程信息公开网或者其他诉讼服务平台提供查阅，并设置必要的安全保护措施"。然而在实践中，部分法院对于电子阅卷的"安全保护措施"用力过度，通过向当事人发送一个网络连接和查询验证码①，让当事人在一定时间内下载相关文书，超出规定的时间则无法打开。这对于当事人的查阅权而

---

① 如 J 省 Y 市 H 区人民法院向某当事人发送（2021）苏 1003 民初 810 号案件电子立案通知书的链接为 http://116.62.187.52/sfsdw/s/BKeuVn，验证码为 00cf（过了规定期限后即无法打开）。

言，无疑是一种"负担"，当事人的查阅权应当不受查阅次数和时间的限制。在最高人民法院已经建成全国统一人民法院送达平台的当下，各级法院可以通过该平台向当事人发送案件的电子文书，平台也应当为当事人提供向审理法院申请相关诉讼记录查阅的申请渠道，并规定审理法院在一定期限内进行上传以充分保障当事人的查阅权。对于诉讼记录、文书的安全保护，可以优化加密措施，而不能限制当事人的查阅时间。

　　其次，应建构我国的诉讼记录制度。① 我国现行的庭审笔录制度仅仅服务于法院裁判，没有严格规范制作主体、格式和效力要求，从性质上接近于大陆法国家的非法定化庭审笔录制度。而法定化的庭审笔录制度则要求庭审笔录由相对独立于庭审法官的司法官员制作，能够为当事人阅览或使用，具有法定证明效力。法定化的庭审笔录，就其内容的不同性质可分为庭审程序性（或形式）内容的笔录和实质性内容的笔录。笔录的内容不同，其笔录作为文书的证明效力也就有所不同。我国司法实践中出现的对程序权利保障、程序完整性证明不力等问题恰恰与笔录证明效力规范缺失有关。程序性内容的笔录主要记载与庭审有关的程序事项和内容②，尤其要记录辩论的重要过程。而这些程序性事项恰恰是诉讼进程的"留痕"，无论是域外，还是在我国，这些事项上的违法都可能构成严重的程序违法，可能构成上诉或再审的事由。

　　所谓庭审实质性内容的笔录，是指涉及具体辩论事项的内容，包括以下几类。①诉讼请求或诉讼标的方面：当事人关于诉讼标的变更、诉讼请求的放弃、权利认诺。②证据方面：事实主张的自认、证据主张的提出放

---

①　诉讼记录或笔录制度尚未得到我国学界的充分关注，实务界更倾向于如何实现法庭记录的"真、全、准"，对诉讼进程中的程序性内容和实体性内容未作应有的区分，笔录的制作主体和形式缺乏规范。笔录的证明效力不强，对诉讼进程的记录不全，其根本原因在于对诉讼记录制度的重要意义还缺乏准确认识。在最高人民法院的再审案件中，部分程序性事项缺乏有效的证明，恰恰表明诉讼记录制度缺失带来的弊端。本部分内容参见张卫平《论庭审笔录的法定化》，《中外法学》2015 年第 4 期。

②　包括庭审案件、庭审地点、时间、庭审法官或合议庭法官、书记官、庭审翻译、是否申请相关人员的回避以及相应的处理、出庭当事人及相关信息、法定代理人、诉讼代理人、出庭的其他诉讼参与人（诉讼辅助人、证人、鉴定人）及相关信息、庭审公开与否，如不公开，其理由为何等。

弃、证人和鉴定人的陈述、作为裁判依据的证据的质证和认证。③当事人主张、陈述方面：关于当事人主张的笔录是对当事人在庭审中的所有事实主张的证明文书。其法律意义在于，原则上在笔录中没有记载的事实被视为当事人没有在辩论阶段提出，不得作为裁判的依据。④当事人对审判违反诉讼程序行为的异议。⑤关于诉讼的其他重要事项的主张和陈述、法官释明、裁判的宣判及主要内容等。

为了防止人们庭审之后对庭审中已经辩论的问题再生争执，影响已实施程序的安定性，有必要对庭审辩论中的重要事项或内容分别单独制作笔录，以便对具体的辩论内容和事项提供证明。例如，当事人陈述笔录、证据主张笔录、证据申请笔录、证据调查或质证、认证笔录、程序异议笔录、认诺笔录、证人笔录、鉴定人陈述笔录。庭审笔录不能仅作为裁判资料为法官裁判所使用，其作为诉讼资料也应当为当事人和诉讼利害关系人所使用。因此，当事人和诉讼利害关系人应有请求阅览的权利。制作和保管庭审笔录是具有专门资格的书记官特有的权限，笔录制作有专门的要求①，不能在庭审中根据速记直接完成。庭审笔录阅览请求也应直接向书记官提出。原则上，书记官不得拒绝当事人和诉讼利害关系人阅览庭审笔录，除非该阅览妨碍庭审笔录的保管以及法官制作裁判文书或其他事务的情形。庭审笔录中关于庭审程序性事项的笔录具有绝对证明效力，其他证据无效。当人们对这些事项是否发生产生争议时，笔录是唯一的证明，不允许提出反证。② 庭审笔录没有记载的事项，即视为没有发生或实施。如前文判例中所出现的法院是否进行了释明、由谁证明、如何证明这些难题，直接导致了辩论权保障无法实效化的困境，就可以通过诉讼笔录的完备化加以破解。

我国现行笔录操作就存在记载内容过于笼统、含混的情形，这种笔录方式不利于当事人将其作为法定的证明手段。从前述案例中我们能够发现，对原审法院是否遵循了法定程序，当事人提出了哪些主张与申请，提供了

---

① 如日本，在司法实践中往往是在本次辩论期日终了之后一周左右完成笔录的制作。笔录必须根据速记进行整理，因此往往需要花费比庭审陈述更多的时间。

② 《德国民事诉讼法》第 165 条对庭审笔录就程序性事项证明唯一性有明确规定。该条规定："关于是否遵守为言词辩论所规定的方式，只能用笔录证明。只有在证明笔录是伪造时，才能否定笔录中关于辩论方式的内容。"

哪些证据，是否有程序异议等，除了开庭笔录或庭前会议的笔录，并不具有其他专门的笔录形式，尤为重要的，法律对记录主体、记录规范并没有严格要求，以至于有些到法院实习的"在校本科生或研究生"也能够做法庭记录，而且不同记录主体对笔录记载的规范性差异明显，有些案件笔录甚至非常简单，而当事人或代理人核对笔录时又往往因被法院催促、时间紧或不了解其法律意义而流于形式，导致实践中笔录的证明效力不足。而信息化改革带来的同步记录与核对笔录方式，虽然可视、便利，但影响开庭审理的节奏，延长了庭审时间，且记录只是对庭审活动的文字化，重点不突出，甚至不免受制于当事人对枝节问题的计较而偏离了审判焦点。法定化的庭审笔录不同于现行庭审笔录，作为一种具有法律证明性质的文书，其制作主体应当是与庭审法官保持相对独立性的司法人员。① 其相对独立性表现在，在程序性事项的记载方面不受庭审法官的支配，法官不能干预书记官笔录制作行为。对非程序性事项，例如庭审中的证据调查内容，法官才有支配权。我国司法改革中已经开始关注庭审记录的改革，但仅仅考虑到了对记录的"快""全""准"，如最高人民法院《关于进一步推进案件繁简分流优化司法资源配置的若干意见》第 11 条规定："推行庭审记录方式改革。积极开发利用智能语音识别技术，实现庭审语音同步转化为文字并生成法庭笔录。落实庭审活动全程录音录像的要求，探索使用庭审录音录像简化或者替代书记员法庭记录。"该解释只关注了科技能够带来的记录外观上的"全程全貌"②，而并没有认识到诉讼记录的价值，应具备的具体要素和规范要求，更没有看到书记员在诉讼记录制作中的重要地位，没有赋予诉讼记录应有的法律效力，对民事庭审的规范化和保障当事人诉讼权

---

① 例如，德国、日本和我国台湾地区称为书记官。

② 在与法官与律师的交流中笔者发现，对新系统带来的录入便利大家都表示认可和欢迎。有些地方的法官或书记员反映新的语音识别系统使书记员或法官助理的大量时间花在了修改错别字上，新系统对一些方言识别率不高，庭上要花时间与当事人核对。如果不间断的录音识别缺少庭审中的及时归纳总结，笔录会变得更加繁杂，特别是庭审中一些"杂音"或者当事人的口头语甚至脏话都入了法庭笔录，所以多数法院更愿意将机器识别作为辅助，法官随时掌控"识别"或"人工转写"至传统的书记员记录模式，使庭审笔录更完整，也相对更快，法官审理精力更集中，书记员也更轻松、效率更高。另外，笔录既需要纸质版，也需要电子版，又大大增加了司法成本和对存储空间的要求。

利究竟具有多大的价值尚需要进一步观察。从前文笔者对最高人民法院判例的摘录分析中多个案件涉及程序性事项和实质性事项的争议,法院审理时缺乏明确和规范的笔录证据恰恰印证了这一点。因此,借助"智慧法院"建设的契机,在将现代科技引入法庭审理的同时,建构完整的诉讼记录制度应成为当前民事诉讼制度改革的重要内容。

### (四) 保障当事人到场权

到场权也称为在场见证权,"系指当事人为尽充分辩论之能事,得要求充分认识判决法院之审理状况,并得在法院为一切审理时,到场见证而参与程序等权利"[①]。德日等国民事诉讼法中对到场权均有规定。以德国法为例,《德国民事诉讼法》第 357 条明确规定,"准许当事人参与调查证据",第 364 条第 4 款规定了当事人可以参加在国外的证据调查及当事人的告知义务,第 491、492 条则规定了证据保全中当事人的在场权、对方当事人的传唤义务以及未到场时的保全证据效力。对于当事人未到场的法律后果及其效力补救是立法关注的重点,第 367 条规定:"当事人不在场但依案件情况仍能进行证据调查时可以进行。如果不致拖延诉讼,或者当事人能释明对前次期日不到场并无过失时,法院可以依申请,在据以为判决的言词辩论终结前,命令追行调查证据;如果当事人能释明,因其未到场,调查证据有重大遗漏时,法院也可依申请,在据以为判决的言词辩论终结前,命令补充调查证据。若法院没有向当事人提供参加的机会,尤其是及时通知证据期日……没有根据第 295 条第 1 款 (程序责问) 补正违法行为将阻碍证据调查的使用,如果被声明不服的判决依据这种证明作出,它还可以成为上诉的理由。"[②]《日本民事诉讼法》也有类似的规定,"作为当事人程序保障的重要权能之一,当事人应当享有出席证据调查、并参与调查及对证据发表主张的权利。为了保障当事人的这种出席机会,法院应当向当事人告

---

① 邱联恭:《程序制度机能论》,作者自版,1996,第 241 页。
② 〔德〕罗森贝克、施瓦布、戈特瓦尔德:《德国民事诉讼法 (上)》,李大雪译,中国法制出版社,2007,第 868 页。

知证据调查的期日及场所，并向其发出传唤"①。可见，到场权是向当事人公开的重要组成，如未通知和传唤当事人，将使其无法实质性参与辩论，由此所得的证据调查结果将因侵犯当事人听审请求权而应受质疑。回观我国民事诉讼法，送达制度、缺席裁判等立法的欠缺均影响了到场权的实现，而庭审外的证据调查如何关照当事人的在场权更是立法中疏于关注的内容。以我国《民事诉讼法》证据保全程序为例，第84条仅规定了两种证据保全的类型及提起主体，相应程序则参照保全章，对到场权均未作规定。笔者以为，尽管都称为保全，但证据保全与财产、行为保全的功能定位明显不同：证据保全的适用情形是证据在开庭前有可能灭失或以后难以取得，通过对相关证据采取保全措施以实现预防性的事实认定，其目的在于查清事实公正裁判；而财产、行为保全则是为保障生效裁判的执行或防止给当事人造成其他损害，其目的在于为实现判决既定权利提供预先并迅捷的保障，两者体现不同的价值取向。证据保全旨在追求公正，制度安排上自然应重视当事人程序参与权的保障，当事人未到场难以进行有效的辩论，保全的证据将失去价值。与之不同，财产、行为保全则是在追求效率基础上兼及公平，旨在保障将来的判决能够得以执行。因此可不经言词辩论即作出裁定并予以执行，并以担保及判决后对错误保全的救济制度来弥补当事人在其中可能受到的损害，使合理限制当事人程序权具有了正当性。两类保全制度不可能分享完全相同的程序，完全"参照"显然不妥。可见，证据保全程序，应与其他证据调查程序一样重视对当事人到场权的保障，而当到场成为促进诉讼的需要时，则应规定不到场的法律后果。如德、日等大陆法国家的民事诉讼立法中均规定了证据保全（德国称"独立证据程序"）程序中的法院通知义务，以保障当事人到场权的实现。反观我国，最高人民法院在2019年《民诉证据规定》第27条第1款仍然沿袭以往规定，"人民法院进行证据保全，可以要求当事人或者诉讼代理人到场"，虽然认识到了当事人到场的重要性，但将法院对到场权的通知保障义务错误定位为是否需要到场的自由裁量权，使当事人或利害关系人极易因没有获得通知而不

---

① 〔日〕新堂幸司：《新民事诉讼法》，林剑锋译，法律出版社，2008，第432页。

到场，进而无法参与保全证据的形成过程，导致对保全的证据难以有效质证。

从比较法的研究中，我们看到，辩论权保障必然包含当事人享有出席证据调查并对证据调查结果发表主张的权利。为了保障当事人的这种出席机会，德、日等大陆法系国家规定法院应向当事人告知证据调查的期日及场所，并向其发出传唤。就保障的程度而言，只要保障参与的机会即可。如果受到适法传唤的一方或双方当事人放弃了到场，法院则可以在可能的范围内实施证据调查，放弃到场的当事人原则上不能提出再实施证据调查之申请。当到场成为对方当事人的证据协力义务时，应当优先保障申请的一方，以促进事实的解明。

## 三 优化辩论权行使并活化辩论程序

根据处分权主义与辩论主义的要求，当事人应主导诉讼的启动与终结、确定审理对象与范围，并负责提出形成裁判基础的事实及证据方法，因此，当事人能够充分行使事实、证据及法律主张权是实现诉讼目的的前提。我国《民事诉讼法》初步规定了陈述和辩论的权利。第 128 条规定了答辩权的保障，第 143 条则从合并审理的角度肯定了当事人有权变更诉讼主张。第 162 条特别强调了简易程序中当事人陈述权的保障。① 除了保障当事人陈述机会外，还必须注意到，法律的专业性与诉讼的技巧性，使辩论主义意图赋予当事人的"理想言词情境"与当事人法律知识、诉讼经验之间并非总相契合，而诉讼的结果却与之密切相关。也就是说，保障当事人具有辩论的机会，并引导其富有意义地行使辩论权，才能实现辩论权行使的优化。

### （一）保障当事人富有意义地提出事实与法律主张

**1. 保障当事人和受裁判影响的主体提出主张和抗辩的机会**

优化辩论权的行使首先意味着应将当事人的辩论权保障作为基本的程

---

① 《民事诉讼法》第 162 条："基层人民法院和它派出的法庭审理简单的民事案件，可以用简便方式传唤当事人和证人、送达诉讼文书、审理案件，但应当保障当事人陈述意见的权利。"

序理念，从实现程序正当性出发，保障当事人具有提出主张和抗辩的权利。笔者试以《民事诉讼法》第56、57条规定的人数不确定的代表人诉讼制度为例做一分析。从辩论权保障的角度看，法条中至少有两点值得探讨。其一，对于被代表人的当事人缺失主张异议的规定。虽然让渡了诉讼实施权，但在代表人滥用权利的情况下，被代表人的当事人只能更换代表人而不能就实体审理提出异议，原代表人实施的诉讼行为对更换后的代表人具有拘束力，当事人的辩论权利难以得到充分及时的救济。① 其二，对于未参加登记的当事人提起的后诉辩论权保障不足，既判力扩张缺乏法理支撑。根据《民事诉讼法》第57条和《民诉法解释》第80条的规定，对未参加登记的当事人在诉讼时效期间内提起诉讼的，人民法院认定其请求成立的，裁定适用已作出的判决、裁定。"法院认定其请求成立"这一"认定"程序实践中如何操作，是书面审理还是必须经过庭审或质证过程？如法院进行书面审理，显然对当事人辩论权保障不足；如开庭审理，如何进行程序设计，是"按实体请求是否成立"进行主张，还是按"与已判决代表人诉讼案件法律关系一致"进行主张？如果"按实体请求是否成立"进行审理，与普通诉讼程序不应有太大差异，必须给予当事人充分的主张、证明与辩论机会，法院实际上仍根据个案具体情况进行审理，无法实现代表人制度设计的本意。而如果主张"与已判决代表人诉讼案件法律关系一致"，因而可以适用本案判决，则现有条文中并未明确审理的特别程序。尽管立法明确了既判力可以扩张，但难以确定既判力扩张的根据。其面临的一个理论困境是，对那些未参与代表人诉讼程序但在诉讼时效期限内起诉的当事人而言，未经其同意未给予其充分主张、举证和辩论就接受法庭对于相似争点问题裁判的约束，是否侵犯了后诉当事人的辩论权？代表人立法目标中"快捷、便利"的追求恰恰导致了"欲速而不达"的后果。当事人不愿意接受代表人裁判既判力扩张至自己的案件，而法院不愿意适用代表人诉讼程序解决

---

① 从理论阐释看，诉讼中诉讼代表人不能履行职责或滥用代表权时，可以更换。在需要更换诉讼代表人时，应由被代表当事人向法院提出更换申请。人民法院认为申请有理由的，应裁定中止诉讼，然后召集全体被代表人，以推选、协商等方式重新确定诉讼代表人。新的诉讼代表人产生后，诉讼恢复。原诉讼代表人实施的诉讼行为，对更换后的诉讼代表人有拘束力。

群体性纠纷早已不是什么"新鲜事"①。虽然不排除转型时期法院承担了难以承受的社会治理之责,在程序选择上免不了要考虑群体诉讼可能会涉及的政府利益、地方利益及社会稳定等敏感问题,加之考核指标的导向激励,将案件审理中本可以进行的"批发"更多做成了"零售"。但不得不说除了转型社会的特殊性之外,更重要的原因还在于代表人诉讼程序设计不足、当事人无法获得充分的程序保障,程序适用存在太多让法院难以解释和应对的合理性困境所致。

代表人诉讼制度以高效解决多数人纠纷为目标,即借助群体性当事人利益的聚合性特征,通过群体中若干成员的个体利益汇聚,以尽可能带来规模效应上的"帕累托最优"②。但代表人诉讼所体现出的对现代型纠纷的"打包"处理,在形成集体合意高效应对纠纷、合理分担风险与成本的同时,也带来了对被代表当事人程序权保障的减损,而判决的扩张效力③更使未参与登记的后诉当事人几乎丧失了"程序自由",辩论权也未得到充分的

---

① 笔者以"代表人诉讼"为关键词,在中国裁判文书网进行了检索,尽管检索不够完全,但能够在典型案件中感受到法院对代表人诉讼实践运用的态度。在最高人民法院审理的陈光、吴建功合同纠纷案件中,上诉人的诉求清晰表明:"本案必须以代表人诉讼方式维护权益,不应分别起诉。一审混淆代表人诉讼制度为必要共同诉讼制度,本案诉讼标的属于同一种类,起诉状中附有337人明确具体的诉讼请求。"而最高人民法院归纳的争议焦点完全与上诉人的诉求及代表人诉讼无关,判决书中写道:"本院经审理认为,本案二审应着重审查本案是否属于必要共同诉讼;一审法院有无适用法律错误,程序严重违法情形。"上诉人自己已明确所提代表人诉讼非必要共同诉讼,但可以提起代表人诉讼,最高人民法院置之不理,只对不属于必要共同诉讼进行了分析认定,而后连同其他关于法律适用与程序错误的上诉理由一并予以否定,裁定驳回了上诉人的上诉。《民事诉讼法》第56条规定:"当事人一方人数众多的共同诉讼,可以由当事人推选代表人进行诉讼。代表人的诉讼行为对其所代表的当事人发生效力,但代表人变更、放弃诉讼请求或者承认对方当事人的诉讼请求,进行和解,必须经被代表的当事人同意。"代表人诉讼并没有限定只有必要共同诉讼才能提起暂不论对错,最高人民法院的判决至少表明了在司法实践中代表人诉讼的适用存在严重分歧以及各级法院并不支持的鲜明态度。参见(2017)最高法民终653号二审民事裁定书。
② 帕累托最优(Pareto optimality),也称为帕累托效率(Pareto efficiency),是指资源分配的一种理想状态,假定固有的一群人和可分配的资源,从一种分配状态到另一种状态的变化中,在没有使任何人境况变坏的前提下,使得至少一个人变得更好。帕累托最优是公平与效率的"理想王国"。
③ 我国民事诉讼法规定了代表人诉讼判决的强制扩张效力,即后续未登记的权利人起诉直接适用《民事诉讼法》第57条:人民法院作出的判决、裁定,对参加登记的全体权利人发生效力。未参加登记的权利人在诉讼时效期间提起诉讼的,适用该判决、裁定。

保障。笔者认为，以保障当事人的程序主体权为根本，在制度设计中凸显如下权利保障的内容将有助于代表人诉讼价值的实现。其一，保障被代表当事人的知情权与异议权。程序建构中应明确规定被代表的当事人有权参与诉讼，查阅诉讼记录，了解诉讼进程，从而保障其知情权。如果被代表当事人对代表人的辩论及判决有异议，有权向法院提出。如忽略某些对诉讼结果产生重大影响的证据或与对方当事人恶意串通损害被代表当事人利益的情形，被代表当事人有权向法院提出异议。在判决已经作出时，被代表当事人有权提起上诉。知情权与异议权的规定使被代表当事人因为"同步知悉"诉讼进程并了解代表人实施诉讼的情形，在诉讼进行中获得了"知情"与"表达意见"的机会，使判决因保障了被代表当事人的参与权或辩论权而获得了正当性。其二，赋予未参加登记当事人程序选择权，借鉴域外"示范诉讼契约"模式，使代表人诉讼判决因当事人的同意而扩张。①人数不确定的代表人诉讼可以在未参加登记当事人提起诉讼后，在对其主张的具体权利或法律关系与代表人诉讼判决进行一致性审查通过后，尊重当事人自愿，签订判决拘束力协议、诉讼各方达成暂时性或永久性停止讼争协议及执行名义取得协议，使代表人诉讼判决有效扩张至未参加诉讼的后诉当事人，以实现"案结事了"。对当事人不愿意签订上述协议的，则应尊重其权利，进行具体审理和判决。

　　保障当事人提出主张和抗辩的机会，不仅在传统庭审应有相关体现，在电子诉讼中也应得到相应的重视。"异步审理"即是法院在电子诉讼中充分给予当事人辩论权的体现。例如，为满足当事人多元化的诉讼需求，杭州互联网法院根据相关法律规定，结合审判工作实际，制定了《涉网案件异步审理规程（试行）》（以下简称《异步审理规程》）。异步审理是将"案

---

① "示范诉讼契约"的内容涵盖四个方面：一，示范诉讼各方达成的暂时性或永久性停止讼争协议；二，示范判决拘束力协议，用以将示范诉讼判决既判力扩张到诉讼当事人之外的协议当事人；三，执行名义取得协议，赋予示范判决的执行名义效力，当时债务人拒绝自动履行债务，债权人得以因示范诉讼判决而获得执行名义，以强制债务人履行其债务；其四，关于示范诉讼程序的约定，这包括示范诉讼当事人的择定，示范诉讼当事人的权限约定，如舍弃诉讼、认诺的限制等协议以及关于形成裁判基础资料的事实、证据提出权限；另外还有关于第三审上诉限制等。参见沈冠伶《诉讼权保障与裁判外纷争处理》，台湾元照出版公司，2006，第246～270页。

件各审判环节分布在杭州互联网法院网上诉讼平台上，法官与原告、被告等诉讼参与人在规定期限内按照各自选择的时间登录平台以非同步方式完成诉讼的审理模式"。异步审理创新庭审模式，打破了庭审必须同步进行的限制，为当事人及法官提供灵活安排庭审时间的选择。在"不同步"的庭审中，如何保障当事人辩论权的充分行使是需考虑的首要问题。《异步审理规程》对此在第 6 条至第 10 条中，作出了详细规定。在发问环节，双方当事人在对方发问结束后，均拥有 24 小时的回答时间；在辩论环节，当事人则拥有 48 小时的时间发表意见；在最后陈述环节中，当事人可在 24 小时内不分先后的陈述最终意见。异步审理通过充裕的时间保障，为当事人行使辩论权提供机会。2021 年最高人民法院《人民法院在线诉讼规则》在各地实践基础上明确规定了非同步举证、质证及定审等诉讼活动方式。

**2. 以法院履行释明义务、心证公开及法律观点开示义务指引辩论**

当事人作为程序主体，能够参与和进行辩论只是当事人辩论权保障的底线和基本，使辩论权获得充分、高效即富有意义的行使，才是辩论权权利实现的关键。从域外的权利变迁与制度发展来看，虽然在权利用语与制度形式上有所不同，但目标具有相通性，即越来越凸显当事人的程序主体地位，注重集中审理，通过辩论权和审判权的"对话沟通"，共同完成程序的塑造和判决的形成，实现法院裁判系统与当事人攻防系统的良好对接，使"纠纷一次性解决"。法院不是消极的裁判者，而是在尊重当事人主体性基础上通过"实质性诉讼指挥"或"计划审理"，根据诉讼促进的要求"动态"调整个案中诉讼法律关系主体间的权利与义务，进而实现诉讼目标的引导者。当事人仍然是提出诉讼请求、事实主张、证据的主体，有权决定审理的限度与裁判形成的基础，辩论主义与处分权主义构成了辩论权保障的起点，但辩论权保障不局限于对审理范围和裁判基础上的权限划分，而更注重于如何保障当事人在诉讼进行中"成为"程序主体，能够合理提出主张和抗辩，使纠纷解决更加公正、妥当和迅速。

从域外的发展与我国法院司法实践经验来看，实现辩论权优化行使在程序设计上需要集中审理，而在权利实现中则需要法院履行释明义务、适时公开心证和开示法律见解，通过与当事人的沟通（如德国法中的"讨论"

"实质性诉讼指挥"等），避免突袭性裁判，引导当事人围绕争议焦点进行辩论，进而高效解决纠纷。最高人民法院于 2014 年提出并积极推广的简案"要素式庭审"（亦称为"要素式审判方法"），即是辩论权优化行使的一种全新尝试。"要素式庭审"，主要是借助双方当事人提交的要素表，法官可以在庭审前筛选出有争议的案件要素，从而在庭审中集中对争议焦点进行调查，并指挥当事人进行有针对性的辩论，制作要素式裁判文书，简化审理流程，提高审判效率，实现简案快审。笔者试以北京地区法院《速裁案件要素式审判若干规定（试行)》中的主要纠纷案件作一例举和说明。

## 要素表及要素式判决书

### 附件 1　买卖合同纠纷

#### （一）要素表

**买卖合同纠纷案件情况要素表**

> 重要声明
>
> 1. 为了帮助您更好地参加诉讼，保护您的合法权利，特发本表。
>
> 2. 本表所列各项内容都是法官查明案件事实所需要了解的，请您务必认真阅读，如实填写。
>
> 3. 由于本表的设计是针对普通买卖合同纠纷案件，其中有些项目可能与您的案件无关，对于您认为与您案件无关的项目可以填"无"或不填。对于本表中有遗漏的项目，您可以在本表中另行填写。
>
> 4. 您在本表中所填写内容属于您依法向法院陈述的重要内容，您填写的项目表副本，本院将会依法送达给其他诉讼参与人。

请填写以下内容：

一、合同效力：_____（有效或无效），依据为_____。

二、签订买卖合同的时间：_____年_____月_____日。合同约定签订买卖合同的地点：_____。

三、是否约定管辖条款或管辖协议：否□，是□_____。

四、合同约定买卖标的物情况、价款和价款支付方式：货物_____；数量_____；总价款_____，分_____期支付，第_____期_____，第_____期_____，第_____期_____。价款支付方式为：_____。

五、合同约定的交货时间：_____年_____月_____日，交货地点_____，交货方式_____。

六、合同约定的质量标准及检验方式：否□，是□_____。

七、合同约定的质量异议期限：否□，是□_____。

八、合同约定的违约金计算方式：_____

九、合同约定的解除条件：_____

十、合同标的交付情况（时间、地点、数量）：_____

十一、合同价款的实际支付情况：_____

十二、合同标的有无质量争议：_____

十三、违约金计算公式：_____

十四、对合同约定违约金标准有无异议：_____

十五、需要说明的其他事项_____。

请对上述内容重新核对，确认后签名。

当事人（签章）：

××××年×月×日

## （二）要素式判决书

### 北京市××区人民法院

### 民事判决书

（××××）……民初……号

原告：×××，……。

法定代理人/指定代理人/法定代表人/主要负责人：×××，……。

委托诉讼代理人：×××，……。

被告：×××，……。

法定代理人/指定代理人/法定代表人/主要负责人：×××，……。

委托诉讼代理人：×××，……。

（以上写明当事人和其他诉讼参加人的姓名或者名称等基本信息。）

原告×××与被告×××……（写明案由）一案，本院依法适用简易程序，公开／因涉及……（写明不公开开庭的理由）不公开开庭进行了审理。原告×××、被告×××（写明当事人和其他诉讼参加人的诉讼地位和姓名或者名称）到庭参加诉讼。本案现已审理终结。

原告向本院提出诉讼请求：……。

被告辩称：……。

本院经审理认定事实如下：

一、合同效力：＿＿＿＿＿＿（有效或无效），依据为＿＿＿＿＿＿。

二、签订买卖合同的时间：＿＿＿＿＿＿年＿＿＿＿＿＿月＿＿＿＿＿＿日。合同约定签订买卖合同的地点：＿＿＿＿＿＿。

三、是否约定管辖条款或管辖协议：否□，是□＿＿＿＿＿＿。

四、合同约定买卖标的物情况、价款和价款支付方式：货物＿＿＿＿＿＿；数量＿＿＿＿＿＿；总价款＿＿＿＿＿＿，分＿＿＿＿＿＿期支付，第＿＿＿＿＿＿期＿＿＿＿＿＿，第＿＿＿＿＿＿期＿＿＿＿＿＿，第＿＿＿＿＿＿期＿＿＿＿＿＿。价款支付方式为：＿＿＿＿＿＿。

五、合同约定的交货时间：＿＿＿＿＿＿年＿＿＿＿＿＿月＿＿＿＿＿＿日，交货地点＿＿＿＿＿＿，交货方式＿＿＿＿＿＿。

六、合同约定的质量标准及检验方式：否□，是□＿＿＿＿＿＿。

七、合同约定的质量异议期限：否□，是□＿＿＿＿＿＿。

八、合同约定的违约金计算方式：＿＿＿＿＿＿＿＿＿＿＿＿＿＿＿。

九、合同约定的解除条件：＿＿＿＿＿＿＿＿＿＿＿＿＿＿＿＿＿＿＿。

十、合同标的交付情况（时间、地点、数量）：＿＿＿＿＿＿＿＿＿＿＿＿。

十一、合同价款的实际支付情况：＿＿＿＿＿＿＿＿＿＿＿＿＿＿＿＿＿。

十二、合同标的有无质量争议：＿＿＿＿＿＿＿＿＿＿＿＿＿＿＿＿＿。

十三、违约金计算公式：＿＿＿＿＿＿＿＿＿＿＿＿＿＿＿＿＿＿＿＿＿。

十四、对合同约定违约金标准有无异议：＿＿＿＿＿＿＿＿＿＿＿＿＿＿＿＿＿。

十五、需要说明的其他事项＿＿＿＿＿＿＿＿＿＿＿＿＿＿＿＿＿＿＿。

以上事项中，双方有争议的事项为第×项、第×项，其他事项双方无争议。

综上所述，……（写明对当事人的诉讼请求及主张是否支持进行评述）。依照《中华人民共和国……法》第×条、……（写明法律文件名称及其条款项序号）规定，判决如下：

……（写明判决结果）。

如果未按本判决指定的期间履行给付金钱义务，应当依照《中华人民共和国民事诉讼法》第二百五十三条规定，加倍支付迟延履行期间的债务利息（没有给付金钱义务的，不写）。

案件受理费……元，由……负担（写明当事人姓名或者名称、负担金额）。

如不服本判决，可以在判决书送达之日起十五日内，向本院递交上诉状，并按对方当事人的人数提出副本，上诉于××××人民法院。

审判员×××

××××年×月×日

"要素式庭审"在提升诉讼效率的同时，也在一定程度上达到了辩论权优化行使的效果。当然，法院行使上述职责的底线是尊重当事人的处分权，法官要做的应当是"让当事人知道法的状况，而且必须告知当事人其行为将要导致怎样的法律后果。只有这样做，当事人才能真正享受到自由；但是，法官并不是当事人的监护人，对于法官的提示，当事人是否予以接受，这是当事人个人的问题。当事人的主张无论存在多么不合理之处，法官都要受此约束。法官不能无视当事人的意思，也绝不能对这种意思的形成施加影响"[1]。公开心证和开示法律见解有助于当事人及时了解法官对案件情况的认识与判断，以便权衡实体利益与程序利益，提出更充分的攻击防御方法。在这一对话过程中，既能促使法院及时治愈或补全存在于判断过程

---

[1] 〔德〕鲁道夫·巴沙曼：《社会的民事诉讼——在社会法治国家民事诉讼法的理论和实践》，〔日〕森勇译，日本成文堂，1990，第130页。转引自唐力《辩论主义的嬗变与协同主义的兴起》，《现代法学》2005年第6期。

中的谬误或不完全，亦可使当事人充分辩论，参与裁判的形成过程，进而信赖并履行裁判的内容。①《德国民事诉讼法》第 278 条第 2 项规定"调查证据结束后，应就案件情况与争议情况再与当事人讨论"，正反映了优化辩论权行使的一种立法努力。

## （二）引导当事人高效行使证据提出和质证权

提出主张或抗辩后，对形成判决基础的事实，当事人有责任提供证据加以证明，而证明的完成必须通过辩论权的行使方能实现，具体体现为两个方面：一方面，当事人需要向法院主张其证据或证据方法；另一方面，当事人提交的证据必须经过质证才能成为定案的依据。所以，作为裁判基础的事实实质上来自证据调查中当事人辩论的"成果"。证明权的高效行使与当事人的辩论能力密切相关，而法院通过释明与心证公开，强化司法管理增强审理的计划性，引导当事人围绕争点进行举证与辩论，可以促使当事人高效行使证据提出和质证权。笔者试结合我国的实际，从以下方面进行分析。

首先，证据调查应围绕争点进行，并保障当事人的证据提出权。为充实言词辩论的内容，防止诉讼突袭的发生或诉讼的延滞，对争点的确定成为证据调查的核心。我国《民诉法解释》第 226 条已对争点的确定方法与程序作了规定，即根据当事人的诉讼请求、答辩意见及证据交换的情况，归纳争议焦点，并征求当事人的意见。争点整理的错误往往导致了证据提供的偏离和事实认定的"失真"，其导致的是否准予鉴定的判断错误、不当

---

① 参见我国台湾地区邱联恭教授对心证公开功能的阐释。（1）使当事人（律师）适时预测形成心证之过程及结果，以表明对法院判断之信赖度，并提出充分之攻击防御方法或陈述意见，促使法院及时治愈或补充隐存于判断过程的谬误或不完全。（2）使法院能检点其一度达成之判断活动，借以彻底防止发生"发现真实的突袭"及"促进诉讼的突袭"，并确认当事人对法律家（法官及律师）活动之信赖度，以排除阻碍树立裁判威信的原因。（3）使当事人可不必仍处于暗中摸索法官判读过程，而从事主张及举证活动之境遇，借以缓和或排除辩论主义之僵化现象。（4）使当事人（律师）在某限度内可介入包括形成心证活动在内之法院判断过程，以促成自由心证主义运用之健全化。（5）赋予当事人衡量其实体上利益与程序上利益之机会，是法官中立性之贯彻。参见台湾地区民事诉讼法研究会编《民事诉讼法之研讨（一）》，1986，第 44 页。

驳回当事人提出的法院调查申请、错误进行职权调查以及未对当事人进行释明或心证公开等①，都构成了对当事人辩论权的侵害，裁判突袭的发生则将根本性地剥夺当事人辩论权。

在制度实现上，有效准确的争点整理是一项系统工程，诉讼标的固定、法律争点的排序、事实与证据争点的形成，既层层推进，又盘根错节、相互影响，且个中还交织着争点的变动。② 因此设计合理的程序确定争点变得非常重要，从前文的域外借鉴中可以看到，德国的初步审理与准备书状程序、日本及我国台湾地区的争点整理程序以及美国民事诉讼中的审前会议等，都是能够实现争点整理目标的程序设计。通过上述程序，一方面，整理、限缩和确认争点，使法庭调查与辩论能够围绕真正的争点进行，审前准备程序的任务就在于使那些真正存在争执的事实争点交给事实审理者进行审判，以实现审理的集中化③；另一方面，体现争点对当事人和法院的约束力，即阻止在下一个程序出现新的争点，原则上不得再提出主张与证据等攻击防御方法。法院不得将当事人间不争执的事实作为审理对象，亦不得超越当事人已经确认的争点范围，认定当事人尚未主张的事实。我国现行《民事诉讼法》规定了较为完整的审前程序，2015 年最高人民法院在《民诉法解释》中明确提出了"庭前会议"机制，是一种最为典型的争点整理程序。充分运用庭前会议制度实现争点整理、实效化当事人的证据提出权成为实现集中审理、避免诉讼突袭、提高诉讼效率的重要一环。2022 年《民诉法解释》延续了上述规定，第 225 条④对庭前会议的内容作了列举，包括明确诉辩主张、交换证据和归纳争点，还可以根据当事人的申请决定

---

① 最典型的情形表现为：证据提出存在瑕疵、当事人不注意或误解而未提出或不充分时，法院未释明以督促当事人修正、补充证据，而是直接依据证明责任作出判定，或者自行依职权调查而未在法庭上提出听取当事人的辩论意见即作为裁判的依据。

② 黄湧：《民商事案件争点整理若干技术问题》，《人民司法》2010 年第 9 期。

③ 〔美〕史蒂文·苏本、〔美〕玛格瑞特（绮剑）·伍：《美国民事诉讼的真谛——从历史、文化、实务的视角》，蔡彦敏、徐卉译，法律出版社，2002，第 123 页。

④ 《民诉法解释》第 225 条："根据案件具体情况，庭前会议可以包括下列内容：（一）明确原告的诉讼请求和被告的答辩意见；（二）审查处理当事人增加、变更诉讼请求的申请和提出的反诉，以及第三人提出的与本案有关的诉讼请求；（三）根据当事人的申请决定调查收集证据，委托鉴定，要求当事人提供证据，进行勘验，进行证据保全；（四）组织交换证据；（五）归纳争议焦点；（六）进行调解。"

调查收集证据，委托鉴定，要求当事人提供证据，进行勘验，进行证据保全等，使当事人的证据提出更为充分。2016 年最高人民法院《关于进一步推进案件繁简分流优化司法资源配置的若干意见》（以下简称《繁简分流意见》）规定庭前会议可以由法官或者受法官指导的法官助理主持召开，可以组织交换证据目录、启动非法证据排除等相关程序性事项。对于庭前会议已确认的无争议事实和证据，在庭审中作出说明后，可以简化庭审举证和质证；对于有争议的事实和证据，征求当事人意见后归纳争议焦点。进一步明确了庭前会议的主体、内容、与庭审程序的关系以及争点的作出。2020 年最高人民法院《民事诉讼程序繁简分流改革试点实施办法》（以下简称《繁简分流改革试点》）更加强化了庭前会议在简易程序中对争议整理的法律效果，规定"经庭前会议笔录记载的无争议事实和证据，可以不再举证、质证"。需要研究的是，尽管学界与司法界均认识到了庭前会议的重要意义，但尚缺少具体的性质认定与程序设计，最高人民法院也暂未对民事庭前会议作出具体的规程要求。① 地方法院在现有立法基础上，对庭前会议机制进行了一些有益的探索。如适用庭前会议的案件，主要考虑的因素包括案情的复杂程度、涉及证据数量多少以及双方当事人是否聘请律师代理、有无诉讼和解和调解结果的可能等；庭前会议的目标包括明确本案的审理范围（诉讼标的），整理法律争点、事实争点与证据争点。② 庭前会议重在保障当事人辩论权中的事实主张与证据提出权，主要体现在当事人可以对起诉状与答辩状中的主张与抗辩进行说明与补充；当事人可以申请增加、变更诉讼请求和提出反诉；根据当事人的申请决定调查收集证据、委托鉴

---

① 最高人民法院对民事案件庭前会议的具体操作规范正在研究起草中，从 2018 年 1 月 1 日《人民法院办理刑事案件庭前会议规程（试行）》（法发〔2017〕31 号）（简称《刑事规程（试行）》）的规定看，庭前会议规程的组成涉及庭前会议的主持与参与主体、庭前会议的事项、对证据的展示与意见的听取、对无争议事项的确认效力、对争点的确定、对庭审的计划（《刑事规程（试行）》第 20 条规定，人民法院可以在庭前会议中归纳控辩双方的争议焦点。对控辩双方没有争议或者达成一致意见的事项，可以在庭审中简化审理。人民法院可以组织控辩双方协商确定庭审的举证顺序、方式等事项，明确法庭调查的方式和重点。协商不成的事项，由人民法院确定）、庭前会议的法律效力、庭前会议笔录的制作（《刑事规程（试行）》第 23 条规定除制作笔录外，庭前会议结束应当制作庭前会议报告）。

② 参见李丽峰、陈林、朱北池《论我国民事庭前会议制度的完善——以沈阳市中级人民法院的司法实践与两大法系规则比较为视角》，《民事程序法研究》2017 年第 2 期。

定、进行勘验以及证据保全；由当事人提出书证、物证、视听资料等证据并作出相应的说明。在明晰主张与抗辩的基础上，由法官与双方当事人共同就争点及用于证明争点的证据加以确认，进而明确最终开庭审理的范围。庭前会议的实践体现了当事人的程序主体性，通过明确争点与保障证据提出权，有效遏制了庭审中的证据"突袭"现象，也使事实审更加集中，在保护当事人诉讼权利的同时，也大大提高了庭审效率。但实践中也出现了一些问题，如部分法院在庭前会议中质证不受限制，将庭审中的证据调查提前到庭前会议中进行，有把法庭审理"变相前移"过度追求诉讼效率的倾向。① 由于庭前会议的法律效力不明，争点的约束力不足，后续审理中当事人提出新主张和新证据的情形依然常见。

另外，在前文裁判文书的调研中还发现，虽然诉讼中不归纳争点的情形已经非常少见，但"案多人少"的矛盾加上立法的不足使实践中庭前会议的适用相对有限，在庭前会议中或庭审中未能准确归纳争点，或者在不开庭审理时（包括书面审及"询审"②），法官在裁判文书中罗列当事人主张和抗辩后自定审理争点，未经当事人表达意见直接作出裁判的仍不在少数。③ 因此，不仅仅是完善审前会议中争点的确认和证据提供，在其他案件中尤其是不开庭案件中如何整理争点以及区分不同的争点整理程序应成为立法关注的内容。

其次，强化质证的实效性，完善对当事人发问权的保障。根据民事诉讼法的规定，质证是证据采信成为定案依据的必经程序，从前述笔者的实践调研与判例研究中可以发现，未保障当事人的质证权造成了辩论的虚化。主要表现为：依申请进行鉴定或调查证据应批准而未批准，在裁判中直接认定当事人未质证的证据，尤其是法院自行调查的证据、对证据证明力认定错误等。质证权的实效化要求法院引导当事人围绕证据的"三性"发表

---

① 参见熊跃敏、张润《民事庭前会议：规范解读、法理分析与实证考察》，《现代法学》2016年第 6 期。

② 询审是实践中某些法院在二审时不开庭，但需要就争议事项问问双方当事人后作出判决的审理模式的简称。

③ 如前文所述（2017）最高法民终 653 号民事裁定书，即便在高级人民法院和最高人民法院的判例中，法官确定争点的偏离甚至不当的情形并不鲜见。

质证意见，并对其中的矛盾、错误、遗漏等情形及时通过释明及心证公开，由当事人进行说明或完善陈述。尤其是针对其中存在的矛盾之处赋予当事人直接发问权①，即去掉"法庭许可"这一审查程序，因为允许当事人在质证时直接发问，就对方陈述存在的问题提出质疑，是"辩论权"的应有之义，不应设置权利行使的程序障碍。另外，对证人与鉴定人出庭义务与不出庭的法律后果进行规范与落实，也是保障质证权实效化的重要内容。②

最后，为当事人的事实解明提供必要的协助。按照古典辩论主义的要求，案件的事实解明应由一方当事人负责，但现代司法的发展表明，将事实解明绝对化为某一方当事人的责任，并不能真正实现矫正正义。当事人辩论能力的差异、参诉的便宜性、证据的偏在，尤其是现代型诉讼因果关系的复杂性等等都会影响辩论权的行使，极易导致个案审判实质上的不平等。因而诉讼不能被视为纯粹的当事人私人的问题，在尊重当事人主体性的前提下发现案件真实作出的妥当判决，是诉讼法律关系主体合理分担责任基础上的"最优成果"，法院释明义务与当事人的真实义务最先修正了事实解明上的"泾渭分明"。如在德国《简化修订法》中，法官对当事人的事实主张，可以要求当事人进行补充和说明，强化和增大了法官的事实收集权、介入权。为事实解明，在某些场合下即使当事人没有要求，法官也可以依职权进行照会，或者让当事人提出文书，以及传唤鉴定人出庭等。③ 但需要说明的是，从当事人的程序主体性出发，法院在事实解明中的上述责任只能理解为对当事人辩论权实现的一种协助，尊重当事人的主体地位意味着当事人拥有提出主张、提供证据与参与辩论的自主权，除非涉及国家利益、社会公共利益和他人合法权益的保护，否则不能剥夺当事人处分的自由。与之同时，事实解明也并非仅关涉法院与负有证明责任的一方，当

---

① 《民事诉讼法》第142条规定"当事人经法庭许可，可以向证人、鉴定人、勘验人发问"，只属于"许可发问权"。

② 《民事诉讼法》第76条强调非有法定情形，证人应当出庭作证，在规定证人强制出庭义务的同时，还应对不出庭证人的书面证言证明力作出限定。第81条规定当事人对鉴定意见有异议或者人民法院认为鉴定人有必要出庭的，鉴定人应当出庭作证。经人民法院通知，鉴定人拒不出庭作证的，鉴定意见不得作为认定事实的根据。

③ 参见唐力《辩论主义的嬗变与协同主义的兴起》，《现代法学》2005年第6期。

事人事案解明义务的提出便旨在弥补证明责任分配法则的机械，解决当事人辩论不充分、诉讼武器不平等的问题，进而促进诉讼，协助法官发现真实。所谓事案解明义务，"是指当事人就事实厘清负有对于相关有利及不利事实之陈述（说明）义务，以及为厘清事实而提出相关证据资料（文书、勘验物等）或忍受勘验之义务"①。我国《民诉法解释》第 110、112、113 条规定的当事人的陈述义务、书证提出义务以及 2019 年《民诉证据规定》第 95 条更为广泛的证明妨碍等规范，初步确立了我国法上不负证明责任当事人的事案解明义务。但现有规定尚不够完整，检讨我国的司法实践并借鉴域外的立法，至少还应规范当事人的案件信息提供义务、物证提出义务、鉴定与勘验的容忍义务等内容。需要说明的是不负证明责任一方仅应负例外化的事案解明义务，即该义务应限于实体法或程序法上的资讯提出或协力义务的具体规定，以遵循辩论主义、武器平等原则。

同时，事实的解明还需要对当事人的辩论能力进行必要的补强并保障辩论的便宜性。如我国《民事诉讼法》第 82 条规定专家辅助人可以就鉴定人作出的鉴定意见或者专业问题以当事人的立场发表意见，实质上使当事人的辩论能力得以增强，有利于专业领域案件事实的查明。在当事人因客观原因无法自行收集证据时，强化了法院依申请调查取证的权利，法院应从事实查明的必要性和当事人辩论权保障的角度决定是否调查取证。为保障辩论的便宜性，解决"作证难""出庭难"，我国司法实践也进行了有益的探索，如《繁简分流意见》便规定"经当事人同意，可以采用远程视频方式开庭。证人、鉴定人、被害人可以使用视听传输技术或者同步视频作证室等作证"，作证方式与质证的电子化使当事人的举证更加便利，证人、鉴定人参与庭审的可能性大大增加，质证相较书面证言和鉴定书更具实效。

### （三）重整开庭程序实现辩论的活化

#### 1. 开庭程序是辩论权行使的核心

开庭程序是诉讼中辩论权行使最为集中的阶段，"在大陆法系国家，开

---

① 1939 年，德国学者冯·希佩尔在其公开发表的《民事诉讼中当事人的真实义务和阐明义务》一文中正式提出事案解明义务的概念。姜世明：《举证责任与真实义务》，新学林出版股份有限公司，2006，第 110 页。

庭审理程序通常称为言词辩论程序,法官以言词辩论为方法展开法律纠纷的审理。英美法系国家由于实行对抗制审理方式,言词辩论更为充分,可以说整个庭审基本上都处于一种激烈的辩论氛围中"①。笔者试以大陆法系言词辩论为中心的诉讼程序,尤其是一审程序为例,作一比较分析。《德国民事诉讼法》在总则部分第三章规定了"诉讼程序",其中第一节即为"言词辩论",围绕着言词辩论详细规定了言词辩论主义原则、准备书状及提出、文书阅览与交换、审判长的诉讼指挥权、当事人在言词辩论中的自主与权利、当事人的真实义务、法官的释明义务、当事人对诉讼指挥或发问的异议权、当事人到场权(义务)、命令提出文书或文件、勘验鉴定及其容忍义务、诉的分离与合并、诉讼中止、辩论的再开以及对言词辩论与调查证据的记录。这一通则性的规定明确了言词辩论的核心地位,保障辩论实施的当事人的权利、义务及法院的职责,诉讼中特殊情况的处理以及辩论活动的记载与证明。州法院一审诉讼程序则重在规定州一审程序中言词辩论的实现,以辩论准备、和解辩论、主期日等为主要内容,明确了先期首次期日及书面准备程序,强调诉讼通常应当在一次经充分准备的主期日结束。言词辩论前增设了必经的和解辩论程序。在和解或调解无效时进入言词辩论程序,在主期日,双方提出主张与抗辩后进行证据调查,并就证据调查的结果进行辩论以说明诉讼关系。法院应考虑言词辩论的全部内容以及已有的证据调查的结果,经过自由心证,判断事实上的主张是否可以认定为真实。作为法官心证根据的理由,应在判决中记明。判决作出前法院应尽可能就案件事实、争议情况、调查证据的结果与当事人讨论。在《日本民事诉讼法》中也同样规定了"诉讼程序"章,其中第一节"诉讼的审理等"开篇便规定了"口头辩论的必要性",而后规定了与"口头辩论"相对的"审问"的适用、和解、当事人的程序异议权以及诉讼记录阅览权等。在第一审程序中,口头辩论的规定也非常详实,包括审判长的诉讼指挥权及对诉讼指挥的异议、阐明权及阐明处分②、口头辩论的合并、重开辩论、配备翻译、提出攻击防御方法的期限及逾期驳回、对期日不出庭及辩论懈

---

① 章武生:《我国民事案件开庭审理程序与方式之检讨与重塑》,《中国法学》2015年第2期。

② 即为明了诉讼关系,法院对当事人的出庭或陈述命令,以及进行勘验、鉴定等证据调查。

怠的陈述拟制、拟制自认以及口头笔录的制作及其证明效力。尤其是完备的辩论准备程序与争点、证据整理程序、证据调查以及证据保全的规定使当事人辩论权的行使更为充分。法国民事诉讼程序制度虽与德日不同，但也体现出以口头辩论为原则，注重对当事人辩论权保障的一面。《法国新民事诉讼法典》第 16 条明确规定"诸当事人所援用或提出的理由、说明与文件，只有如诸当事人能够进行对席辩论者，法官始得在其裁判决定中采用之。法官事先未提请诸当事人陈述意见，不得以其依职权提出的法律上的理由作为裁判决定之依据。"从前述法典的梳理中可以看出，开庭审理或口头辩论是辩论权行使的核心，其价值在于，当事人作为程序的主体，能够以辩论权的行使参与程序的塑造，并以辩论的结果约束法官的心证并影响裁判的形成。通过明晰法院职责、当事人权利与义务，辩论权成为当事人参与程序并与法院对话的基本权能；以辩论准备程序明确争点，以一次主期日（或开庭）实现辩论的集中化和解纷效率的提高；以经过辩论的事实主张、证据资料和法律观点作为裁判的依据，进而避免了裁判突袭的发生，充分的程序保障也使裁判具有正当性，也更容易被接受。

**2. 辩论权与审判权的"对话""互动"使纠纷解决更高效**

20 世纪下半叶以来，社会的高速发展带来了司法需求的变化，司法变革的推进使传统的诉讼模式不断进行调整，如英美各国在保障当事人辩论机会的基础上强化了法官的案件管理职责，在提升诉讼效率的同时，也引导当事人更多地从"对抗"走向"对话"，从"散漫"走向"有序"。德国则在听审请求权保障的基础上，推进实质性诉讼指挥，强化法院与当事人之间对纠纷解决的"对话"或"讨论"，法院与当事人之间的关系甚至被理解为"工作共同体"①。《德国民事诉讼法》修正后强化了对当事人辩论权的保障，将法官通过证据调查进行"指示（晓谕）和阐明"的灵活要素与"当事人负责将事实和证据手段补充完整"的基本要素结合起来，形塑对话诉讼模式，使当事人的辩论权行使更易实现纠纷解决的目标。《德国民事诉讼法》第 139 条第 1 项规定："如有必要，法院应与当事人共同从事实和法

---

① Rosenberg, Lehrbuch des Deutschen Zivilprozeßrechts, 5. Aufl. , München 1951, S. 271, 631. 转引自蓝冰《德国民事法定听审请求权研究》，博士学位论文，西南政法大学，2008。

律两个方面讨论案件的事实关系和争讼关系并提问。法院应使当事人及时且完整地陈述所有重要事实，特别是对所提事实说明不够时要加以补充、表明证据及提出适当的请求。"① 而这一过程中法官释明、法律观点指出等义务的履行，使当事人能够更富实效地行使辩论权，避免了裁判突袭。正如施蒂尔纳教授的分析，"《德国民事诉讼法》第 139 条、第 272 条及其之后几条规定的法官指示义务和准备义务，导致法院应公布其在正当性审查及限制诉讼资料后形成的临时法律观点。通过这种方式，当事人不仅获悉了未来判决的法律范围，而且也避免了不必要的事实和证据探知。当事人对法院的法律观点发表意见，可以使法院对可能的误解和不确定性进行查证，从而提高了程序的效率。最后，依照第 279 条第 3 款、第 285 条对证据调查的结果进行探讨和辩论，至少可以使法院合乎逻辑地宣告即将做成的裁判的内容，同时当事人也有机会对此发表意见，这就避免了突袭和提高了正确性保障……这种对话诉讼在当事人和法院之间创造出了一种工作共同体（Arbeitsgemeinschaft）的形式……这并不是过于理想化的和脱离现实的想象，而是对辩证的审判程序进行系统化的尝试，以在利用所有信息的基础上进行尽可能理想的探讨……德国和西班牙相对纯粹地贯彻了这一模式——这也被诉讼统计数字证实为卓有成效。法国民事诉讼中对对审原则的强调同样被认为是以对话模式为出发点的。"② 对是否形成了"对话诉讼"这种新的诉讼模式，笔者认为还缺乏充分的论据，但不可否认的是当事人的程序主体权越来越被关注，审判权与辩论权之间的关系被重塑，无论是"实质性诉讼指挥""阐明权"还是"法院管理"，法院更愿意"指导"当事人，更多公开心证甚至开示法律见解，以使当事人更能实效性的辩论并理解法官的判断，进而接受裁判实现一次性解决纠纷，这已成为两大法系主要法治国家共同的发展走向。

**3. 对我国开庭程序的反思与实践探索的启示**

我国现行《民事诉讼法》中对言词辩论仍缺乏实质意义的改变，开庭

① 〔德〕罗尔夫·施蒂尔纳：《当事人主导与法官权限——辩论主义与效率冲突中的诉讼指标与实质阐明》，周翠译，《清华法学》2011 年第 2 期。

② 〔德〕罗尔夫·施蒂尔纳：《当事人主导与法官权限——辩论主义与效率冲突中的诉讼指标与实质阐明》，周翠译，《清华法学》2011 年第 2 期。

审理的"流程"化规定以及法院本位的立法模式，赋予了庭审组织者极大的操控空间，而对当事人诉讼权利的抽象规定，在适用时实难与审判权进行有效的"对话"。但值得肯定的是，从 20 世纪末开始的审判方式改革以及相关司法解释的出台，辩论主义观念逐渐被认同和接受。但传统观念的根深蒂固与对辩论权理解的表象化，各级法院实践中仍充斥着各种不当的职权探知主义的"暗流"。如对"裁判突袭"，从基层法院到最高人民法院甚至仍存在"集体无意识"，转型时期司法为民"案结事了"的时代背景下，"主动探知真相"对法官不仅仅有着巨大的"诱惑力"，甚至还带有某些"感召力"。再比如法庭调查与法庭辩论的"两分"惯性，造成辩论意见被割裂缺失完整性，开庭审理仍存在重"表演"，而不关注实效的情况。尽管有立法的明确态度，学者的论证也充分有力①，但实践中仍有法院"恪守流程"，以"程序的经过"论证"辩论权"获得了保障，而并没有对辩论权行使是否充分、能不能约束心证、裁判是否建立在当事人提出的主张、证据与法律观点基础上进行客观判断。又如"争点整理"的空洞化。争点整理服务于集中审理，是两大法系主要国家诉讼进入证据调查阶段的前提，日本民事诉讼中规定了三种准备程序及其相配套的争点整理要求，我国台湾地区在 2000 年施行了以审理集中化促进方案为主要内容的诸多条文，其中便明认争点集中审理主义，要求法院于调查证据前将争点晓谕当事人，并集中于此调查证据并集中辩论。争点整理包括诉讼标的、事实上、证据上及法律上争点的整理，并因此增加了法院的阐明义务与当事人的一般性诉讼促进义务，强化了失权效，以制约争点的扩散和防止审理的散漫化。争点整理程序规定了四种类型，包括准备性言词辩论期日程序、准备书状先行程序、准备程序以及自律性争点整理程序。为使审理集中化，遵循程序选择权法理，赋予当事人有选择程序以追求程序利益，允许当事人达成争点简化协议。②

对开庭程序或者言词辩论程序的完善是近一阶段我国学界和司法界关

---

① 参见张卫平《法庭调查与辩论：分与合之探究》，《法学》2001 年第 4 期；章武生《我国民事案件开庭审理程序与方式之检讨与重塑》，《中国法学》2015 年第 2 期。

② 参见邱联恭《争点整理方法论》，作者自版，2001，第 5~93 页。

注的重点，在最高人民法院的指导下，诸多法院展开了富有成效的改革尝试。就审理方式而言，越来越注重从案件请求权出发（或案件要素出发）而不是"探求"案件事实来推进审判，如司法改革"燃灯者"邹碧华副院长主导下的"要件审判九步法"，以固定权利请求及请求权基础为出发点，以要件分析展开，从争点整理到事实查明，再到要件归入（涵摄）并作出裁判，将审判过程分解为九个环环相扣的步骤。每一步的设计不仅有法规出发型法律要件思维的理论根基，也有着对辩论权保障中存在的各种问题的有效应对，以及充实与活化辩论的路径。最高人民法院也积极推动要素式审判的改革，在邹碧华要件审判九步法的基础上，对"要素式庭审"提出三个步骤，分别为概括案件要素、确定案件争点和开展要素式审理。① 自2012 年深圳市中级人民法院率先在其辖区内铺开实行至今，要素式审判法也已在全国多地区开花结果，多地法院陆续发布有关改革成果和指导意见②，均取得了良好成效。有理由相信，《民诉法解释》正是在上述实践经验的基础上，在文本中增设了一些庭审方式改革以及活化辩论的具体程序规定。如《民诉法解释》第 225 条规定的庭前会议是在审判权与辩论权共同参与下，致力于固定当事人诉答主张，解决当事人诉讼请求的变更问题。组织证据交换、根据申请调查收集证据、委托鉴定或勘验，归纳争议焦点，为集中审理奠定基础。第 226 条就归纳争议焦点强化了法院对当事人意见的听取。在明确争点后，第 228 条规定了法庭审理围绕当事人争议的事实、证据和法律适用等焦点问题进行，以防止辩论权行使的散漫化。《民事诉讼程序繁简分流改革试点问答口径（一）》为使简易程序中辩论权行使更具有针对性，赋予试点法院庭审可以直接围绕诉讼请求或者案件要素进行③，且经庭前会议笔录记载的无争议事实和证据，可以不再举证、质证。为了充实

① 参见《民事诉讼程序繁简分流改革试点问答口径（一）》（法〔2020〕105 号）第 18 条。
② 如《江苏省高级人民法院关于印发〈金融借款合同纠纷案件要素式审判工作指引〉的通知》；《北京法院速裁案件要素式审判若干规定（试行）》；《山东省高级人民法院关于印发要素式审判方式指引（试行）的通知》等。
③ 《民事诉讼程序繁简分流改革试点问答口径（一）》（法〔2020〕105 号）对"直接围绕诉讼请求或者案件要素进行"的实际操作规定为，可以不受一般庭审程序关于当事人诉辩称、法庭调查、法庭辩论等阶段限制，而根据案件的固定要素，围绕主要争点展开庭审。

辩论，也更为理性地看待事实问题与法律问题的不可分割性，第230条规定了人民法院根据案件具体情况并征得当事人同意，可以将法庭调查和法庭辩论合并进行。《繁简分流意见》第12条对审判方式的定位更值得肯定：对于适用小额诉讼程序审理的民事案件，可以直接围绕诉讼请求进行庭审，不受法庭调查、法庭辩论等庭审程序限制。对于案件要素与审理要点相对集中的民事案件，可以根据相关要素并结合诉讼请求确定庭审顺序，围绕有争议的要素同步进行法庭调查和法庭辩论。

庭审程序变革的关键不在流程的"好看"，而是在保持庭审秩序的基础上，充分彰显当事人的程序主体性，根据要件事实推进审判。因此笔者认为对我国开庭程序的完善至少应关注以下内容。其一，开庭审理以诉讼请求的确定、争点的整理为起点，消除我国争点整理的低效与失准必然成为关键。一方面要通过释明促使当事人完善事实主张与抗辩，进而在双方同意的基础上明确争点。或者在要素审判中，通过要素指引，发现并固定争点。另一方面，争点的确定应建立在法院与当事人充分交流讨论的结果上，实践中存在关于争点整理的不少乱象，需要立法加以引导，并不断提升法官的争点整理技术。其二，取消僵化的法庭调查与法庭辩论两阶段划分，增强庭审中的言词辩论。正如最高人民法院对完善简易程序所规定的可以直接围绕争议要素同步进行法庭调查和法庭辩论，对普通程序的审理也应当将法庭调查和法庭辩论相融合。法庭调查和法庭辩论本身就相互联系，事实问题的确认需要当事人通过辩论进行举证、质证。而实践中由于法庭调查和法庭辩论的划分，往往出现法官要求当事人和代理人到专门的辩论阶段再行辩论的情形，造成了事实审理的"断裂"。更重要的是，将事实问题和法律问题割裂会导致一些案件在争点模糊的情况下被审查了许多没有必要审查的证据。[①] 其三，强化法官的释明义务，保障当事人辩论权的充分行使。法官应当围绕争议焦点，在当事人或代理人所提出的事实和法律问题依据不充分时进行释明和追问，让辩论权和审判权更多地"互动"，避免"突袭性裁判"的发生，使裁判更具有预见性和可接受性。

---

① 参见章武生《我国民事案件开庭审理程序与方式之检讨与重塑》，《中国法学》2015 年第2 期。

### （四）保障对辩论意见的审酌请求权

审酌请求权是指当事人享有请求法院对其主张、辩驳、意见等在裁判形成过程中予以了解并加以考虑的权利，德国联邦宪法法院在判例中指出法院有义务知悉和审酌当事人的陈述。[①] 对审酌请求权的保障包括两方面的内容，一方面，法官有倾听的义务，即在诉讼中法官应认真倾听并了解当事人辩论的内容，使其裁判能够斟酌全辩论意旨作出。如在言词辩论庭上，法官离席或者未实质听审，无法知悉当事人的陈述内容，就属于侵害辩论权的行为。另一方面，法院履行审酌义务需要通过心证公开进行保障。法官的审酌义务包含了法官对案件事实、证据的认识和法律见解的表明，在民事诉讼中可以通过向当事人公开心证，或者以对案件事实与法律观点的对话以体现其审酌的结果，更典型的方式是以裁判书说理的形式加以心证公开。既体现出程序基本权对审判权的合理制约，亦有助于提升司法公正，树立司法权威，增强裁判的可接受性。《民事诉讼法》在第 155 条第 1 款与第 157 条第 3 款中明确规定了判决书（裁定书）应当明确写明判决结果和作出该判决的理由，可以说初步确立了法官对当事人辩论的审酌义务。但《民事诉讼法》并没有要求说理部分要回应当事人庭审中的辩论内容，这一点值得探讨和改变。裁判文书的说理，是判决作出的事实依托与法律逻辑推演，更是对辩论权的尊重，应当回应当事人在庭审辩论中所提出的各种主张、证据及法律观点意见，尤其是与裁判结果相反的辩论意见，完整充分的说理才能真正实现对当事人审酌请求权的保障。当然，对于简易程序审理的案件，能够在庭审中完成说理过程并记入笔录，既能实现程序的简化，也与裁判文书说理发挥了同样的功效。

## 四　构建层阶化的侵害当事人辩论权救济制度

民事诉讼理论之所以作了法官居中、当事人相互攻防的角色定位，是

---

[①]　参见蓝冰《德国民事法定听审请求权研究》，博士学位论文，西南政法大学，2008。

因为这种角色布局可以构建一种理想的对话情境，通过"理性的对话和论辩可以引致一种具有真理和正当基础的合意"①。任何剥夺当事人辩论权的做法，都将会破坏这种可以孕育正义的对话结构。对辩论权的侵犯既可能发生于当事人之间，如诉讼突袭，亦会发生于法院与当事人之间。对发生于当事人之间的侵犯辩论权行为，可以通过立法贯彻当事人平等原则，从诚信原则出发，课以当事人诉讼促进义务或协力义务，并严格规范失权，以体现适时审判请求权与听审请求权保障的衡平。在个案审理中还可以通过法院行使诉讼指挥权使当事人适时适式行使辩论权，防止侵损对方当事人辩论权行为的发生。辩论权的本质是受益权，国家应保障当事人的辩论权得到富有实效的行使，包括为当事人行使辩论权提供时间和机会，关注当事人的平等辩论权，适时进行释明或心证公开，引导当事人围绕争点提出事实、证据与法律意见，并在充分听取当事人意见后形成裁判，避免对当事人造成裁判突袭。在辩论权受到侵犯时，能够针对侵犯辩论权的不同行为进行及时、有效、相称的救济。另外，对辩论权的救济不应等同于对一种具体的程序权利的救济，辩论权作为复合性的权利，包括事实、证据与法律观点主张权、争辩权及审酌请求权，其中争辩权具体表现为诉求层面的抗辩权、案件事实上的否定或质疑权、证明中的质证权以及对法律问题的反驳权。因而对涉及上述权利的侵害，以及对保障辩论权实现的知悉权、到场权及代理权等的侵害均构成侵害辩论权。因此，本书认为，针对审判权未保障上述权利尤其是存在突袭裁判，应根据不同情形，建构不同层阶的辩论权救济体系。

## （一）增设当事人程序异议权

增设当事人程序异议权以及时治愈本审级内对辩论权的侵害。当事人在程序进行中没有被赋予辩论机会，被告知对裁判所依据的事实、证据陈述意见，法院的发问违反法律等能够及时治愈的侵害辩论权的情形，应赋予当事人程序异议权。如《德国民事诉讼法》第 140 条规定了"对于诉讼

① 〔德〕考夫曼：《法律哲学》，刘幸义等译，法律出版社，2004，第 384 页。

指挥或发问的异议"，即"参与辩论的人"，如果认为审判长关于指挥诉讼的命令或者审判长或法院成员所提的发问为违法而提出异议时，由法院裁判之。《法国新民事诉讼法典》第17条规定："在法律允许或者因情形紧迫一方当事人没有得到告知即已命令采取某项措施时，该当事人对损害其权益的决定，得提起适当的不服申请。"其中的"不服申请"原文为"recours"，法律意义为统指性概念，指针对某种任一性质的行为提起批评的权利。① 换句话说，法国民事诉讼中，当事人对法院所有侵害辩论权的决定都可以提起适当的程序异议。《日本民事诉讼法》第90条规定："当事人在知道或应该知道违反有关诉讼程序规定的情况下，如果不立即申述其异议，则丧失对此申述异议的权利。但是，对于不能放弃的权利，不在此限。"借鉴上述规定，当事人对知道或应当知道法院剥夺其辩论机会的情形，有权提出异议，法院应对异议进行审查并记入诉讼笔录中，支持当事人异议的，应及时给予当事人到场、陈述意见的机会，或者重开辩论，治愈侵害辩论权行使中的程序瑕疵。但赋予辩论机会后，若当事人基于本身的过失，如明知而不提出，或庭审时在场而不进行辩论，或对代理人的行为未加足够的注意而致权利受有损害则无权提出异议。鉴于程序异议所提出的事由大多属于对辩论机会的保障瑕疵，应由法院通过诉讼笔录进行查明和认定，并在规定的时限内作出决定，通知双方当事人并记入笔录。从公正与效率平衡的角度考虑，对决定不服的，当事人不得再提出异议。

## （二）保障对辩论权的上诉审救济

对无法在本审级进行治愈的侵害辩论权行为，或异议被驳回，如因辩论权未获保障使裁判基础发生偏离，造成当事人程序利益与实体利益的根本性损害，即当事人的辩论权被完全剥夺，判决也就失去了正当性，当事人有权提出上诉。

我国民事诉讼法中规定的上诉救济均为权利性救济，意味着法律不会对当事人的上诉理由作出强制，因此，当事人有权以侵害辩论权为由提出

---

① 参见《法国新民事诉讼法典》，罗结珍译，法律出版社，2008，第60页脚注①。

上诉。笔者认为可以针对侵害当事人辩论权的不同类型作出处理。其一，机会剥夺型。如侵害当事人质证权而作出裁判的情形，包括证据未经质证即作为认定案情的依据、未保障当事人的证据提出权而致基本事实认定错误以及完全剥夺参与辩论机会的情形，如违法缺席判决甚至未进行开庭审理，剥夺当事人到场辩论权，未送达应诉通知书或滥用公告送达未保障当事人受通知权等。允许在二审中给予当事人辩论的机会，正如前文案例中提到的实践中的做法，上诉审中可以通过赋予辩论机会、听取辩论意见来实现程序中的及时救济，如果当事人运用了辩论机会，法院应根据基本事实不清的规定，结合当事人的意见或提出的证据对案件事实进行重新审理，并在查清事实后作出裁判。但根本性剥夺当事人辩论的机会，如违法公告送达、违法缺席判决等情形，则不应直接通过二审审理作出判决，变相损害当事人的审级利益，而应以存在程序瑕疵为由，裁定撤销原裁判，发回重审。其二，实质剥夺型。超出当事人诉讼请求的裁判，或者认定的事实、证据及法律观点是当事人不可能预见的裁判，构成突袭性裁判，属于实质性、根本性剥夺当事人的辩论权。应当在上诉审法院认定构成突袭性裁判时，裁定撤销原判，发回重审。为尊重当事人的主体性，保障当事人系争外利益，如当事人申请在二审程序中进行审理，也可以由上诉审法院直接作出判决。

需要说明的是《民诉法解释》第 323 条在解释《民事诉讼法》第 177 条第 1 款第 4 项规定时，将"违法剥夺当事人辩论权利的"认定为严重违反法定程序的具体情形。此处侵害当事人的辩论权利应达到了"剥夺"的程度，属于对辩论权的根本性侵害。但该条显然不能涵盖所有侵害当事人辩论权提起上诉的救济类型，从前述分析可以看出，如属于未保障当事人事实主张与抗辩、证据提出与质证、对法律适用提出意见等情形，可以分别适用第（二）（三）项即"原判决、裁定认定事实错误或者适用法律错误"，以判决、裁定方式依法改判、撤销或者变更；或"原判决认定基本事实不清的"，裁定撤销原判决，发回原审人民法院重审，或者查清事实后改判。区分不同的情形，既可以回应辩论权的复合性特点，对当事人的辩论权提供更全面更适当的救济，也可以充分尊重当事人的主体性，赋予其选择救济的权利，实现对系争利益与系争外利益的均衡考量。对于立法中未明确规定的，如裁判突袭的情形，则根据对当事人辩论权侵害的程度加以判断，适用第四项的弹性条款给予当事人及时灵活的救济更为适宜。

### （三）完善对严重侵害辩论权的再审救济

如当事人的辩论权经过前两种救济方式仍无法在审级制度内得到救济，或者无法通过上述救济方式进行救济，而裁判已经生效，则应当给予当事人申请再审的权利。因为当事人程序保障的严重缺失而使既判力失去了应有的根基，进而导致生效判决缺乏正当性基础，启动再审程序的目的在于"创设一种途径以消除已发生既判力的有重大瑕疵的或在严重程序瑕疵下产生的判决。否则的话，当事人的公正感和他们对司法的信赖会严重受伤害"①。再审事由的重大性与再审程序的补充性要求只有在完全剥夺辩论权，且当事人无法通过其他审级内救济方式加以救济时方能提起。笔者认为应从辩论权的本体以及保障辩论权实现的各种权利出发进行制度安排，即包括当事人受通知权、知悉权、具有话语能力、诉讼代理权、到场权、证据提出与质证权、辩论意见受审酌权等方面设计辩论权被剥夺时的再审事由，以充分救济当事人的辩论权。仅仅写明"剥夺当事人辩论权利的"，将会因为辩论权的抽象性和"指代不明"而使其难以适用，或者被滥用。

从笔者对最高人民法院判例的检索分析以及对其他地方法院的抽样随机调研中可以清晰地看出这一点，获得支持的上诉或再审判决，几乎都用具体的诉讼权利被侵害来解释"为什么辩论权被剥夺了"，"在开庭审理中，法庭不允许当事人发表辩论意见"这一最狭义的理解极少出现，也没有一例被最高人民法院支持。而实践中最常见的成功获得再审救济的剥夺当事人辩论权的情形是"违法送达或违法缺席判决"。在对辩论权救济的内容上，当事人所表现出来的对辩论权的认识要比法院更接近于权利保护的本质需求。笔者统计发现，当事人在上诉或申请再审中将我国《民事诉讼法》第 207 条规定的下列事由理解为剥夺当事人辩论权的行为，包括"（四）原

---

① 〔德〕奥特马·尧厄尼希：《民事诉讼法》（第 27 版），周翠译，法律出版社，2003，第398 页。

判决、裁定认定事实的主要证据未经质证的；（五）对审理案件需要的主要
证据，当事人因客观原因不能自行收集，书面申请人民法院调查收集，人
民法院未调查收集的……（八）无诉讼行为能力人未经法定代理人代为诉
讼或者应当参加诉讼的当事人，因不能归责于本人或者其诉讼代理人的事
由，未参加诉讼的；（九）违反法律规定，剥夺当事人辩论权利的；（十）
未经传票传唤，缺席判决的；（十一）原判决、裁定遗漏或者超出诉讼请求
的"。从本书对辩论权的研究看，上述内容均与辩论权保障密切相关。其中
第 9 项再审事由将辩论权利与其他条文并列，实质上是对权利进行了不当的
限缩，这必然给其理解与适用带来困难。最高人民法院最先在《审监解释》
中作了规定，指"原审开庭过程中审判人员不允许当事人行使辩论权利，
或者以不送达起诉状副本或上诉状副本等其他方式，致使当事人无法行使
辩论权利的"。而后在《民诉法解释》第 389 条中明确将"违法剥夺当事人
辩论权利的"列举为四种情形，即"（一）不允许当事人发表辩论意见的；
（二）应当开庭审理而未开庭审理的；（三）违反法律规定送达起诉状副本
或者上诉状副本，致使当事人无法行使辩论权利的；（四）违法剥夺当事人
辩论权利的其他情形"。这一规定显然限缩了辩论权的内涵，且将辩论权保
障形式化，不仅存在与其他再审事由的重复，如违法送达与违法缺席判决
之间存在交叉，而且导致裁判突袭这一根本性剥夺辩论权的情形被排除在
救济之外。

因此，我国立法尚需在全面构建辩论权实现制度体系的同时，对侵害
辩论权的再审救济进行实质性的修改。对能够具体化的辩论权利予以明确，
以避免弹性过大而导致再审程序适用的过度扩张。对《民事诉讼法》第 207
条第 9 项"违反法律规定，剥夺当事人辩论权利的"作一明晰，并对现有
的事由加以调整。具体情形可以包括如下内容：（1）违法送达，侵犯当事
人受通知权，导致当事人不知道诉讼进程未能参加诉讼活动而受到缺席判
决的；（2）违反法律规定，未经开庭或开庭时未保障当事人辩论权（包含
质证权），导致据以裁判的基础事实未经辩论即作出判决的；（3）无诉讼行
为能力人未经法定代理人代为诉讼或者应当参加诉讼的当事人，因不能归
责于本人或者其诉讼代理人的事由未参加诉讼的；（4）当事人因客观原因

不能自行收集审理案件需要的主要证据，书面申请人民法院调查收集，人民法院未调查收集的；（5）法官没有公开心证及开示法律见解，导致当事人对裁判的基础事实和所适用的法律无法进行辩论即受到裁判的；（6）法官未听取当事人的辩论意见或判决书未采纳当事人的辩论意见而不说明理由的。

# 结 语

诉讼在本质上是根据话语力量而形成的说理与裁判机制。宪法学者将对席辩论权视作国民法律上防卫权的核心要素，旨在保障公民在面对司法权和行政权的运行时能够彰显其个人意志，并以此制约国家权力。作为法律上防卫权的辩论权，由于与个人在司法权运行中的自我实现逻辑密切关联而成为需要本身，即它是作为目的存在的，而不再仅仅是作为手段而存在。① 民事诉讼当事人的辩论权正是诉讼程序中当事人作为程序主体的话语权，但无论是我国宪法对听审请求权保障规定的阙如，还是民事诉讼立法对辩论权制约法院裁判的"沉默"；无论是辩论程序构建的薄弱，还是长久以来法官职权主义的惯性，我国对辩论权的认识与制度保障都远远不足，这也导致当事人始终没有真正成为"程序的主人"。《民事诉讼法》第 12 条对辩论权的规定长久以来更像是表达民主的权利宣示，而并没有落实为当事人能够参与程序并获得救济的"行动指南"。辩论权更多反映出的是当事人在法庭上可以"说话辩论"的行为权，至于"怎么说""说给谁听""为什么说""说有何用"等立法并没有作出明确和系统的解答，这导致辩论权虽定位高端，却在实践中难以名副其实。在裁判请求权保障理念成为诉讼制度建构的最高理念的今天，《国家人权行动计划（2016－2020 年）》强化诉讼过程中当事人和其他诉讼参与人的知情权、陈述权、辩护辩论权，并以制度和权利的形式落实到"获得公正审判的权利"中的时代要求，以及《国家人权行动计划（2021－2025 年）》进一步强调保障当事人获得公正审判的权利，努力让人民群众在每一个司法案件中感受到公平正义。重新认

---

① 参见李琦《论法律上的防卫权》，《中国社会科学》2002 年第 1 期。

识辩论权并使其实效化，将成为我国民事诉讼制度深化变革的端口。

辩论权保障的精髓在于国家对当事人程序主体权的尊重和保障，当事人能以程序主体的姿态进入程序的塑造和裁判的形成中，司法公信力的提升需要裁判过程和结果能够得到民众的充分信赖、尊重与认同，而如何保障辩论权恰恰是赋予裁判正当性和可接受性的根本。本书的努力就在于尝试从辩论权身居"高位"却"功能"不彰的现状出发，重新定义其内涵，进而明确现代意义上辩论权的构成、性质，并通过对域外辩论权相关的理论、立法及实践的比较研究，结合中国立法与实践，对我国民事诉讼中当事人辩论权的界定、本质、内容、意义和保障方式等进行系统研究。将辩论权的保障区分为权利的实现与权利的救济两个层面，前者旨在探索保障辩论权的行使需要规定哪些具体权利，以及如何使辩论权的行使获得活化，并以一系列具体权利规定与程序设计使其获得落实，为当事人实质性地参与关系自身利益的案件提供保障。后者则通过对立法条文的检讨和最高人民法院裁判案例的分析，重点研究立法中辩论权保障的空洞化与实践适用的形式化。通过对辩论权虚化情形的具体梳理，分析其相适应的程序救济方式，有效化解实践中存在的判断标准模糊性与程序救济断裂化问题。通过对侵害辩论权判例的典型分析，尝试构建分层阶、系统化的辩论权救济体系。

《民事诉讼法》的修订与最高人民法院司法解释的出台，尤其是《中共中央关于全面推进依法治国若干重大问题的决定》将辩论权保障提升到了新的高度，其中体现出的是对人的尊严的再认识。人的尊严是现代法律的总纲，人的尊严寄寓着国家与法律存在的根本目的，因而拥有无可替代的最高地位。人正是这样一种特殊的精神存在，当国家和法律上的决定影响到人们权益的实现时，个人并不是置身于事外的旁观者。① 因而对于以话语解决纠纷的诉讼制度而言，依据宪法中尊重和保障人权的规定，保障当事人获得公正审判权，就必须让当事人拥有并能有效行使辩论权，这是诉讼制度的使命所在。法官员额制以及多元纠纷解决机制的改革无疑为辩论权

---

① 参见胡玉鸿《"人的尊严"在现代法律中的地位》，载《公法研究》，2008，第302~310页。

的制度发展提供了新的制度依托，也提出了新的时代需求。法院繁简分流的程序改革实践已经凸显以当事人为主体、以辩论权保障为核心兼及效率与公平的制度优化外观。互联网、信息技术以及人工智能带给司法智慧化发展的新"场景变革"，更是对通常的诉讼程序带来了深刻影响。在不断彰显人的价值的今天，尊重和保障辩论权将为民事程序制度的发展提供重要的裁判正当性根基。

# 参考文献

## 中文著作类

张卫平：《诉讼构架与程式——民事诉讼的法理分析》，清华大学出版社，2000。

张卫平：《程序公正实现中的冲突与衡平——外国民事诉讼法引论》，成都出版社，1993。

刘敏：《裁判请求权研究——民事诉讼的宪法理念》，中国人民大学出版社，2003。

刘敏：《原理与制度：民事诉讼法修订研究》，法律出版社，2009。

江伟主编《民事诉讼法学原理》，中国人民大学出版社，1999。

江伟主编《比较民事诉讼法国际研讨会论文集》，中国政法大学出版社，2004。

李浩：《民事证明责任研究》，法律出版社，2003。

李浩：《民事证据立法前沿问题研究》，法律出版社，2007。

江平主编《民事审判方式改革与发展》，中国法制出版社，1998。

张卫平：《民事诉讼：关键词展开》，中国人民大学出版社，2005。

潘剑锋：《民事诉讼原理》，北京大学出版社，2001。

章武生等：《司法现代化与民事诉讼制度的建构》，法律出版社，2000。

季卫东：《法律程序的意义——对中国法制建设的另一种思考》，中国法制出版社，2004。

傅郁林：《民事司法制度的功能与结构》，北京大学出版社，2006。

傅郁林：《中欧民事审判管理比较研究》，法律出版社，2015。

郭道晖：《人权论要》，法律出版社，2015。

刘家兴主编《民事诉讼法学教程》，北京大学出版社，1994。

唐力：《民事诉讼构造研究——以当事人与法院作用分担为中心》，法律出版社，2005。

景汉朝、卢子娟：《审判方式改革实论》，人民法院出版社，1997。

王福华：《民事诉讼基本结构：诉权与审判权的对峙与调和》，中国检察出版社，2002。

段厚省：《诉审商谈主义——基于商谈理性的民事诉讼构造观》，北京大学出版社，2013。

段厚省：《司法的困惑——程序法的双重张力》，中国法制出版社，2018。

王亚新：《对抗与判定——日本民事诉讼的基本结构》，清华大学出版社，2002。

刘学在：《民事诉讼辩论原则研究》，武汉大学出版社，2007。

吴英姿：《作为人权的诉权理论》，法律出版社，2017。

苏力、贺卫方主编《20世纪的中国：学术与社会》（法学卷），山东人民出版社，2001。

周枏：《罗马法原论》，商务印书馆，1994。

李秀清：《日耳曼法研究》，商务印书馆，2005。

李秀清：《日耳曼法研究》（修订版），社会科学文献出版社，2019。

沈达明：《比较民事诉讼法初论》（上下册），中信出版社，1991。

沈达明、冀宗儒：《1999年英国〈民事诉讼规则〉诠释》，中国法制出版社，2005。

陈刚：《证明责任法研究》，中国人民大学出版社，2000。

陈刚主编《比较民事诉讼法》（2000年卷），中国人民大学出版社，2001。

陈刚主编《比较民事诉讼法》（2007~2008年卷），中国人民大学出版社，2009。

何勤华：《法国法律发达史》，法律出版社，2001。

左卫民：《在权利话语与权力技术之间：中国司法的新思考》，法律出版社，2002。

汤维建：《美国民事司法制度与民事诉讼程序》，中国法制出版社，2001。

刘荣军:《程序保障的理论视角》,法律出版社,1999。

齐树洁:《民事上诉制度研究》,法律出版社,2006。

齐树洁主编《英国民事司法改革》,厦门大学出版社,2004。

邵建东主编《德国司法制度》,厦门大学出版社,2010。

谭兵等:《外国民事诉讼制度研究》,法律出版社,2003。

徐昕:《英国民事诉讼与民事司法改革》,中国政法大学出版社,2002。

左卫民:《在权利话语与权力技术之间:中国司法的新思考》,法律出版社,2002。

孙谦、郑成良主编《司法改革报告——有关国家司法改革的理念与经验》,法律出版社,2002。

邓继好:《程序正义理论在西方的历史演进》,法律出版社,2012。

肖建国:《民事诉讼程序价值论》,中国人民大学出版社,2000。

陈新民:《德国公法学基础理论》(增订新版,上卷),法律出版社,2010。

邵明:《民事诉讼法理研究》,中国人民大学出版社,2004。

邵明:《现代民事之诉与争讼程序法理——"诉·审·判"关系原理》,中国人民大学出版社,2018。

邵明:《正当程序中的实现真实:民事诉讼证明法理之现代阐释》,法律出版社,2009。

宋冰:《读本:美国与德国的司法制度及司法程序》,中国政法大学出版社,1998。

任凡:《听审请求权研究》,法律出版社,2011。

张家慧:《俄罗斯民事诉讼法研究》,法律出版社,2004。

陈瑞华:《问题与主义之间——刑事诉讼基本问题研究》,中国人民大学出版社,2003。

陈瑞华:《程序正义理论》,中国法制出版社,2010。

陈瑞华:《看得见的正义(第二版)》,北京大学出版社,2013。

陈瑞华:《司法体制改革导论》,法律出版社,2018。

陈瑞华:《程序性制裁理论》,中国法制出版社,2017。

世界著名法典汉译丛书编委会主编《十二铜表法》,法律出版社,2000。

邱联恭：《程序选择权论》，作者自版，2000。

邱联恭：《程序利益保护论》，作者自版，2005。

邱联恭：《司法之现代化与程序法》，三民书局，1992。

邱联恭：《争点整理方法论》，作者自版，2001。

邱联恭：《口述民事诉讼法讲义》，作者自版，2012。

姜世明：《民事程序法之发展与宪法原则》，元照出版有限公司，2003。

许士宦：《新民事诉讼法》，北京大学出版社，2013。

许士宦：《程序保障与阐明义务》，学林出版社，2003。

沈冠伶：《诉讼权保障与裁判外纷争处理》，北京大学出版社，2008。

台湾地区民事诉讼法研究会编《民事诉讼法之研讨（一）》，1986。

台湾地区民事诉讼法研究会编《民事诉讼法之研讨（二）》，1990。

台湾地区民事诉讼法研究基金会编《民事诉讼法之研讨（七）》，1998。

## 译著类

〔古希腊〕亚里士多德：《修辞术·亚历山大修辞学·论诗》，颜一、崔延强译，中国人民大学出版社，2003。

〔古希腊〕亚里士多德：《雅典政制》，日知、力野译，商务印书馆，1959。

〔法〕弗朗索瓦·夏特莱：《理性史》，冀克平、钱翰译，北京大学出版社，2000。

〔法〕让·文森、塞尔日·金沙尔：《法国民事诉讼法要义》（上、下），罗结珍译，中国法制出版社，2001。

〔法〕卢梭：《社会契约论》，何兆武译，商务印书馆，1980。

〔美〕乔治·霍兰·萨拜因：《政治学说史》（上），盛葵阳、崔妙因译，商务印书馆，1986。

〔美〕哈罗德·J.伯尔曼：《法律与革命——西方法律传统的形成》，贺卫方等译，中国大百科全书出版社，2008。

〔美〕约翰·亨利·梅利曼：《大陆法系》，顾培东、禄正平译，法律出版社，2004。

〔美〕史蒂文·苏本、〔美〕玛格瑞特（绮剑）·伍：《美国民事诉讼的真

谛——从历史、文化、实务的视角》，蔡彦敏、徐卉译，法律出版社，
2002。

〔美〕斯蒂文·N. 苏本等：《民事诉讼法：原理、实务与运作环境》，傅郁
林等译，中国政法大学出版社，2004。

〔德〕黑格尔：《法哲学原理》，范扬、张企泰译，商务印书馆，2010。

〔德〕康德：《实践理性批判》，韩水法译，商务印书馆，1995。

〔德〕康德：《道德形而上学原理》，苗力田译，上海人民出版社，2005。

〔德〕奥特弗利德·赫费：《政治的正义性——法和国家的批判哲学之基
础》，庞学铨、李张林译，上海译文出版社，1998。

〔德〕米夏埃尔·施蒂尔纳编《德国民事诉讼法学文萃》，赵秀举译，中国
政法大学出版社，2005。

〔德〕汉斯 – 约阿希姆·穆泽拉克：《德国民事诉讼法基础教程》，周翠译，
中国政法大学出版社，2005。

〔德〕考夫曼：《法律哲学》，刘幸义等译，法律出版社，2004。

〔德〕卡尔·施米特：《宪法学说》，刘锋译，上海人民出版社，2005。

〔德〕罗森贝克、施瓦布、戈特瓦尔德：《德国民事诉讼法（上）》，李大雪
译，中国法制出版社，2007。

〔德〕奥特马·尧厄尼希：《民事诉讼法》（第 27 版），周翠译，法律出版
社，2003。

〔意〕皮罗·克拉玛德雷：《程序与民主》，翟小波、刘刚译，高等教育出版
社，2005。

〔意〕桑德罗·斯奇巴尼选编《司法管辖权·审判·诉讼》，黄风译，中国
政法大学出版社，1992。

〔日〕棚濑孝雄：《纠纷的解决与审判制度》，王亚新译，中国政法大学出版
社，1994。

〔日〕小岛武司等：《司法制度的历史与未来》，汪祖兴译，法律出版社，2000。

〔日〕高桥宏志：《民事诉讼法：制度与理论的深层分析》，林剑锋译，法律
出版社，2003。

〔日〕谷口安平：《程序的正义与诉讼》，王亚新、刘荣军译，中国政法大学

出版社，1996。

〔日〕谷口安平：《程序的正义与诉讼（增补本）》，王亚新、刘荣军译，中国政法大学出版社，2002。

〔日〕林屋礼二、小野寺规夫：《民事诉讼法辞典》，信山社，2000。

〔日〕中村英郎：《新民事诉讼法讲义》，陈刚等译，法律出版社，2001。

〔日〕新堂幸司：《新民事诉讼法》，林剑锋译，法律出版社，2008。

〔日〕兼子一、竹下守夫：《民事诉讼法》（新版），白绿铉译，法律出版社，1995。

〔日〕三月章：《日本民事诉讼法》，汪一凡译，五南图书出版公司，1997。

〔英〕J. A. 乔罗威茨：《民事诉讼程序研究》，吴泽勇译，中国政法大学出版社，2008。

〔英〕A. S. 朱克曼：《危机中的民事司法：民事诉讼程序的比较视角》，傅郁林等译，中国政法大学出版社，2005。

〔韩〕孙汉琦：《韩国民事诉讼法导论》，陶建国、朴明姬译，陈刚审译，中国法制出版社，2010。

## 域外法律类

《德国民事诉讼法典》，赵秀举译，法律出版社，2021。
《德国民事诉讼法》，丁启明译，厦门大学出版社，2016。
《日本民事诉讼法典》，曹云吉译，厦门大学出版社，2017。
《日本新民事诉讼法》，白绿铉编译，中国法制出版社，2000。
《法国新民事诉讼法典》，罗结珍译，法律出版社，2008。
《法国新民事诉讼法典》，罗结珍译，中国法制出版社，1999。
《法国民事诉讼法典》，周建华译，厦门大学出版社，2022。
《英国民事诉讼规则》，徐昕译，中国法制出版社，2001。

## 期刊报纸类

江伟：《市场经济与民事诉讼法学的使命》，《现代法学》1996年第3期。
张卫平：《我国民事诉讼辩论原则重述》，《法学研究》1996年第6期。

张卫平：《法庭调查与辩论：分与合之探究》，《法学》2001 年第 4 期。

张卫平：《体制转型与我国民事诉讼理论的发展》，《清华大学学报》（哲学社会科学版）2001 年第 6 期。

张卫平：《事实探知：绝对化倾向及其消解——对一种民事审判理念的自省》，《法学研究》2001 年第 4 期。

张卫平：《民事诉讼"释明"概念的展开》，《中外法学》2006 年第 2 期。

张卫平：《论庭审笔录的法定化》，《中外法学》2015 年第 4 期。

李浩：《民事程序选择权：法理分析与制度完善》，《中国法学》2007 年第 6 期。

李浩：《民事诉讼程序权利的保障：问题与对策》，《法商研究》2007 年第 3 期。

刘敏：《民事诉讼中当事人辩论权之保障——兼析〈民事诉讼法〉第 179 条第 1 款第 10 项再审事由》，《法学》2008 年第 4 期。

刘敏：《论民事诉讼当事人听审请求权》，《法律科学》2008 年第 6 期。

刘敏：《电子诉讼潮流与我国民事诉讼法的应对》，《当代法学》2016 年第 5 期。

刘敏：《论诚实信用原则对民事诉讼当事人的适用》，《河南社会科学》2014 年第 2 期。

李浩：《民事诉讼当事人的自我责任》，《法学研究》2010 年第 3 期。

李浩：《论法律中的真实——以民事诉讼为例》，《法制与社会发展》2004 年第 3 期。

李浩：《民事审前准备程序：目标、功能与模式》，《政法论坛》2004 年第 4 期。

江伟、刘荣军：《民事诉讼中程序保障的制度基础》，《中国法学》1997 年第 3 期。

傅郁林：《民事裁判文书的功能与风格》，《中国社会科学》2000 年第 4 期。

傅郁林：《新民事诉讼法中的程序性合意机制》，《比较法研究》2012 年第 5 期。

章武生：《我国民事案件开庭审理程序与方式之检讨与重塑》，《中国法学》2015 年第 2 期。

王福华：《辩论权利救济论》，《法学》2020 年第 10 期。

熊跃敏：《辩论主义：溯源与变迁——民事诉讼中当事人与法院作用分担的再思考》，《现代法学》2007年第2期。

熊跃敏：《民事诉讼中法院的释明：法理、规则与判例》，《比较法研究》2004年第6期。

熊跃敏、张润：《民事庭前会议：规范解读、法理分析与实证考察》，《现代法学》2016年第6期。

胡玉鸿：《人的尊严在现代法律上的意义》，《学习与探索》2011年第4期。

胡玉鸿：《人的尊严的法律属性辨析》，《中国社会科学》2016年第5期。

胡玉鸿：《西方三大法学流派方法论检讨》，《比较法研究》2005年第2期。

唐力：《司法公正实现之程序机制——以当事人诉讼权保障为侧重》，《现代法学》2015年第4期。

唐力：《有序与效率：日本民事诉讼"计划审理制度"介评》，《法学评论》2005年第5期。

唐力：《辩论主义的嬗变与协同主义的兴起》，《现代法学》2005年第6期。

唐力：《对话与沟通：民事诉讼构造之法理分析》，《法学研究》2005年第1期。

唐力：《论协商性司法的理论基础》，《现代法学》2008年第6期。

段文波：《要件事实理论下的攻击防御体系》，《河南财经政法大学学报》2012年第4期。

段文波：《程序保障第三波的理论解析与制度安排》，《法制与社会发展》2015年第2期。

段厚省：《程序法的内在张力》，《北方法学》2017年第2期。

段厚省：《论诉审商谈主义的民事诉讼构造观》，《中国人民大学学报》2012年第4期。

许可：《职权干涉与裁判突袭》，《清华法学》2008年第6期。

姜世明：《法律性突袭裁判之研究》，《万国法律》2000年第6期。

刘学在：《违法剥夺当事人辩论权利之再审事由的认定》，《公民与法》（法学版）2010年第7期。

冯卓慧：《从传世的和新出土的陕西金文及先秦文献看西周的民事诉讼制

度》，《法律科学》2009 年第 4 期。

季卫东：《程序比较论》，《比较法研究》1993 年第 1 期。

李喜莲：《口头辩论审理样式分析》，《法律科学》2009 年第 3 期。

霍海江：《民事诉讼法理论的中国表达》，《法制与社会发展》2013 年第 4 期。

巢志雄：《司法的谱系：福柯论司法形式与真理》，《司法》2009 年第 4 辑。

李中原：《罗马法在中世纪的成长》，《环球法律评论》2006 年第 1 期。

田璐：《罗马——教会法民事诉讼程序的特征及其历史地位》，《湖南文理学
　　院学报》（社会科学版）2009 年第 6 期。

李琦：《论法律上的防卫权——人权角度的观察》，《中国社会科学》2002
　　年第 1 期。

莫纪宏：《论宪法原则》，《中国法学》2001 年第 4 期。

任凡：《德国民事听审请求权及其借鉴》，《西部法学评论》2011 年第 4 期。

孔庆斌：《哈贝马斯的交往行动理论及重建主体性的理论诉求》，《学术交
　　流》2004 年第 7 期。

王树人：《关于主体、主体性与主体间性的思考》，《江苏行政学院学报》
　　2002 年第 2 期。

陈兴良：《法律在别处》，《法制资讯》2012 年第 4 期。

刘星：《法律“强制力”观念的弱化——当代西方法理学的本位论变革》，
　　《外国法译评》1995 年第 3 期。

〔法〕皮埃尔·布迪厄：《法律的力量——迈向司法场域的社会学》，强世功
　　译，《北大法律评论》1999 年第 2 期。

朱福勇：《论对话式裁判对民事程序瑕疵之矫治》，《社会科学》2016 年第
　　7 期。

金寿铁：《卢梭、康德、马克思与社会主义理论》，《南京社会科学》2008
　　年第 4 期。

邵建东：《从形式法治到实质法治——德国“法治国家”的经验教训及启
　　示》，《南京大学法律评论》2004 年秋季号。

〔德〕迪特尔·莱波尔德：《德国民事诉讼法 50 年：一个亲历者的回眸》，
　　吴泽勇译，《司法》2009 年第 4 辑。

田平安、蓝冰:《德国民事法定听审责问程序》,《金陵法学评论》2007 年第 2 期。

蓝冰:《德国民事法定听审请求权研究》,博士学位论文,西南政法大学,2008。

周翠:《调解在德国的兴起与发展》,《北大法律评论》2012 年第 13 卷第 1 辑。

许士宦:《法律见解之表明义务》,《台湾法学》2008 年第 111 期。

蔡彦敏、张珺:《审时度势:对现行〈民事诉讼法〉修订之思考》,《法学家》2002 年第 4 期。

黄杨:《剥夺当事人辩论权之再审事由的类型化分析》,《深化司法改革与行政审判实践研究(上)》,人民法院出版社,2017。

丁启明:《德国民事诉讼中的强制律师代理制度》,《人民法院报》2015 年 9 月 18 日。

廖永安:《在理想与现实之间:对我国民事送达制度改革的再思考》,《中国法学》2010 年第 4 期。

陈杭平:《"粗疏送达":透视中国民事司法缺陷的一个样本》,《法制与社会发展》2016 年第 6 期。

谭秋桂:《德、日、法、美四国民事诉讼送达制度的比较分析》,《比较法研究》2011 年第 4 期。

杨剑:《美国联邦民事诉讼中采用电子送达的新趋势》,《诉讼法论丛》第 11 卷。

张陈果:《德国民事送达改革研究——写在德国〈民事送达改革法〉颁行十年之际》,《民事程序法研究》2014 年第 12 辑。

王莹、陈公照:《泉州德化法院特色工作模式破解送达难》,《法制日报》2018 年 5 月 17 日。

黄湧:《民商事案件争点整理若干技术问题》,《人民司法》2010 年第 9 期。

李丽峰、陈林、朱北池:《论我国民事庭前会议制度的完善——以沈阳市中级人民法院的司法实践与两大法系规则比较为视角》,《民事程序法研究》2017 年第 2 期。

〔德〕伯克哈特·汉斯、敏茨伯克:《德国民事诉讼法的修改——回顾与展望》，周翠译，《诉讼法论丛》2003 年第 8 卷。

〔德〕罗尔夫·施蒂尔纳：《当事人主导与法官权限——辩论主义与效率冲突中的诉讼指标与实质阐明》，周翠译，《清华法学》2011 年第 2 期。

程德文：《现代司法的合理性——哈贝马斯商谈论之司法观》，《金陵法律评论》2006 年秋季卷。

## 外文文献

Richard Clayton and Hugh Tomlinson, *Fair Trial Rights*, Oxford University Press, 2001.

F. Neumann, *The Rule of Law: Political Theory and the Legal System in Modern Society*, BergPublishers Ltd., 1986.

Lon Fuller, *The Forms and Limits of Adjudication*, Harvard Law Review 92, 1978.

H. C. Black, *Black's Law Dictionary*, West Publishing Co., 1979.

John Sorabji, *Managing Claims*, IAPL, 2017.

〔美〕诺曼·维拉：《宪法公民权》（影印本），法律出版社，1999。

山木戸克己：《訴訟における 當事者権》，《民事訴訟理論の基礎的研究》，有斐閣，1961。

山木戸克己：《弁論主義の法構造》，《民事訴訟法論集》，有斐閣，1990。

井上治典：《手続保障の第三波》，載新堂幸司編著《特別講義民事訴訟法》，有斐閣，1988。

田村真弓：《民事訴訟における 弁論權について》，《大阪學院大學法學研究》2008 年第 9 期。

德田和幸：《弁論權の内在的制約—フテンス法における 防禦理論を手がかりとして》，信山社，1994。

新堂幸司編著《特別講義民事訴訟法》，有斐閣，2009。

图书在版编目(CIP)数据

民事诉讼当事人辩论权保障 / 曲昇霞著. -- 北京:
社会科学文献出版社, 2023.2
  ISBN 978 - 7 - 5228 - 1339 - 4

  Ⅰ. ①民…  Ⅱ. ①曲…  Ⅲ. ①民事诉讼 - 辩论 - 研究
Ⅳ. ①D915.21

  中国版本图书馆 CIP 数据核字(2022)第 254278 号

民事诉讼当事人辩论权保障

著    者 / 曲昇霞

出 版 人 / 王利民
责任编辑 / 高　媛
责任印制 / 王京美

出    版 / 社会科学文献出版社·政法传媒分社 (010) 59367126
            地址:北京市北三环中路甲 29 号院华龙大厦  邮编:100029
            网址:www.ssap.com.cn
发    行 / 社会科学文献出版社 (010) 59367028
印    装 / 三河市尚艺印装有限公司

规    格 / 开本:787mm × 1092mm  1/16
            印张:17  字数:261 千字
版    次 / 2023 年 2 月第 1 版  2023 年 2 月第 1 次印刷
书    号 / ISBN 978 - 7 - 5228 - 1339 - 4
定    价 / 118.00 元

读者服务电话:4008918866